NEW TEXTBOOK FOR PRE-SCHOOL CHILDREN

© 1990

DOBUNSHOIN

Printed in Japan

領域

健　　康

近藤充夫編

三訂版

同文書院

☆編著者

近藤　充夫（こんどう　みつお）　東洋英和女学院大学教授・東京学芸大学名誉教授［第1章、第2章1.］

☆著　者　（執筆順）

久保　玄次（くぼ　げんじ）　愛媛大学教授［第2章2.］

岩崎　洋子（いわさき　ひろこ）　日本女子大学教授［第2章3.1)、第3章1.1)〜2)(1)〜(3)］

野崎　康明（のざき　やすあき）　同志社女子大学教授［第2章3.2)、第3章3.1)］

中西　雄俊（なかにし　たけとし）　月かげ幼稚園園長［第3章1.2)(4)〜(6)、2.2)、3.2)］
聖徳大学幼児教育専門学校講師

石渡　敬一（いしわた　たかかず）　江川幼稚園園長［第3章2.1)、2.5)］
聖徳大学短期大学部講師

松村　正幸（まつむら　まさゆき）　鶯谷さくら幼稚園園長［第3章2.3)］
駅沢女子短期大学講師

山田　誠一（やまだ　せいいち）　おおぞら幼稚園園長［第3章2.4)］

渡辺　真一（わたなべ　しんいち）　初音丘幼稚園・スカイハイツ幼稚園園長［第3章2.6)］
横浜国立大学・聖ヶ丘教育福祉専門学校講師

石崎　韶（いしざき　あきら）　元・立川高等保育学院専任講師［第3章4.］

［　］内は執筆分担

☆カバーの絵は、財団法人教育美術振興会提供。全国教育美術展特選作品（平成元年）
「体重測定」熊谷市松岩寺幼稚園　4歳　関口浩志君

まえがき

　最近、幼稚園や保育所の先生方の研究会のテーマに、「生き生きとした幼児」、「たくましい幼児」、「自ら考える幼児」があげられているのをみうけました。「生き生きとした」「たくましい」「自ら考える」のどれもが、健康な幼児、特に丈夫で行動力のある幼児が基盤にあるように思います。行動力のある幼児の姿がここにあげられたテーマから浮かびあがってきます。

　幼児期から、親がまず心をかけるのは丈夫に育つということです。病気にかからず、ある時期には、はい出し、そして歩き出すことに期待をかけて育てます。

　しかし、幼児期に入ってからは、病気にかからないようにということには気を配りますが、行動できる力については、心くばりがおろそかになることがみられるようです。幼稚園や保育所に入ってくる子どもたちの中に、身体を動かす遊びができないとか、自分の身のまわりの始末ができないとか、いわゆる日常の幼児なりの生活がひとりでできなかったり、遊びができなかったりする子どもをみると、幼児の健康という面で積極的に心を配り、生き生きとし、たくましく自ら考える幼児を育てることに問題がある家庭が少なくないことに気づきます。

　幼児教育において、まず幼児の健康を基本においているのは、幼児自身の行動力を高める（心身の発達のバランスがとれた）だけでなく、その後の児童期、青年期へと成長発達していくための基盤が健康であるからです。

　幼児教育の機関である幼稚園や保育所では、健康な幼児を育てるための指導とは何かをしっかりとおさえておかなければ、先にあげた育て方に問題があった家庭と同じ教育のしかたになってしまうでしょう。

　最近、幼児の体力づくりがさかんにいわれるようになっていますが、ともするとおとなの体力づくりや小学校の体力づくりのしかたを幼児向きにやさしくしただけという指導に出会うことがあります。また、幼児体育というと小学校の体育と同じようにやっているのをみうけることがあります。幼児のための体力づくり

まえがき

や幼児体育は健康ということでたいせつなことですが、あくまでも幼児の立場から、すなわち、幼児の心身の発達に適応したものでなければならないはずです。幼児の立場を十分考えていない体力づくりや体育といわれるものは幼児の健康な姿をゆがめることになると思います。

この本では、このようなことも考えあわせ、健康な幼児を育てるということで、特に幼児教育での健康の領域の指導のために、基礎になる理論と、それをふまえた実践のあり方をできるだけわかりやすく述べることを心がけました。

健康の領域は、心の健康に関するねらい、運動的活動に関するねらい、健康な生活習慣や安全な生活習慣に関するねらいの3つの大きなねらいをもっていますが、それらの基礎理論と実践例をできるだけ具体的に示したつもりです。

特に、新しく幼稚園や保育所の先生になられる方を考え、入園当初の指導で重要な活動をとりあげたり、遊具などについての工夫のしかたなどについてもとりあげてみました。執筆者が数人おりますので表現などが必ずしも一致していないところもありますが、この本の主旨については共通に理解して執筆していただきました。健康の指導の基本的な考え方をとらえていただき、実践に生かしていただければ幸いです。

近　藤　充　夫

目　次

第1章　幼児の健康 ………………………………………………………… 1

1．幼児期と健康……………………………………………………………… 2
　1）　健康とは　2
　2）　幼児期の健康　3

2．幼児教育と健康の指導………………………………………………… 5
　1）　幼児教育の目標と健康　5
　2）　幼児教育と領域「健康」　6
　(1)　幼児教育のあり方　6
　(2)　幼稚園教育における領域　6
　(3)　領域「健康」　7
　(4)　領域「健康」のねらい　7
　(5)　領域「健康」の内容　8
　(6)　領域「健康」の内容の取扱い　12

3．領域「健康」の指導の基本……………………………………………13

第2章　幼児の心身の発達と健康の指導 …………………………17

1．幼児期の身体・運動の発達……………………………………………18
　1）　体格の発達　18
　2）　機能の発達　19
　3）　運動技能の発達　21
　4）　体力・運動能力の発達　24
　(1)　筋力の領域　25
　(2)　調整力の領域　25
　(3)　柔軟性の領域　25
　(4)　循環器系の持久性の領域　25
　(5)　幼児の運動能力　26

目　　次

　　5） 運動経験と精神的発達　28
2．幼児期の精神発達……………………………………………………………………29
　　1） 知覚の発達　29
　　　(1) 幼児期における知覚の諸特徴　30
　　　(2) 幼児の知覚発達の諸相　31
　　2） 認知の発達　31
　　　(1) 感覚運動的段階　32
　　　(2) 前操作的段階　32
　　3） 社会性の発達　33
　　　(1) おとなとの関係　33
　　　(2) 子ども同士の関係　34
　　4） 情緒の発達　36
　　　(1) 情緒の分化　36
　　　(2) 情緒を引き起こす要因の発達的変化　36
　　　(3) 情緒表出の発達的変化　37
　　　(4) 幼児期における情緒の特徴　37
　　5） パーソナリティの発達　39
　　　(1) パーソナリティ形成と個体的要因　39
　　　(2) パーソナリティ形成と環境的要因　41
　　　(3) 自我の発達　41
3．幼児期の生活習慣と安全能力の発達……………………………………………42
　　1） 幼児期の生活習慣の発達　42
　　　(1) 食　事　42
　　　(2) 睡　眠　42
　　　(3) 排　泄　44
　　　(4) 着　衣　44
　　　(5) 清潔に関すること　44
　　2） 幼児期の安全能力の発達　46
　　　(1) 不慮の事故　46

(2)　交通事故と死傷者数　52

第3章　幼児の健康指導の実際 ……………………………53
1．健康な生活習慣に関する指導…………………………………54
　　1)　習慣形成で大切なこと　54
　　　(1)　発達をふまえて　54
　　　(2)　気持ちを大切に　54
　　　(3)　モデリングの大切さ　54
　　　(4)　環境を整えて　55
　　　(5)　家庭との連携　55
　　2)　手洗い、排泄、食事の年齢別望ましい活動　55
　　　(1)　入園当初の手を洗うことの指導　55
　　　(2)　入園当初のトイレの指導　58
　　　(3)　入園当初のおべんとうの指導　59
　　　(4)　健康診断の指導　60
　　　(5)　伝染病やその他の病気　64
　　　(6)　身体や身近な場所の清潔　65
2．運動に関する指導………………………………………………69
　　1)　固定遊具　71
　　　(1)　固定遊具の基本的な考え方　71
　　　　①　すべり台　71
　　　　②　低鉄棒　73
　　　　③　ジャングルジム　75
　　　　④　太鼓橋　76
　　　　⑤　ブランコ　77
　　　(2)　固定遊具の遊びの発展と問題点　79
　　2)　大型遊具で遊ぶ　80
　　　(1)　大型遊具の特性　80
　　　(2)　子どもの大型遊具の見方　82

目　　次

　　　(3)　大型遊具の遊び方　83
　　　　①　跳び箱の場合　83
　　　　②　マットの場合　86
　　　　③　平均台の場合　88
　　　　④　組み合わせ遊具（巧技台）　90
　　　(4)　活動事例：大型遊具の遊び方　91
　　　　①　子どもの実態（5月中旬）　91
　　　　②　具体的なねらい（5月第3週の1日）　91
　　　　③　環境の構成　91
　　　　④　子どもの活動とその援助　92
　　　　⑤　環境の分析　92
　3)　ボール遊び　93
　4)　鬼遊び　101
　　(1)　鬼ごっことは　101
　　(2)　活動事例①「ドロボウとケイサツ」　103
　　(3)　活動事例②「島鬼」　106
　5)　水遊び　108
　　(1)　遊びの中に"水"を使った活動　110
　　(2)　プール施設を使っての水遊び　115
　　　①　水に馴れ親しむために（プール活動）　117
　　　②　水中活動（もぐる）ができるように　119
　　　③　泳ぎに関心をもたせるために　121
　6)　幼児期にふさわしい運動会のあり方　125
　　(1)　幼児期の運動会とは……　125
　　(2)　運動会の内容……　126
　　(3)　運動会の計画は4月から　126
　　(4)　運動会は総合的な活動　127
　　(5)　運動会の持ち方　127
　　(6)　親の参加　129

(7)　運動会の種目ができるまで　134
3．安全な生活や態度に関する指導 ……………………………………………137
　　1）　交通安全の指導　137
　　　(1)　交通安全指導の実際　138
　　　(2)　幼児に対する交通ルール指導　139
　　2）　危険な行動、取り扱い上注意すべき道具の指導　143
　　　(1)　危険な行動と施設との関係　143
　　　(2)　危険な行動を起こしやすいタイプの幼児　144
　　　(3)　危険なもの・場所と事故防止　146
　　　(4)　特に注意を要する遊具・道具の指導　148
4．野外活動の指導 ………………………………………………………………150
　　　(1)　目的やねらい（計画の前に考える）　151
　　　(2)　時期、期間　151
　　　(3)　場所、施設　152
　　　(4)　プログラムの立案　152
　　　(5)　実施踏査　153
　　　(6)　事前指導　154
　　　(7)　服装や用具　155
　　　(8)　記録と反省　156
　　　(9)　合宿保育の実践　156

　参考文献および引用文献　164

　索　引　165

第1章

幼児の健康

第1章　幼児の健康

1．幼児期と健康

1）健康とは

　毎日の生活を満足感をもって過ごすためには健康であるということが必須の条件です。病気にかかっていてはもちろん満足な生活というわけにはいきませんが、それだけでなく、自分のしたいことを十分にできる体力がなかったり、ものを考えるのがおっくうであったり、ひとと一緒にいるのが気に入らなかったり、ひとにきらわれたりしたら毎日を楽しく過ごしているとはいえないでしょう。

　健康とは何かということでは、世界保健機関（WHO）の定義がよく説明しています。「健康とは、身体的、精神的、社会的に良好な状態である」というのがWHOの定義です。とかく健康というと病気と関連づけて考えがちです。その中でも身体的な病気を考えがちですが、それは病気になると仕事や学校を休んだり、思うことができなかったりすることがはっきりわかるからですが、目にみえない病気の状態や病気といえない病気もあるわけです。

　別ないい方をすれば、生活を快適に過ごすことのできない状態にあるとするならばそれは健康ではない状態というわけです。健康というのは病気にかかっていないというだけでなく、病気にかかりにくい身体、自分のしたいことができる体力や精神力、毎日安定した精神状態、そして自分の周囲の人と楽しく過ごしていくことができている人間関係をもち、環境に適応できている状態が保てることが健康であるということです。そのように健康をみるならば、乳児から老人まで同

1. 幼児期と健康

じレベルで健康を考えるわけにはいきません。赤ちゃんは赤ちゃんなりの健康な状態、お年寄りにはお年寄りなりの健康な状態というのがあるわけです。そして、それぞれの年代の健康の状態は前の年代の健康をうけつぐものであり、また次の年代への基盤になるものであるわけです。乳児は胎内にいるときの胎児の健康の状態を土台にしているわけです。そして、幼児期の健康の土台になるわけです。

　一生の健康を考えるならば、胎児のときの健康の状態をスタートにしているわけですが、自ら健康な生活を営むということからみるならば、乳児期までは育ててくれるおかあさんの力にほとんど依存しているわけですから、自分で自分のことをすることになってくる幼児期こそ一生の健康な生活の基盤がつくられるときといってよいわけです。

　小学校の高学年になっても自分の下着を自分から着替えようとしない子どもがいます。この子どもは幼児期において身につけておくべき健康の習慣が身についていないのです。幼児期はその意味で健康な生活を営むための基礎をしっかり身につけておかなければならない大事な時期であるわけです。

　ここでいう基礎というのは、おとなの健康な生活のすべてにわたって身につけるというのではなく、児童期から青年期へと多様になっていく健康の習慣や態度のおおもとになる数少ない基本的な習慣や態度を身につけるときということです。

２）　幼児期の健康

　幼児期が人の一生の健康の基礎をつくる時期である

第1章 幼児の健康

ことを述べましたが、それでは幼児期の健康とはどのような状態をいうのでしょうか。基本的には精神的にも身体的にも社会的にも健康であるということはどの年代でも変わらないものですが、幼児期の発達の特徴から見て幼児なりの健康の特徴を次のようにとらえることができるでしょう。

① いつも幸福感が表に現れていること

　幼児は心の状態がそのまま表情や行動に現れるものです。いつも明るく伸び伸びと行動していることがみられること、十分に活動した満足感が見えること、幼児らしい泣いたり怒ったりすることがあってもいつまでも続かないこと、いつも自らやろうとする積極さが見られること、気が散らずにものごとに取り組めること、適度な我慢ができることなどが見られることなどです。

② 日常の生活の活動が無理なくできる体力があること

　幼児らしい毎日の生活を過ごすためには自分なりに思うように体を動かすことが十分にできることが望ましいでしょう。自ら身体を動かして遊ぶことはもちろんですが、友達と一緒に遊ぶこともそれ相応の体力がなくてはならないし、自分が考えたり工夫したりしたことを現すためにもそれ相応の体力がなくてはならないでしょう。

　体力のレベルは高い方がよいでしょうが、少なくても友達と一緒に遊ぶことができる体力があることが必要であるといえます。そして、一日の活動した疲れは睡眠で十分に取り去ることができることも大切な体力です。

③ 食欲があり、特に食べ物に好き嫌いがなく、楽しい食事ができること

食事はからだの健康に必要な栄養を摂取するために大切にしなければならないものです。食事に対して食欲を示す幼児は生活の中で十分に活動をしている幼児であるといえます。また、幼児期に食事についての望ましい習慣が形成されることは大切なことです。

著しい好き嫌いがあったり、食欲に波があるようでは健康な状態とはいえないでしょう。

④ 特に治療しなければならない病気がなく、姿勢が正しく保たれていること

今すぐ特に治療しなければならない病気がないことは健康であるといってよいでしょう。幼児のときには親が病気に気付いていないことがあったりすることもあるので注意して幼児の状態を見ることが大切です。

また姿勢は健康を保つ基本でもあります。姿勢について大人があまり意識していないのが一般的な傾向であるように見受けられますが、幼児についてもその姿勢に注意が向けられていないようなところがあります。幼児期の姿勢は発育期の骨格に影響を及ぼすものであり、将来の健康な生活につながるものであることを考えてみることが大切です。

食事、読書、製作活動、テレビ視聴などのいろいろな場面での幼児の姿勢について大人は注意を払わなければならないでしょう。

2．幼児教育と健康の指導

1） 幼児教育の目標と健康

幼児期の教育について、幼稚園教育では、学校教育法第77条において「幼稚園は、幼児を保育し、適当な環境を与えて、その心身の発達を助長することを目的とする」とその目的を示し、第78条において5つの目標を示しています。

この目標の1に「健康、安全で幸福な生活のために必要な日常の習慣を養い、身体諸機能の調和的発達を図ること」、目標の2に「園内において、集団生活を経験させ、喜んでこれに参加する態度と協同、自主及び自律の精神の芽生えを養うこと」とあります。これらの目標は基本的な幼児の心身の健康を育てることを目標にしたものであるといえるでししょう。

第1章　幼児の健康

　これを受けて幼稚園教育要領では幼稚園教育の目標の最初に「健康、安全で幸福な生活のための基本的な生活習慣を育て、健全な心身の基礎を培うようにすること」とあげています。
　幼稚園教育の目標達成のもっとも基盤になるものが心身の健康であることを示しているものです。すなわち、幼稚園教育の目標を達成するためには、まず幼児が健康でなければならないということです。

2）　幼児教育と領域「健康」
(1)　幼児教育のあり方
　幼児教育のあり方を示すものとして、幼稚園教育要領の第1章総則の幼稚園教育の基本では「幼稚園教育は、幼児期の特性を踏まえ環境を通して行うものであることを基本とする」と示しています。そして、環境を通して教育を行う際に重視すべきこととして、

①　幼児期にふさわしい生活の展開
②　遊びを通しての総合的な指導
③　一人ひとりの特性に応じた指導

をあげています。幼稚園での幼児の活動は一人ひとりの幼児が主体的・自主的に展開される遊びを中心にしたものであること、そして、それにふさわしい教育的環境が用意されることが幼稚園教育の基本であるということです。

(2)　幼稚園教育における領域
　幼稚園教育の基本に基づいて幼稚園の教育が展開されるのですが、その幼稚園の教育が何を意図しているのか、どのように幼児が育ってほしいのか、どのような目標をもって教育をするのかを明確にしていなければならないでしょう。
　この幼稚園教育の意図することを幼稚園教育要領では幼児が生活を通して発達する姿を踏まえ、幼稚園教育全体を通して幼児が小学校に入るまでに育つことが期待される心情、意欲、態度などにかかわる具体的目標をとりあげ、それを「ねらい」としています。そして、そのねらいを達成するために幼児が経験したり身につけていくことが期待され、また保育者が指導することが期待されるものを「内容」としています。

「ねらい」にはこのように育ってほしいという保育者の願いであるともいえます。「内容」はねらいを達成するために、幼児が体験したり、感じたり、身につけることやできるようになることなどの広い意味での経験であるといえます。

　これらの「ねらい」と「内容」を幼児期に重要と思われる発達の側面からまとめたのが「領域」です。すなわち、心身の健康に関する領域「健康」、ひととのかかわりに関する領域「人間関係」、身近な環境とのかかわりに関する領域「環境」、言葉の獲得に関する領域「言葉」、感性と表現に関する領域「表現」の5つの領域です。

(3)　領域「健康」

　領域「健康」は5つの領域の最初に示される心身の健康に関する領域であり、「健康な心と体を育て、自ら健康で安全な生活をつくり出す力を養う観点から」示されているように幼児の生活の基盤になる領域であるといえます。

　こころとからだの健康は相互に関連し合っているものです。情緒の面で安定している幼児は積極的に環境にかかわって自らからだを動かして遊ぶ幼児です。幼児のこころとからだの健康は発達の基盤になるものであり、発達の諸側面に反映するものです。そして身体的能力の調和的な発達は幼児期において特に重要であることも考えなければなりません。

　領域「健康」はこころとからだの密接な関係を踏まえてその健康な発達を考え、幼児なりに自ら健康で安全な生活をつくり出す力を養い、身につけていくようにするという発達の視点でまとめられたものであるといえます。

(4)　領域「健康」のねらい

　幼稚園教育における具体的な目標であるねらいの領域「健康」について考えてみることにします。

①　明るく伸び伸びと行動し充実感を味わう

　情緒が安定している幼児は明るく伸び伸びと行動するものです。自ら積極的に遊び、遊びの中に自ら考えたり工夫したりしたことを生かしていくことの楽しさや友達や先生と一緒に生活する楽しさを満喫し、充実感をもって毎日を過ごすことができることをねらいとしています。

②　自分の体を十分に動かし、進んで運動しようとする

第1章 幼児の健康

からだを十分に動かすことは健康なからだを育てるために欠くことのできないものです。幼児は本来、自分のからだを丈夫に育て、体力や運動能力を高めることを自らの運動的活動を通してしているものです。大人にやらせられる運動は幼児のからだづくりに適切なものではありません。自ら積極的に運動に取り組む幼児を育てることが大切なことであり、そのような意欲をもつ幼児に育つことをねらいとしています。

③ 健康、安全に必要な習慣や態度を身に付ける

幼児期は基本的な生活習慣や基本的な安全についての習慣や態度を身につける大切な時期です。

基本的生活習慣というのは衣食住にかかわる基本的なものであり、自立の基礎になるものです。また、安全については、幼児なりに理解し行動できるという安全に対する習慣と態度を身につけることが現代社会においてますます要求されるようになっています。

これらの習慣や態度を身につけることをねらいにしています。

(5) 領域「健康」の内容

領域「健康」のねらいを達成するために幼児が経験し身につけることが期待され、保育者が指導することが期待されるのが内容といわれるものです。

どのような経験をすることが期待されるのか、そして、保育者がどのように指導することによってねらいが達成されるのかが示されている内容について考えてみることにします。

① 先生や友達と触れ合い、安定感をもって行動する

幼児が幼稚園で安定した生活をするためには、幼稚園がどのように受け入れているかということと、友達と仲良く生活することができるかということが大きく関係しています。

その基本は保育者が幼児との信頼関係をもって幼児に受け入れられることです。さらに、幼児の活動が展開されるに当たって保育者の適切な援助を受け入れることができること、そして友達ができ、その友達と遊び、一緒に過ごす楽しさを味わうことができるならば

2．幼児教育と健康の指導

安定感をもって行動することができることになるのです。

② いろいろな遊びの中で十分に体を動かす

幼児は日常の生活のなかでいろいろと体を動かしているものです。体を動かして遊ぶ遊びだけでなく、ごっこ遊びや表現的な遊びでも体を動かしていることが多く見られます。また、生活の活動といえる掃除をしたり後片付けをしたり、友達を呼びに行ったりなどといろいろな場面でもよく体を動かしているものです。

幼児期は基本的な身体の動きができるようになる時期であり、全身的な動きと手や指先の動きのいろいろを多く身につけていく時期です。全身的な運動をすることで動きのいろいろを身につけることは体力や運動能力の発達が促され、さらに多くの動きを身につけることになるのであり、いろいろな動きを数多く経験する機会をもつことが望ましいといえます。

③ 進んで戸外で遊ぶ

戸外での遊びは体全体を動かす動きの大きい遊びができ、伸び伸びと遊ぶことを経験することができます。

外の空気に触れ、太陽の光を浴びることは健康のために大切なことです。自然に触れる機会をもち自然を活用した遊びをすることの楽しさを経験することも戸外での遊びのよさです。戸外での遊びの楽しさを園内外のいろいろな場面や機会を通して幼児自ら体験していくことが大切なことです。

④ 様々な活動に親しみ、楽しんで取り組む

②

③

④

⑤

⑥

幼児が経験する活動には様々なものがあります。活動にはそれぞれの活動に必要な特有な身体的能力と精神的能力があるものです。いろいろな活動に興味をもって取り組むことは身体的能力や精神的な側面の調和的発達を促すことになります。

はじめは興味をもっていなくても、友達が遊んでいるのを見たり友達や先生に誘われたりして遊ぶことから、次第に自ら興味をもって取り組むようになり、好き嫌いなくいろいろな活動に取り組めるようになることが望ましいことであるといえます。

⑤　健康な生活のリズムを身に付ける

本来幼児期の生活のリズムは自然のリズムということができるでしょう。幼児の生活では何か特別のことをするために特別な時間をとらなければならないようなことはありません。動きたいときに動き、休みたいときに休むということを基本にしているのが幼児の生活のリズムです。

現代の幼児の生活のリズムは就寝時刻が遅く、起床時刻も遅くなっているといわれていて、おとなの生活に近いなどといわれています。幼児らしい活動を昼間にしているならば遅くまで起きていれないのが幼児期であるはずです。幼稚園で身体活動を含めた十分な活動をすることが大切なことであるといえます。

就寝時刻が早くなれば当然起床時刻も早くなり起床後十分な時間をとって朝の生活を過ごすことができるし、その後の生活を充実したものにすることができます。食事、休養が生活の中に調子よく取り込まれることにより幼児らしい健康な生活のリズムを

身に付けることができるようになるのです。

⑥ 身の回りを清潔にし、衣服の着脱、食事、排せつなど生活に必要な活動を自分でする

幼児期は基本的な生活習慣を身につける大切な時期です。

基本的な生活習慣を身につけるには身体や身の回りの清潔に気付くこと、食事や排せつなど生活の基本になる習慣をしっかり身につけ自立することに始まるといえます。

家庭での幼児の生活が十分な時間的な余裕がなく、母親の指示が多いためにいわれなければやらない幼児が増えているといわれます。

基本的な生活習慣の自立は家庭での生活の仕方と連続するものであるから幼児の家庭での状況を的確にとらえ、密接な連携をとることも大切なことです。

⑦ 幼稚園における生活の仕方を知り、自分たちで生活の場を整える

幼稚園で安定した快い生活をし、友達と楽しく過ごすためには環境を快いものにすることが必要であるといえます。

幼児なりに清潔で安全な生活環境をつくることの大切さがわかり、友達と一緒に自分達の生活の場を整えようとする気持ちをもつようになることが大切なことです。

⑧ 自分の健康に関心をもち、病気の予防などに必要な活動を進んで行う

日常生活などで起きる病気やけが、友達の病気やけがなどから健康について関心をもち、幼児なりに病気やけがをしないように自分のからだを大切にすることに気付くようにすることは大切なことです。

病気の予防に必要な手を洗うこと、うがいをすること、歯をみがくことなどを自ら進んで行うようになることが基本です。また、病気になったりけがをしたときに嫌がらずに治療を受けることができることも必要なことです。

⑨ 危険な場所、危険な遊び方、災害時などの行動の仕方が分かり、安全に気を付けて行動する

幼稚園の内外の危険な場所としてどのようなところがあるのか、あるいはどのような場面が危険なのかが幼児なりに分かること、遊具の危険な使い方や危険な遊びとはどのような遊びなのかが理解でき安全に気を付けて遊ぶことができるよ

うになることが健康な生活を送るために必要なことです。

また、幼児なりに交通の規則が分かり、安全な交通の仕方ができるようになることが必要です。

災害時の行動の仕方については災害時の行動の仕方を訓練などを通じて理解し、保育者の指示に従って行動できるようにすることが必要であり大切なことです。

安全についての行動は家庭における生活の仕方と密接に関係するものであるから家庭との連携を密にすることも大切です。

(6) 領域「健康」の内容の取扱い

幼稚園教育要領では、内容の取扱いについて次のように示しています。

① しなやかな心と体の発達を促すこと

「心と体の健康は、相互に密接な関連があるものであることを踏まえ、幼児が教師や他の幼児との温かい触れ合いの中で自己の存在感や充実感を味わうことなどを基盤として、しなやかな心と体の発達を促すこと。」と示されています。

「しなやかな」というのは、鞭のように力を加えられるとそれに応じてしなり、力を抜くともとにもどる柔軟性と反発力を持っていることであり、また、簡単に折れない持続性を持っているということです。「しなやかな心」とは、園生活のいろいろな場面に適応し、対応でき、我慢強い心の働きができることです。「しなやかな体」とは、生活の中のいろいろな場面に応じて体を動かすことができるとともに、持続的に運動を続けることができる体力を持っていることです。特に「しなやかな体」は、戸外での運動遊びや、室内での運動遊びに積極的に取り組むことによって発達を促すことができます。

② 体を動かす楽しさを味わうこと

「様々な遊びの中で、幼児が興味や関心、能力に応じて全身を使って活動することにより、体を動かす楽しさを味わい、安全についての構えを身に付け、自分の体を大切にしようとする気持ちが育つようにすること。」と示されています。

幼児は本来動くことを苦にせず、体を動かす遊びを好むものですが、最近の幼児は家庭では室内の遊びが多く、体を動かす遊びをする機会が少なくなっています。園生活ではできるだけ体を動かす機会が多くなるように工夫することが大切です。

全身を動かす遊びは安全についての理解や安全に対する構えを身に付けるよい機会になっています。遊びの展開を見ながら指導することです。

③　自然の中で遊び、興味・関心が戸外に向くようにすること

「自然の中で伸び伸びと体を動かして遊ぶことにより、体の諸機能の発達が促されることに留意し、幼児の興味や関心が戸外に向くようにすること。その際、幼児の動線に配慮した園庭や遊具の配置などを工夫すること。」と示されています。

かつて子どもは自然の中で遊び、心と体を自ら発達させていたものです。自然の環境に替わるものとして園庭の固定遊具が考えられました。できるだけ園外の自然の環境で遊ぶ機会を多く持つようにすることが大切です。園庭の環境については幼児がどのような遊びをどのように展開するかを見て、固定遊具の配置を変えてみたりすることで、幼児が戸外に積極的に出るように工夫することが大切です。保育者自身が戸外での活動を楽しむ姿を示すことも大切です。

3．領域「健康」の指導の基本

領域「健康」のねらい、内容および留意事項について述べてきましたが、ねらいを達成するための内容についての指導は、それぞれの園の幼児の実態に応じてそれぞれ具体的なねらいと内容を設定し、適切な環境を構成して指導していくことになります。

それぞれの園の実態に特色があると思いますが、領域「健康」の指導について共通して考えておきたい基本的なこととして次のようなことをあげておきたいと思います。

①　幼児を温かく受けとめること

明るい表情、伸び伸びとした動きは情緒が安定している幼児の姿です。

幼稚園が幼児が安定して生活することができる場所であるならば、そこでの幼児の姿は明るく、伸び伸びと行動していることを見ることができるでしょう。そこでは保育者が幼児を温かく受けとめ、必要に応じて保育者の援助が受けられて安定するなどの幼児と信頼関係ができていることであり、領域「健康」の指導の基本になるものであるといえます。

第1章　幼児の健康

　幼児が幼稚園の門から入ってきた時から幼児の幼稚園の生活が始まり、幼稚園の門を出ていくまでの丸ごとの生活の中で幼児の主体的な生活ができるところになっているかどうか、幼児にとって登園が待ち遠しいところになっているかどうか、それはいずれも幼稚園がそして保育者が幼児を温かく受け止めるところであるかどうかということなのです。

　②　幼児の動きに共感すること

　幼児はよく体を動かして遊ぶものです。幼児が興味をもって身体的活動に取り組んでいるときは、その幼児はもっとも快い動きをしているものです。また、その動きはその幼児にとって快い動きであっても他の幼児に当てはまるとは限らないものです。

　幼児期の動きについては幼児自らつくりだした動きを大切にすることが基本です。それは幼児期の動きは誰かに系統的に教えられて身につけていくものではないからです。保育者はそれぞれの幼児なりの動きの身につけかたをよく見ることが大切なことです。

　幼児がつくりだした動きに保育者が共感するならば幼児は自信をもち、さらに積極的に身体を動かす活動に取り組むようになるでしょう。

　③　幼児の運動遊びであること

　幼児は生活のいろいろな場でいろいろな運動遊びを展開するものです。

　運動遊びの遊び方については幼児自らの遊び方がもっとも幼児に適した遊び方であることを認めることです。

　運動遊具を使って遊んだり、鬼ごっこやボールのゲームなどをして遊んでいるとき、その遊び方が危険なものであるならば、保育者は注意して止めさせることは必要な指導です。しかし、幼児が喜んで遊ぶ安全な遊びについては保育者がその遊びを修正するような指導をすることは望ましいことではありません。

　大人にとってつまらない遊び方であっても幼児にとってはおもしろい遊び方であることが多いのです。大人はとかく遊びを決まった形で考えがちなところがあります。大人の見方、考え方はあくまでも大人のものであり幼児に共通しないことを十分考えなければなりません。

　幼児期のスポーツの考え方も当然幼児がとらえているスポーツでなければなら

ないのであって、幼児に対してスポーツの指導を大人の指示で一方的にするようなことは幼児期には適切なものではないといえます。

④ 運動的活動は総合的活動

幼児期の運動的活動は領域「健康」のねらいと内容を当然含んでいますが、展開の仕方や展開の過程や発展の仕方から見ても幼稚園教育要領に示される他の領域のねらいと内容を含んでいる総合的な活動であるわけです。

その運動的活動を通して幼児がどのような経験をしているか、そしてその経験を通して何が育っているかを的確にとらえて総合的に指導しなければなりません。特に注意しなければならないのは同じ運動遊びをしていてもどの幼児も共通なねらいを達成するとは限らないということです。

一人ひとりの幼児の遊びへの取り組み方を十分に観察し、その遊びのどこに興味・関心をもって遊んでいるかを的確にとらえてそれぞれの幼児の育ちを援助することが大切です。

⑤ 保育者がモデル

領域「健康」がねらっていることは、幼児について幼児なりの育ちを期待しているものですが、健康の基本的な考えかたは大人にとっても共通のものであるはずです。

保育者が健康な状態であることは幼児にとっての健康のモデルであるということを保育者自身が意識することが大切なことです。

表情が明るく快活に行動すること、身体を動かすことを好み、楽しんで運動している保育者の姿は幼児にとって楽しい幼稚園として反映するでしょう。

保育者の日ごろの清潔、食事、安全についての行為などは幼児の基本的な生活習慣形成のモデルとして重要な意味があります。

第 2 章

幼児の心身の発達と健康の指導

第2章　幼児の心身の発達と健康の指導

1．幼児期の身体・運動の発達

1）体格の発達

　出生児は身長約50cm、体重約3kgですが、幼児期には3歳で身長が約95cm、体重が約14kgになり、身長で約2倍、体重で約5倍になります。身長や体重の発育が著しいのは幼児期と青年期に入るころにみられます。表2-1、2-2にみられるように身長や体重の大小はそれぞれの年齢における代表値（中央値＝50パーセンタイル値や平均値）と分布からみることが大切です。表のようにパーセンタイル

表2-1. 身　　長（cm）

年・月齢	パーセンタイル	男　子			女　子		
		25	50	75	25	50	75
2年 0〜 6		85.0	87.1	89.1	84.1	86.0	87.9
6〜12		88.8	91.0	93.2	87.8	89.9	92.0
3年 0〜 6		92.3	94.6	97.0	91.5	93.7	95.9
6〜12		95.8	98.2	100.9	95.1	97.4	99.7
4年 0〜 6		99.1	101.6	104.5	98.5	101.0	103.5
6〜12		102.2	104.9	108.1	101.7	104.3	106.9
5年 0〜 6		105.3	108.1	111.4	104.8	107.6	110.4
6〜12		108.4	111.4	114.9	107.9	110.8	113.7
6年 0〜 6		111.8	114.9	118.6	110.7	113.8	116.9

（平成12年厚生省）

上限値　平均値　下限値

ふつう　小さい　大きい

表2-2. 体　　重（kg）

年・月齢	パーセンタイル	男　子			女　子		
		25	50	75	25	50	75
2年 0〜 6		11.26	12.07	12.91	10.77	11.53	12.38
6〜12		12.18	13.01	13.92	11.68	12.51	13.46
3年 0〜 6		13.06	13.97	14.99	12.58	13.49	14.54
6〜12		13.93	14.92	16.05	13.49	14.94	15.65
4年 0〜 6		14.82	15.90	17.16	14.41	15.50	16.79
6〜12		15.72	16.91	18.30	15.32	16.52	17.96
5年 0〜 6		16.65	17.96	19.52	16.23	17.55	19.31
6〜12		17.48	18.93	20.70	17.16	18.62	20.66
6年 0〜 6		18.38	19.87	21.94	18.06	19.69	22.06

（平成12年厚生省）

・カウプ指数　14以下　　16〜18　　22以上

1. 幼児期の身体・運動の発達

で示されている場合75パーセンタイルより上ならば「大きい方」、25パーセンタイルより下ならば「小さいほう」とみることが適切でしょう。

4歳3か月で身長102.5cmの男子は「ふつう」です。25パーセンタイルから75パーセンタイルの間に入るのはその年齢の50％の子どもです。

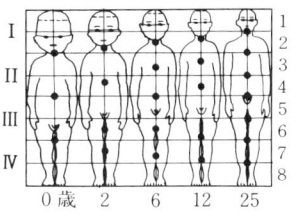

図2-1. からだのつりあいの変化（シュトラッツ）

幼児期の子どもは頭が大きいといわれます。全体的にみて胴長にみえるのも幼児期の特長です。シュトラッツは頭長と身長の比を図2-1のように示しています。年齢の低い2～3歳児が歩いたり、走ったりするときの不安定さはからだつきが関係しているといえます。身長と体重の比は身体の充実度を示すものと考えられます。比体重やローレル指数（体重/身長^3×10^7）やカウプ指数（体重/身長^2×10^4）がつかわれますが、幼児の場合はカウプ指数が適しているといわれます。これらの指数は肥満の状態を知るためにもつかわれます。幼児期ではカウプ指数の平均がおよそ16～17です。カウプ指数が19～21が「肥りぎみ」、22以上は肥満児とみてよいでしょう。また14以下は「やせすぎ」とみてよいでしょう。

3歳ころは関節がはずれやすいので、急に腕をひっぱったり、高いところにぶらさげることに注意すること

2）機能の発達

生後6～8か月ころから生えはじめる歯を乳歯といっています。乳歯は3歳ころまでに生えそろい、その後永久歯に生えかわっていきます。最近の子ど

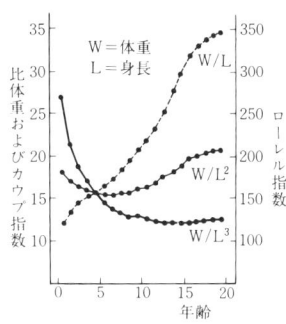

図2-2. 比体重・カウプ指数およびローレル指数の年齢推移
（高石による）

もは、むかしの子どもにくらべて歯が生える時期が早くなってきているといいます。これは身長などがむかしにくらべて年々大きくなってきている傾向と同じように、成熟の時期が早くなってきていることによるものです。

骨の発育は幼児期から児童期にかけて著しいものがみられます。軟骨から骨が

かたまっていく現象を化骨現象といっていますが、化骨のすすみ方を手骨のところの手根部の化骨数でみたり、腕の関節の状態をみたりします。手根部は完全に化骨すると 10 個になりますが、その時期はおよそ 12 歳といわれます。幼児期はほぼ半分の化骨が進んだ時期で、関節なども十分に固まっていませんし、じん帯も強くないので肘や肩の関節がはずれやすく、骨折もしやすいことに注意すべきでしょう。

表 2 - 3. 手根部化骨数

年　齢	1	2～3	4	5	6	7	8	9～11	12
化骨数	2	3	4	5	6	7	8	9	10

呼吸器や循環器のはたらきは幼児期は未発達といえます。呼吸数や脈拍数は成人にくらべて多く、体温も高いものです。

表 2 - 4. 呼吸数、脈拍数、体温からみた発達

項目＼年齢	乳　児	2～5 歳	10 歳	成　人
呼 吸 数	30～35	20～25	18～20	16～17
脈 拍 数	120～130	90～100	85～90	70
体　　温	36.8～37.2	36.5～37.0	36.5～37.0	36.2～36.8

幼児に短い時間ではげしい運動をさせると脈拍が著しく上るが、運動を止めると一時的に脈拍数が安静時よりも低くなる現象がみられるといいます。これは心臓のはたらきを調整することがまだ十分発達していないということでしょう。しかし、子ども自身が遊ぶときにはこのような状態は起きないと考えてよいでしょうが、おとなが無理なはげしい運動を強制することは問題があるでしょう。

筋力は幼児期は男子がおとなの 1/4、女子がおとなの 1/3 くらいであるといわれます。体重にみあった

1．幼児期の身体・運動の発達

筋力は4歳半ぐらいからみられるということから、3歳ころまでの子どもの遊びにはぶらさがったり、よじのぼったりする遊びはあまりみられませんし、無理にそのような運動をさせることは注意すべきでしょう。

排尿は幼児期には1日5～10回ぐらいで、神経質な子どもには頻尿がみられます。消化器のはたらきはおとなと変わらないくらいになりますが、粘膜が十分に発達していないために、過敏であり下痢をしやすいともいえます。睡眠は3歳ころには夜型になりますが、おとなにくらべて睡眠時間が長く必要で、幼児期は最低10～11時間ぐらいが望ましいでしょう。

3） 運動技能の発達

身体を動かすことは出生時からみられますが、意識的な動きではなく、反射的な運動です。意識的に運動をするようになると目的的な運動の機能を身につけていきます。運動機能を獲得する過程は図2-3のようにおよそ1歳3か月ぐらいまでに歩きはじめ、2歳までに歩くことが身につきます。その後、上体や上肢の動きをともなう技能を獲得しますが、動きそのものは、のぼるとかとぶとかの単一の動作ができるというような単純な運動技能を獲得します。この技能は鬼遊びや器械運動やサッカーごっこなど簡単なスポーツ的、ゲーム的運動の技能や、さら

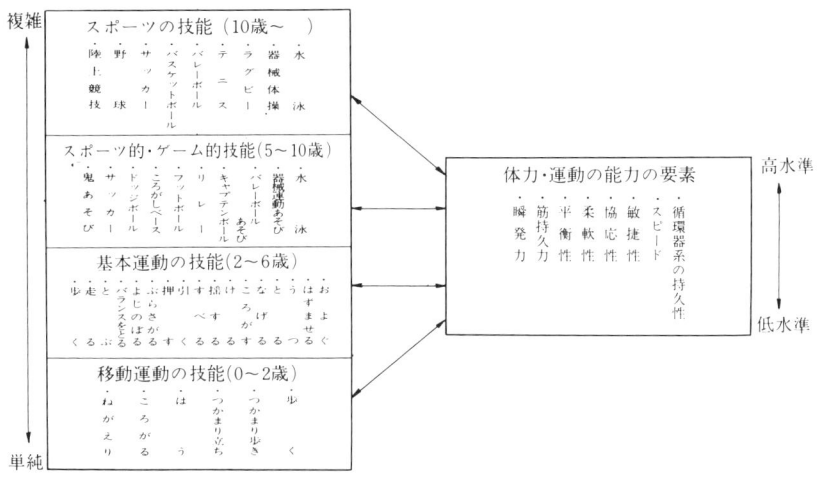

図2-3．全身運動の活動の運動技能と体力・運動能力（近藤）

第2章　幼児の心身の発達と健康の指導

表2-5．運動技能の通過率が60％を超える年齢（東京教育大学）

	男　児	男児・女児共通	女　児
2歳までにできるようになる項目	×「階段をひとりで送り足で登ることができる」 ×「中型ボールを両手で上から投げられる」 「鉄棒やうんていなどにひとりでぶらさがれる」	「階段くらいの高さからとびおりれる」 「両足そろえてぴょんぴょん続けてとべる」 「階段を手をもってもらって登りおりができる」 「階段を手すりにつかまって登りおりができる」 「中型ボールを両手で下から投げられる」 「置いたボールをけることができる」 「ブランコに腰かけてのれる」 「スプーンを上手につかえる」	「つま先であるける」 「すべり台をひとりでおりてころばずに立てる」
2歳から3歳までにできるようになる項目	「つま先であるける」 「すべり台をひとりでおりてころばずに立てる」 「ジャングルジムの一番上までのぼれる」	「曲にあわせてあるくことができる」 「階段をひとりで送り足でおりることができる」 「1mぐらいのところから先生の投げた中型ボールがとれる」 「ブランコに立ってのれる」 「すべり台をすべりおりるスピードを調節できる」 「はさみで紙を切れる」 「鉛筆やクレヨンで丸を描ける」 「色紙の二つおりができる」 「セロテープで紙をとめられる」	×「階段をひとりで送り足で登ることができる」 ×「中型ボールを両手で上から投げられる」 ○「服の前のボタンを1人で一つ以上かけられる」 「鉄棒やうんていなどにひとりでぶらさがれる」
3歳になるから4歳までにできるようになる項目	×「たいこ橋をわたれる」 「服の前のボタンを1人で一つ以上かけられる」	○「片足けんけんができる」 「幅10cmの平行線にふれずに間を1m以上あるける」 「階段をひとりで足を交互にして登ることができる」 ○「片手で中型ボールが投げられる」 「片手で上から中型ボールが投げられる」 「ブランコを腰かけてこげる」 「鉛筆やクレヨンで（四角，家，窓，電車などでよい）をかける」 「はしではさめる」	○「ホップができる」 「ジャングルジムの一番上までのぼれる」
4歳から5歳までにできるようになる項目	「ホップができる」	○「スキップができる」 「自分で落してはずんだ中型ボールがとれる」 「自分で上に投げた中型ボールをとることができる」 「ブランコを立ってこげる」 「鉄棒にぶらさがって足がかけられる」 「鉄棒で前まわりができる」	○「ボールをつく（まりつき3回以上）」 ×「たいこ橋をわたれる」 ○「ひもを結ぶことができる（片むすびでよい）」
5歳以後にできるようになる項目	○「ボールをつく（まりつき3回以上）」 ○「ひもを結ぶことができる（片むすびでよい）」		

×印は明らかに男子のほうが発達の速い項目
○印は明らかに女子のほうが発達の速い項目

1. 幼児期の身体・運動の発達

にすすんで獲得するスポーツの技能を構成する動きの基本になる技能の型ですから、基本運動の技能とよぶことができます。基本運動の技能は2歳ころから6歳ぐらいまでに、そして、5歳ころからはスポーツ的・ゲーム的技能を獲得しはじめます。運動技能を身につけていくことは体力や運動能力が発達していくことともっとも関係が深いわけですが、それだけでなく、その技能を身につけようとしたり、その技能を用いて遊びを展開するためには、知的な発達やパーソナリティの発達、社会性の発達とも関係しています。

のぼったり、おりたり、なげたり、とったりする技能や手先の運動の技能の発達を表2-5に示しました。

この表からみられるように、男女児ともおなじ頃に身につけていく技能と、男児と女児では身につける時期が違うものがあります。これらは遊びのしかたと男児と女児の興味のもち方とが小さいときからすでに異なるということが考えられます。高さに関するものは男児のほうが、リズミカルな動きは女児のほうが早いということがいえるでしょう。

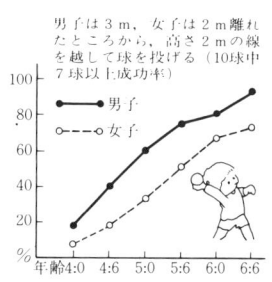

図2-4. 高く投げる（日私幼）

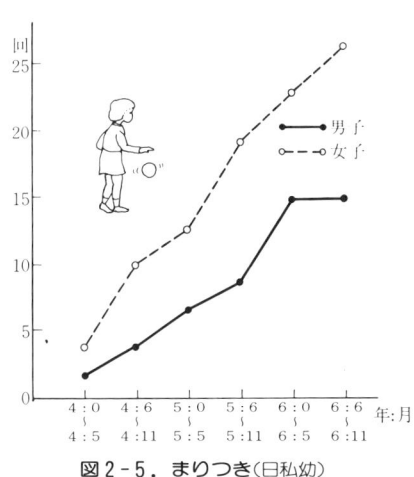

図2-5. まりつき（日私幼）

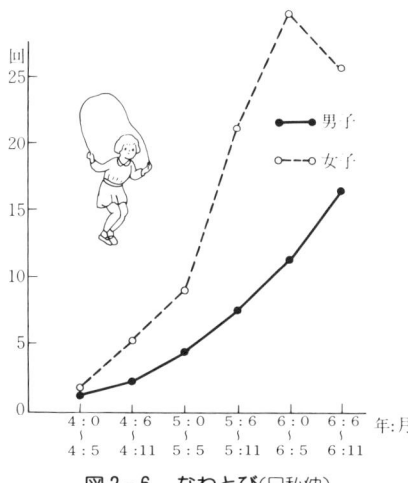

図2-6. なわとび（日私幼）

ボールの技能では投げたりするのは男児のほうが女児よりもよくできるが、まりをついたりするのは女児のほうがよくできます。また、なわとびのようになわをまわしながらリズミカルにとぶことも女児のほうがよくとべます。これらの技能は経験をすることで上手にできるようになるものですが、その技能を用いる遊びに興味をもつことがなければ上達するのもおそくなります。どのようなときに興味をもつのか、あるいはどのような技能を身につけるようになると、次にどのような技能の遊びに興味をもつようになるのかを考えてみることがたいせつだといえましょう。

4）体力・運動能力の発達

基本運動の技能がより上手になっていくことや、もっとたくさんの種類の基本運動の技能を身につけるようになるのは4歳以後ですが、そのときに影響を与えはじめるのが体力や運動能力です。実際に運動能力を測定することができるのは4歳ころからですが、それまでは動作が未熟であるためや理解ができないことなどから、身体的能力としての体力や運動能力をはっきりととり出すことがむずかしいこともあります。もちろん移動運動の技能でも、その時期なりに体力・運動能力が影響しているわけです。

体力・運動能力は技能を獲得する可能性を示すものです。おとなの体力・運動能力はいくつかの要素からなるものであることが想定されています。左図にみられるような要素があることが現在のところ一般的に考えられています。

(1) 筋力の領域

最大筋力はにぎったり、ひっぱったりするときに自分のもっている筋力を徐々に最大限まで出す力です。

★最大筋力

瞬発力はとび上がったり、重いものを一気に押したりするときのように、もっている筋力を瞬間的に最大に発揮する力で爆発的な筋力ともいわれます。

筋持久力はぶらさがり続けたり、よじのぼったりするように一定の力で持続する力です。

★瞬発力　　　★筋持久力　　　★平衡性

★敏捷性・スピード　　★柔軟性　　★持久性

(2) 調整力の領域

　平衡性は不安定な姿勢や不安定な場所で安定を保ち、また運動することができる力です。

　協応性は手と足や目と手や足、手と手などの動きを同時的に協応させる力です。

　敏捷性は急に方向を変えたり、リズムやテンポが急に変わったりするのにすばやくあわすことができる力です。

　スピードは簡単な動作をすばやくくり返す力です。

(3) 柔軟性の領域

　からだをまげたり、そらしたりするときやせまいところをくぐりぬけたりするときに必要な関節の動く範囲の広さや動きの柔らかさです。

(4) 循環器系の持久性の領域

　運動を続けたときに息苦しくなく続けられたり、運動を続けたあと休んだときに平常の呼吸や脈拍の状態に早くもどれる力です。

　これらの能力の要素をとり出して測定できるのは児童期後半からであり、年齢

が低いほどいくつかの要素が組み合わさってとり出されます。幼児の場合には上の要素のうち、スピード、瞬発力、筋持久力、敏捷性、協応性、平衡性などが獲得された技能を用いて測定できるようです。

(5) 幼児の運動能力

図2-7は、立ち幅とびにみられる能力の発達です。幼児期から男女の差がみられること、また、5歳以後その差が大きくなることがみられます。4歳半からは6カ月の年齢差もみられるようになります。3歳児は立ち幅とびの技能がまだ十分獲得されていないということがいえます。立ち幅とびの動作が容易にできるようになると、遠くまでとぶためには運動能力の瞬発力が影響してくるといえます。

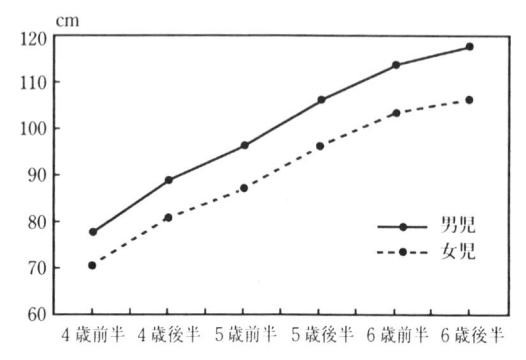

図2-7. 立ち幅とびの発達曲線
(近藤・杉原、平成9年)

図2-8は、両腕でからだを支え続ける時間（体支持持続時間）の発達を示したものです。筋力の領域ですが瞬発力と違い筋持久力は幼児期では男女差がほとんどみられないということです。4歳後半からは6カ月の年齢差が著しいことがみられます。ぶらさがる、よじのぼるなどの動きが活発になるのも5歳前後からです。

図2-9は、片足立ちの発達を示したものです。幼児期から女児のほうが男児よりもすぐれている傾向がみられます。5歳ころから発達が著しいこともみられます。ぶらんこや平均台などで遊んだりすると

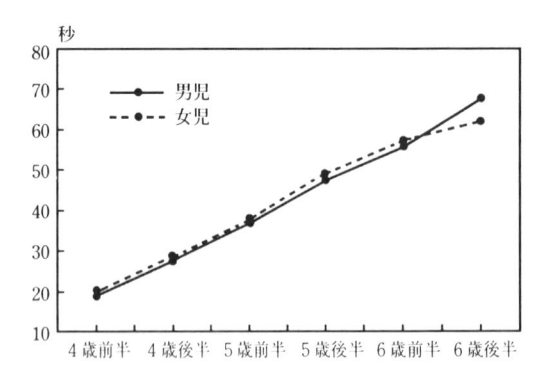

図2-8. 体支持持続時間の発達曲線
(近藤・杉原、平成9年)

1．幼児期の身体・運動の発達

きに必要な能力ですが、女児のほうが早く上手になれるということも考えられます。

図2-10は、小さい積み木を50cm間隔に10個並べ、その積み木を両足そろえてすばやくとびこしていく時間の発達を示したものです。

敏捷性や協応性の能力を示すものですが男女差が幼児期ではほとんどみられません。

また、4歳後半からの発達が著しいこともみられます。鬼遊びやボールの技能などに関係する能力です。

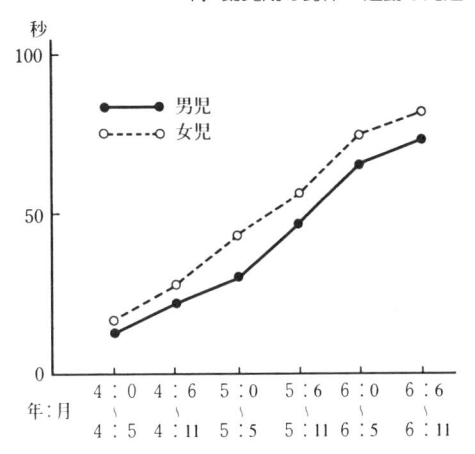

図2-9. 片足立ちの発達曲線（日私幼）

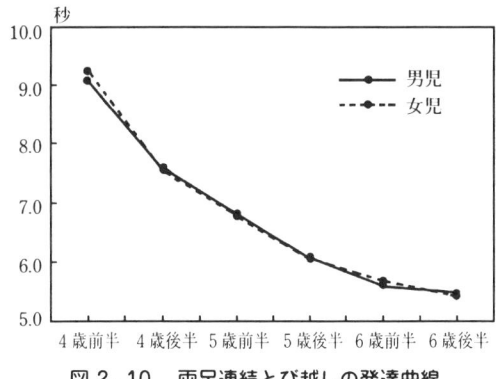

図2-10. 両足連続とび越しの発達曲線
（近藤・杉原、平成9年）

図2-11は、円を歩きながら糸まきに糸をまく時間の発達を示したものです。手の動きと足の動きとの協応の能力をみるものです。両足連続と同じように、幼児期では男女差がほとんどみられませんし、5歳以後の発達が著しいことがみられます。これは、ボールを扱ったりする技能の獲得に関係する能力です。

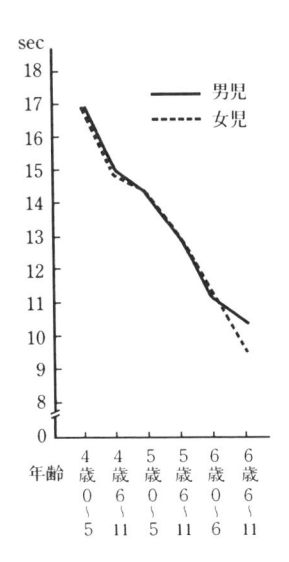

図2-11. 糸まきの発達曲線
（松田・近藤）

図2-12は、25mを走り切る時間の発達を示した

第2章　幼児の心身の発達と健康の指導

ものです。5歳ころになると男児が女児よりもすぐれてくることがみられます。また、5歳ころから発達が著しくなることがみられます。

体力を高めるということはいろいろな運動の技能を身につけ、その技能をつかって積極的に遊ぶということです。

体力・運動能力に直接的な運動を強制して体力づくりをすることは幼児期から児童期にかけては望ましいことではありません。

いろいろな運動的遊びに積極的にとりくむような環境設定や遊びに気づかせることや、自分ができる技能は何かということを幼児に気づかせることがたいせつなことなのです。

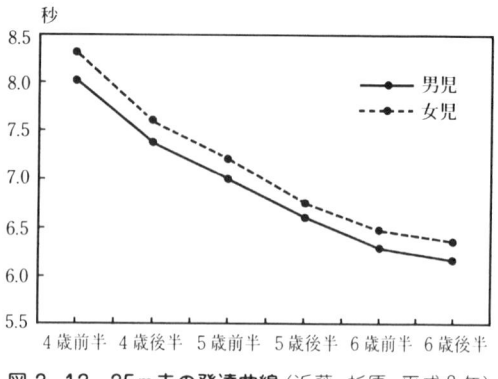

図2-12．25m走の発達曲線（近藤・杉原、平成9年）

5）　運動経験と精神的発達

運動的な活動を経験するのは、子どもの知的発達やパーソナリティなどの発達と関係しています。3歳児は3歳児なりの運動的活動にとりくむのは、運動能力の発達と3歳児なりの知的な発達が背景になっているわけです。運動のしかたを理解することがその運動を経験するために必要なことです。

表2-6は体操の演技のむずかしさの順に第1体操、第2体操、第3体操としたとき、この体操を子どもの前で直接やってみせたとき（直接提示）と、ことばだけで説明して、その直後に子どもたちに再現させたときにできた子どもの比率を示したものです。この表2-6にみられるように、年齢の低い幼児は直接やってみるほうがよく理解できること、また年齢が低いほど、体操がむずかしくなると言語で教示することができなくなることがわかります。幼児の遊びは自分で試みるだけでなく、他の子どものまねをすることで技能を身につけていくわけですから、技能の種類が多くなったり、上達していくためには精神的発達と平行していると

いえます。また、もっている運動能力を十分発揮することでも具体的な目標を示したときのほうがよく発揮できます。表2-7は5歳児に立ち幅とびをさせるときに「ポーンととびなさい」といったときを100としたとき、「できるだけ遠くへとんでごらんなさい（言語指示）」のグループと「あの線までとんでごらんなさい（目標をポーンととびなさいのときの20％増しの線で示した）」のグループのとんだ距離を示したものです。この表にみられるように、具体的な目標を示したときに意欲的にとぶことがわかります。運動にとりくむときの気持ちや運動を続けるときの意志力がたいせつですが、幼児期は具体的、実際的であることが意欲をもって運動にとりくむということができます。

表2-6．直接演示と言語教示によって複雑さの異なる体操を遂行する子どもの数(％)

子どもの年齢	第1体操		第2体操		第3体操	
	直接演示のとき	言語教示のとき	直接演示のとき	言語教示のとき	直接演示のとき	言語教示のとき
3年6か月～4年6か月	100	40	60	30	40	0
4年6か月～5年6か月	80	60	70	50	60	40
5年6か月～6年6か月	100	80	80	70	70	60

（エ・デ・グレベンシチコヴァ）

表2-7．「ぽーんととびなさい」と指示したときの立ち幅とびの距離を100としたとき、言語指示群と目標設定群の平均距離

群＼回	1 回 目	2 回 目
言 語 指 示	106	103
目 標 設 定	116	113

2．幼児期の精神発達

1） 知覚の発達

　知覚とは、外界からの情報を感覚によってとり入れ、その意味をひとまず理解するはたらきです。ひとまずといったのは、知覚は、次の2）で説明します認知と一連の機能だからです。

　知覚は、感覚の発達を基盤として発達します。感覚の発達は著しく、乳児期には、すでに、ひと通りのはたらきが可能になっています。しかし、感覚の発達が

高い水準に達しているからといって、幼児の知覚もそのような水準に達しているわけではありません。幼児の知覚は、まだ未分化で未熟なために成人の知覚とは、質的に異なる特徴がみられます。

(1) 幼児期における知覚の諸特徴

① 共 感 覚

普通、1つの刺激に対して、それに刺激された感覚器官によって1つの感覚を生じます。ところが幼児は、感覚が未分化なために、1つの刺激によって他の領域の感覚が同時に生ずることがあります。たとえば、音（音楽）を聞くと、同時に色や光が目の前に浮かんで見えることがあります（色聴）。レベスの研究によれば、色聴は、幼稚園児の半数の者に認められ、年齢を増すにつれて減少するといわれています。

② 相 貌 的 知 覚

顔形のことを相貌といいますが、幼児は、知覚が感情や欲求と未分化なために、事物を自分と同じ感情や欲求をもったものとして知覚する傾向があります。たとえば、ビンが倒れているのを見て、「ビンがねんねしているよ。」というように、事物に表情があるとみるとらえ方をします。相貌的知覚は、対象物を人間と同じように生きていると考えるアニミズムと関連しています。

③ 全体対部分知覚

幼児の知覚のしかたは、全体的な漠然としたとらえ方をします。年長児になると、断片的ではありますが、部分がとらえられるようになり、その後の発達により、部分が全体の中に統合されるようになります。

④ 知覚の運動性[19]

乳幼児においては、対象物を見て知るだけではなく、手で触れたり、つかんだりすることによって知るといわれています。柏木[4]は、幼児に、切り抜き図形と台紙に張りつけた図形を用いて、同じ図形に分類させる実験を行ったところ、切り抜き図形のほうが成績がよかったといっています。これは、手指によって、直接図形を操作することが、未熟な知覚を助けていることを意味します。子どもの外界の把握には、身体の運動が関連している場

2．幼児期の精神発達

(2) 幼児の知覚発達の諸相

　形、大きさ、方向についての知覚は、3歳以降しだいに正確さを増してきます。図2-13は、勝井[5]が形、大小、方向についての知覚発達を調べたものです。形の知覚は、最も早く発達し、方向の知覚は、遅く発達することがわかります。幼児期には、このように、方向知覚が未熟なために、よく鏡映文字(「レ」を「」」「リ」を「し」と書く。)や人物を横倒しに書くことがあります。

　時間知覚は、毎日くり返される日課によって、その基礎ができてくるといわれています。3歳をすぎるころから「きのう」と「きょう」、「いく」と「いった」が使い分けられるようになり、4・5歳になると、午前、午後、朝、昼、晩や、明確ではないけれども曜日なども理解できるようになります。この年齢になってくると、過去、現在、未来についても区別できるようになります。また、リズム感も発達し、音楽に合わせて、行進したり、いろいろな動作をすることができるようになります。

　色の知覚では、赤、黄、緑などの色相の弁別は早く、乳児期にすでにみられます。これらの色の名前を正確に言えるようになるのは、3歳以降になってからです。

　重量知覚では、幼児は、形の大きいものが重く、小さいものは軽いと判断する傾向があります。5歳ごろから重量知覚は、著しく発達し、筋感覚や運動感覚が視知覚によって乱されることがなくなり、正確な重量弁別ができるようになります。

2） 認知の発達

　認知とは、周囲から刺激として受けとった情報を理解したり、処理したりする高等な知的過程をいいます。これには、1）で説明した知覚のほかに、記憶、言語、思考などの諸機能が含まれます。

　認知の発達過程の解明に大きな貢献をしたピア

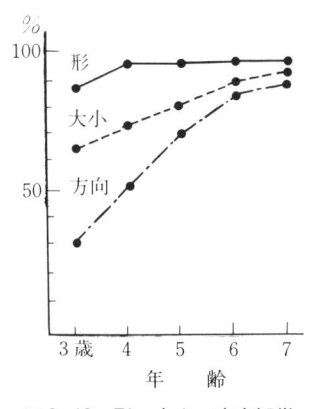

図2-13．形・大小・方向知覚の正確度の発達
（勝井晃、1959）(%)

ジェは、その発達段階を設定しています。これを図示したものが図2-14です[28]。乳幼児期に相当する感覚運動的段階と前操作的段階を中心に、ここでは説明します。

(1) 感覚運動的段階

出生から1歳半ないしは2歳ぐらいまでは、生まれながらにもっている反射運動を基礎にして、しだいに新しい行動が発達していく時期です。周囲の事物を見たり、聞いたり、また直接はたらきかけたりすることによって発達する時期であるところから、感覚運動的段階とよんでいるのです。この段階の終わりごろには、回り道をしながらも目標物に達することができるようになり、単純ではありますが、見通しをたてて事物を関連づける行動も見られるようになります。

(2) 前操作的段階

前操作的段階のうち、前半の4歳ごろまでを象徴的思考段階とよんでいます（図2-14）。この段階になりますと、感覚運動的な認知が内面化されはじめて、事物を心に思い浮かべることができるようになります。このことを表象作用といっています。この表象作用によって、いろいろなものをいろいろなものにみたてて遊ぶようになります。たとえば、積み木を自動車にみたてて遊ぶというような象徴的遊びができるようになります。ことばの獲得も、これと同時に、著しく進歩し

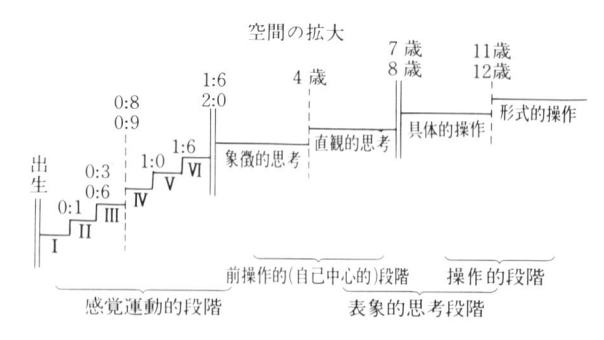

図2-14．ピアジェの発達段階（岡本夏木、1973）

ます。

　前操作的段階の後半である４歳から７・８歳までを直観的思考段階といっています。この段階になりますと、概念化が進みますが、その際の推理や判断は、直接見たり、聞いたりすることに依存しています。たとえば、１列に長く並べてあるビー玉を１か所に集めると、数が減ったように考えたりします。このように、論理的思考よりも、知覚の影響が優勢であることがこの時期における認知の特徴です。思考によるまとまった操作ができる前段階ということで前操作的段階といっているのです。

　またピアジェは、この時期における思考の特徴の一つに、自己中心性をあげています。他の立場にたってものごとをみることができません。知覚の発達のところで述べたアニミズムも、この思考の特徴からでています。以上のような認知発達の過程をへて、児童期の論理的、客観的思考へと移っていくのです。

３）　社会性の発達

　社会性の発達とは、人と人とのふれ合いの中で、人間として生きていくためのさまざまな能力を身につけていく過程をいいます。幼児の社会性は、いろいろな能力の発達を基盤にして統合的に発達するわけですが、ここでは、社会性の発達にとって最も基本的なものである対人関係を中心に述べることにします。

(1)　おとなとの関係

　２歳すぎごろまでは、おとな特に両親に全面的に依存し、従順で、受動的行動

が中心ですが、2歳半から3歳前後をピークに、自己主張が強くなり、おとなに対して拒否や反抗的行動が多くなります。これが、いわゆる「第一反抗期」です（(5)パーソナリティの発達を参照）。これは、長く続くものではなく、4歳をすぎると急激に減少します。

また、一方では、親のように自分もありたいという願望をもっていて、親の行動を模倣します。これには、同一視というはたらきが関係しています。幼児期は、同一視する傾向が強く、いろいろな生活習慣、ものの考え方などを同一視を通して身につけていきます。同一視の対象は、親からしだいに身近にいるおとな、兄弟、友だち、先生などに広がっていきます。

4歳以降になりますと、しだいに自己中心的な行動が減少し、協調的な行動がとれるようになります。また、おとなの承認を得ようとするようにもなります。

(2) 子ども同士の関係

一般に子ども同士のはっきりした交渉がみられるのは、2歳前後からです。しかし、この時期では、まだひとり遊びや他の子どもが遊んでいるのを傍観していることが多かったり、また、他の子どものそばで、同じ遊具で遊ぶけれども、お互いに交渉をもたない平行的遊びなどがみられます（図2-15）。

3歳前後から3、4人でも遊ぶことができるようになり、積極的に遊び相手を求めるようになります。言語や運動能力の発達とあいまって、遊び友だちといろんな交渉をもちながら、遊ぶことができるようになっていきます。

ままごと遊びなどのような、日常生活の中でよく見かけることを模倣する模倣遊びもはじまります（図2-16）。

この時期には、けんかも頻繁にみられます。幼児のけんかの具体的原因には、○遊びの方法、規則についての争い、○順序の争い、○遊具のうばいあい、○非難・嘲笑・罵詈などによる争い、○身体妨害や攻撃による争いなどが、多いといわれています[23]。

2. 幼児期の精神発達

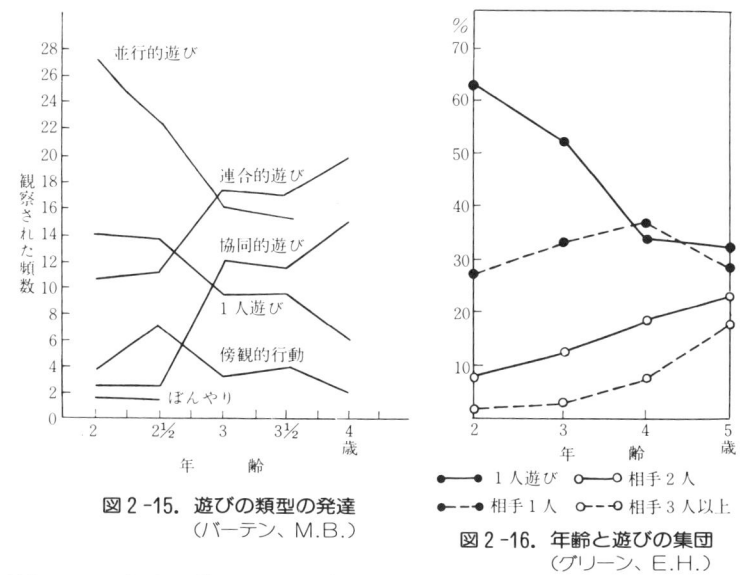

図2-15. 遊びの類型の発達
（パーテン、M.B.）

図2-16. 年齢と遊びの集団
（グリーン、E.H.）

　子どものけんかは、激しいけれども、長くは続かず、涙もかわかないうちにまた同じ相手と遊んでいます。仲のよい友だちほどよくけんかをします。けんかを通して、相手も自分と同じ欲求をもっていることを理解し、自分の欲求をコントロールしなければならないことを知るのです。つまり幼児は、けんかを通して、対人交渉のしかたを学んでいるのです。

　4歳をすぎると、それまで自己中心的な行動が支配的であったけれども、しだいに協同的な行動がとれるようになってきます。また、競争心もはっきりとみられるようになります。競争心の発達は、子どもをとりまいている社会的条件に大きく影響を受けるといわれています。

　5・6歳になりますと、一層協同的遊びが増してきます。この時期になりますと、遊びの規則がかなり明確になり、集団による単純なゲームなどもできるようになります。遊び仲間のなかに、特定のリーダーができるようにもなります。子どもは、協同的な遊びを通して、集団における自分の

役割を知り、それに対する責任をはたそうとするようになっていきます。

4) 情緒の発達
(1) 情緒の分化

乳幼児の情緒の発達について、ブリッジスは、1930年代に、生後数週間から2，3ヶ月の時期においては情緒の反応は未分化であり、興奮を示すだけであるが、3ヶ月頃から快と不快に分かれ、その後の急速な発達によって、快から喜び、愛、得意が、不快から怒り、嫌悪、恐れに分化が進み、ほぼ2歳頃には基本的な情緒が出揃うと考えておりました。しかしその後の研究によって、現在では、ブリッジスが考えていたよりも早く、生後8ヶ月頃までの間に基本的情緒をもつようになるといわれております。5歳ごろまでには、おとなとほぼ同じぐらいのいろいろな情緒に分化します。このように乳幼児における情緒の発達は著しく、情緒の分化の点では、この時期にほぼ完成するといわれています。

このような情緒の発達は、一般的な傾向であって、子どもの経験、生活環境および遺伝的影響が強いといわれている気質などによって、当然個人差がみられます。

(2) 情緒をひき起こす要因の発達的変化

ある種の情緒をひき起こす事物であったものが、発達につれて、情緒を引き起こす刺激として有効でなくなることがあります。この逆のこともあります。図2-17は、種々な刺激に対して子どもが恐れの情緒を表した数（パーセント）を示したものです。

この図からわかるように、乳児期から幼児期のはじめにかけては、身のまわりの直面する事物によって情緒がひき起こされますが、発達が進むにつれて、しだいに抽象的、想像的なものへ変化していきます。これは、知覚・認知能力の発達などが関係しているのです。このほかに、経験（たとえば、ショッキングな経験）、他人の模倣および学習によっても、情緒をひき起こす刺激に変化がみられます。

(3) 情緒表出の発達的変化

情緒の表出のしかたも発達につれて変化します。たとえば、図 2-18 に示したように、怒りの情緒反応についてみると、手足をバタバタさせたり、床や地面の上にひっくり返って泣きわめくような激しい反応（かんしゃく）は、3 歳ごろをピークにしだいに減少します。これにかわって、涙を流す、泣きそうになる、相手の悪口をいうというような反応にかわっていきます。このように、情緒表出は、外部的、全身的、直接的なしかたから部分的、間接的、言語的表現へと変容していきます。

情緒表出のしかたがこのような発達的変化をするのは、意志力の発達とあいまって、周囲の人たちから認められる表現をとるようになるからです。また 5・6 歳になってきますと、恥とか誇りの意識が発達してきて、激しい情緒表出は、抑制しようとするようになります。

(4) 幼児期における情緒の特徴

これまで、情緒の一般的な発達傾向についてみてきましたが、実際に指導する際には、幼児期における情緒の特徴を把握しておかなければなりません。上武[7]は、幼児期における情緒の特徴として、次の 5 つをあげています。

① 短時間性

幼児の情緒は、長く続くことはありません。これは、前に述べたように、幼児は、すぐ外部へ情緒を表出することによって、即座に情緒的緊張が解消されるからです。

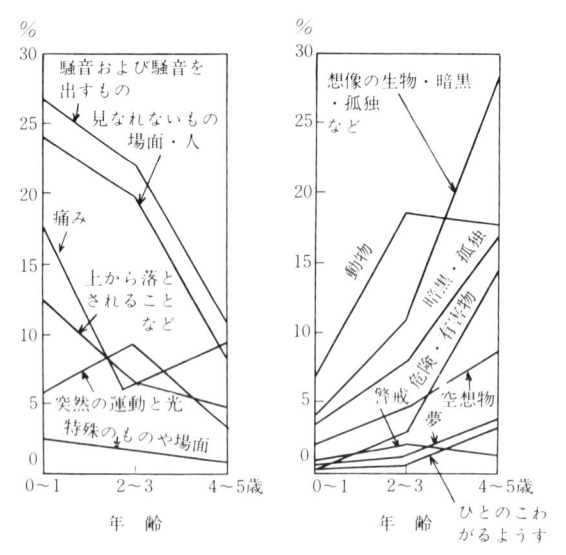

第2章 幼児の心身の発達と健康の指導

図2-17. 恐れの対象の変化(ジャーシルド、1968)

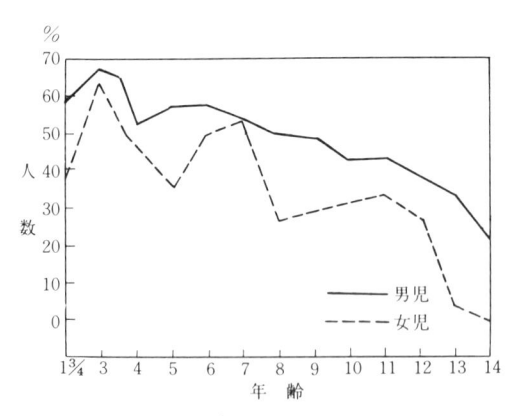

図2-18. かんしゃくの年齢的変化(マクファーレン、1954)

② 変 転 性

幼児は、泣いたかと思えば、しばらくすると笑っていたりすることがよくみられます。これには、注意をそらされたり、場面を理解する能力が未熟なためや、①の理由に述べたことなどによるものです。

③ 強 烈 性

幼児の情緒表出には、程度がなく、どのような刺激に対しても、強烈な情緒表出をします。

④ 頻 発 性

幼児は、おとなと違って、よく泣いたり、笑ったりします。頻繁に情緒を表します。

⑤ 直 接 性

幼児は、情緒を隠さずに、直接、外部に表出します。また、何らかの徴候を示すことが多いので、よく観察することによって情緒の状態を知ることができます。

5） パーソナリティの発達

保育園や幼稚園で、子どもが自由に遊んでいるところをみると、一人ひとり特徴をもっていることがわかります。いつもひとりで遊んでいる子どもがいたり、ある子どもは、グループのリーダー格として、集団の中で、活発に活動していたりします。このような子どもの特徴は、他の場面においても表れます。十人十色といいますが、それぞれその人らしさをもっています。これをパーソナリティ（人格）、あるいは性格といっています。

しかし、パーソナリティの定義は、このように簡単にいいきれるものではありません。従来、いろいろな定義が試みられています。ここでは、パーソナリティをひとりの人間としての独自性、統一性および一貫性のある全体像である、とのみ述べておきます。

(1) パーソナリティ形成と個体的要因

パーソナリティ形成には、遺伝や身体的条件による影響があるといわれていま

す。体質と気質にある種の関係があることを見いだしたクレッチマーの古い研究がありますが、これは、遺伝が身体的側面だけではなく、パーソナリティ形成にも、何らかの関係があることを意味します。ゴットシャルト[9]は、活動的であるとかないとか、気分が明るいとか暗いとかといったような情意的な側面が、知的な側面よりも遺伝的要素が強いといっています。

身体的要因には、直接的なものと間接的なものがあります。直接的なものとしては、ホルモンの分泌や自律神経の失調、頭部損傷、それに最近問題にされてきている微細脳損傷などのようなものがあります。このような原因で、おちつきがなかったり、興奮、過敏、不機嫌などの状態がみられることがあります。間接的な要因には、身体的外観（体格、体型、容姿）をあげることができます。これらに対して、周囲の評価も加わり、自分自身をどのようにみるかによって、パーソナリティ形成に影響を及ぼします。

表2-8．母親の態度と子どもの性格

母親の態度	子どもの性格
1 支配的	服従、自発性なし、消極的、依存的、温和
2 かまいすぎ	幼児的、依存的、神経質、受動的、臆病
3 保護的	社会性の欠如、思慮深い、親切、神経質でない、情緒安定
4 甘やかし	わがまま、反抗的、幼児的、神経質
5 服従的	無責任、従順でない、攻撃的、乱暴
6 無視	冷酷、攻撃的、情緒不安定、創造力にとむ、社会的
7 拒否的	神経質、反社会的、乱暴、注意をひこうとする、冷淡
8 残酷	強情、冷酷、神経質、逃避的、独立的
9 民主的	独立的、素直、協力的、親切、社交的
10 専制的	依存的、反抗的、情緒不安定、自己中心的、大胆

（詫摩武俊，1967）

(2) パーソナリティ形成と環境的要因

　子どものパーソナリティ発達には、環境的要因の影響が強いといわれています。特に家庭環境がパーソナリティ形成にとって、最も重要な意味をもっています。家庭環境のうち、親の養育態度がきわめて影響が大きいところから、多くの研究がなされてきています。託摩氏は、これまでの研究結果を表2-8のように要約しています。親の養育態度のほかに、家族構成、出生順位、兄弟の数、性別の構成などがパーソナリティ形成に影響するといわれています。

　幼児期の後半からは、友だち、幼稚園、保育園の集団、先生の影響があり、さらにテレビや絵本、地域の全体的雰囲気といった社会的・文化的要因の影響も加わってきます。

　パーソナリティ形成に影響を及ぼす諸要因についてみてきましたが、これらが相互に作用し合いながら、パーソナリティがかたちづくられていくのです。

(3) 自 我 の 発 達

　パーソナリティの核といわれる自我、その発達の乳幼児期における発達課題として、エリクソンは[2]「基本的信頼感の獲得」をあげています。乳児期から幼児前期にかけては、親、特に母親に全面的に依存して心理的安定感を得ています。これが基礎となって、周囲や自己を受容するという最も重要な態度が形成されるのです。

　2歳ごろから4歳にかけて、第1反抗期とよばれる現象がみられますが、これは、自分を意識しはじめ、自己主張するようになってきたことを意味し、自我の芽ばえなのです。この時期は、意志力が育つ重要なときでもあるのです。

　4歳ごろから、漠然としているけれども、自分についてのイメージ（自我像）を子どもなりにもつようになります。これは、他人の反応、他人との比較、自分の役割の効果およびモデルとの同一視によって作られていくといわれています[29]。これらの要因によって、自我像が幼児期後半に形成され、これが子どもの行動に影響を及ぼすのです。われわれは、子どもがどのような自我像をもっているかに、つねに関心をもっていなければなりません。

3. 幼児期の生活習慣と安全能力の発達

1) 幼児期の生活習慣の発達

心も身体も健康であるために年齢にふさわしい様々な方法で生活の基本的なことを身につけていくことを生活の基本的習慣といっています。そのおもな内容として、食事、睡眠、排泄、着衣、清潔などがあげられます。これらはすべて幼児の生活に密接にかかわり、基本的習慣が自立していくことが生活や遊びに主体的にかかわるきっかけともなります。

また基本的生活習慣の自立には生理機能、運動機能、情緒等の発達が深くかかわっているので発達を理解することが必要です。

生活習慣は到達する1つの形がありますので、躾(しつけ)という名の元に大人と同じ方法を教えこむことが行われがちですが、幼児の心身の発達に合った方法で身のまわりのことに積極的にかかわり快的にすることを体験することが大切です。

乳幼児期は子ども自身が主体的に活動にかかわり、その経験を試行錯誤していく過程により学んでいくことが、発達を促すのですから、生活の中で多くの経験を積み重ねることが必要です。保育者は子どもが、自分の身辺のことに意欲をもって積極的にかかわるような環境作りと、根気よい援助をする役目があります。そして生活習慣は家庭との連携の中で育てていく内容ですので積極的に家庭と連絡をとりましょう。

(1) 食　　事

子どもの食事に関する様々な発達は手や指の発達とも関連します（表2-9）。また食事の自立は0歳児から始まり年齢とともに習熟していきます（表2-10、11）。食べることへの意欲を損うことなく気長に指導していきます。

(2) 睡　　眠

脳波の研究より、最近は睡眠にはいろいろな型があり、その組み合わせが年齢とともに変化していくことがわかってきました。浅いREM(レム)睡眠といわれ夢を見たりする睡眠の型は年齢とともに減少し、4歳児ころより睡眠のリズムは成人の型に近づきます（図2-19参照）。また年齢とともに睡眠時間は減少し（表

3．幼児期の生活習慣と安全能力の発達

表2-9．手腕の運動の発達

年齢 歳：月	手　腕　運　動
0：1	手に触れた物を握る
0：2	顔に触れた物をとろうとして手を動かす
0：3	おもちゃを少しの間握っている
0：4	ガラガラを握る，そばにある玩具に手を伸ばす
0：5	そばにある玩具に手を伸ばしてつかむ，玩具をさし出すとつかむ
0：6	ガラガラを一方の手から他方の手に持ちかえる
0：7	両手に持っている物を打ち合わす
0：8	落ちている小さな物を拾う
0：9	引き出しをあける
0：10	ドアをあける
0：11	箱・ビンのふたをあけたりしめたりする
1：0	なぐり書きをする
1：3	障子やふすまを一人であけしめできる
1：6	積み木を二つ三つ重ねる
1：9	玩具の電話のダイヤルを回す
2：0	積み木を横に二つ三つ並べる
2：6	ハサミを使って紙を切る
3：0	積み木でトンネルまたは門を作る，クレヨン・鉛筆で円をかく，積み木を高く積む
3：6	絵をかいて色をぬる
4：0	ボタンを一人ではめる
4：6	ハサミを使って簡単な物を作る
5：0	四角形の模写ができる
6：0	菱形の模写ができる

（津守真ほか：乳幼児精神発達診断法，大日本図書，1975）

表2-10．乳児期の食事の自立への芽ばえ（津守、ほか）

月齢	食　事　の　行　動　発　達
4か月	さじから飲むことができる。
6か月	ビスケットなど自分で持って食べる。
7か月	コップからじょうずに飲む。
〃	さじを母親の手からとり，自分で口の中に持って行こうとする。
9か月	茶碗など両手で口に持っていく。
11か月	哺乳ビン，コップなど自分で持ってのむ。
12か月	自分でさじを持って，すくって食べようとする。

2-12参照）、昼寝の回数も減少します。睡眠に関しては個性があり、生活環境によ

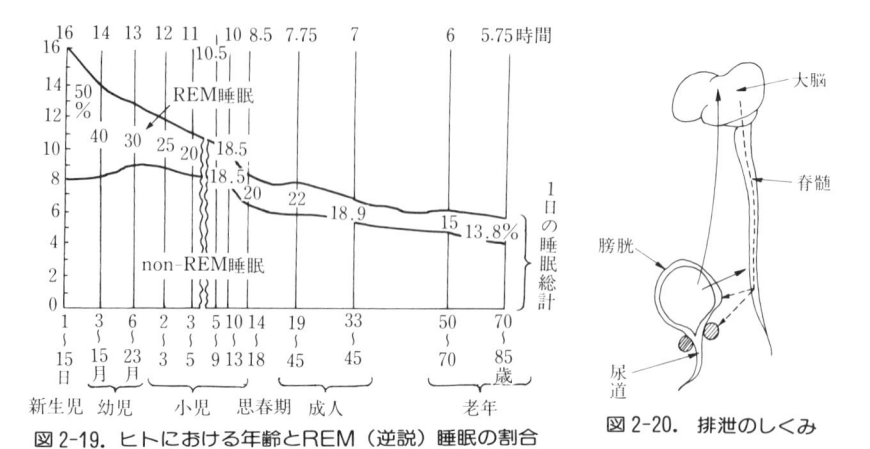

第2章　幼児の心身の発達と健康の指導

図2-19. ヒトにおける年齢とREM（逆説）睡眠の割合
（小西行郎：発達，25，ミネルヴァ書房，1986）

図2-20. 排泄のしくみ

る差もありますが、生活のリズムを作る基本ですので家庭との協力で睡眠時間を規則的に十分とるようにしたいものです。

(3) 排　　泄

排泄は膀胱壁→大脳→括約筋→膀胱壁といった神経系と横隔膜や腹筋の一連の協同作用（図2-20）の発達とともに3歳ころより完全自立します。排泄の自立にはこのように生理面の発達が大きくかかわっていますので個々に自立の過程が違います。大便の方が自立の早かった子、小便の方が早かった子等、様々ですが4〜5歳ころでも状況によって失敗しますし、夜尿の失敗が続くことがあります。失敗したら始末を早くして清潔にする気持よさの感覚を育てることが大切です（表2-13）。

(4) 着　　衣

着衣の自立は目と手の協応動作が発達する頃から始まる（表2-14）。「脱ぐ」ことから「着る」ことへ進むが、この時期、扱いやすい衣服を着用して時間を十分かけて気長に行い、不完全であっても自分でやろうとする気持ちを育てることが大切です。

(5) 清潔に関すること

乳児期から身体を清潔に保つことは、快適であるとの経験を重ねることです。その積み重ねは、目と手の協応動作の発達する時期にもあたり、自立に大きく役

3．幼児期の生活習慣と安全能力の発達

表2-11．幼児期の食事の自立

年　齢	食　　　　事
1：0	指でつまんで食べることができる
1：6	スプーンの使用，茶わんをもって飲む
2：6	スプーンと茶わんを両手に使う
3：0	食事の挨拶，はしの使用，だいたいこぼさぬ
3：6	完全に自立
4：0	遊び食べがなくなる 食卓の支度を手伝う
4：6	一時，好ききらいがめだつ
5：0	はしの持ち方がじょうずになる
6：0	好ききらいがはっきりしてくる

(浅野辰三：幼児の健康体育，逍遙書院，1977)

表2-12．乳幼児の睡眠時間

年　月　齢	睡眠回数	全睡眠時間		夜間睡眠時間	
2か月	3.7	15時	12分	8時	55分
4	3.5	14	00	9	08
6	3.1	13	15	9	18
8	3.0	12	44	9	19
10	2.8	12	26	9	28
12	2.8	12	17	9	25
1〜2年	2.1	12	00	9	31
2〜3	1.8	11	30	9	28
3〜4	1.6	10	55	9	29
4〜5	1.4	10	55	9	48

(大原俊夫：小児保健研究，42-6, 1983)

表2-13．排尿回数と尿量

年　齢	排尿回数	尿　量
1〜2歳	1日に12回	60cm³
2〜3	10	81
3〜4	9	92
4〜5	7.5	90
5〜6	6.3	104

第2章　幼児の心身の発達と健康の指導

表2-14. 着衣の自立

年齢＼調査者	習慣 着衣の習慣		
	山下(1936)	西本(1963)	谷田貝ら(1974)
2:0	・ひとりで脱ごうとする	・ひとりで脱ごうとする	・ひとりで脱ごうとする
		・くつをはく	
2:6		・ひとりで着ようとする	・ひとりで着ようとする
			・くつをはく
3:0	・くつをはく	・帽子をかぶる	・帽子をかぶる
			・パンツをはく
3:6	・ひとりで着ようとする	・パンツをはく	
		・くつ下をはく	
4:0	・帽子をかぶる		・くつ下をはく
	・前のボタンをかける	・前のボタンをかける	・前のボタンをかける
	・パンツをはく		
		・ひとりで脱ぐ	・ひとりで脱ぐ
		・両袖をとおす	
4:6	・両袖をとおす	・ひとりで着る	・ひとりで着る
	・くつ下をはく		
5:0	・ひもを堅結びする	・タイツをはく	
	・ひとりで脱ぐ		
5:6		・ひもを堅結びする	
6:0	・ひとりで着る		
6:6			・ひもを堅結びする

(西頭三雄児編：健康，福村出版，1980)

立ちます（表2-15）。

　幼児期は、6歳ごろには乳歯と永久歯が生え換わる時期でもあり、虫歯の好発年齢（3～4歳ごろ）に当たるので食生活への注意と歯みがきの習慣も必要になってきます（図2-21）。

2）幼児期の安全能力の発達

(1) 不慮の事故

幼児期は不慮の事故による死亡が最も多い時期で

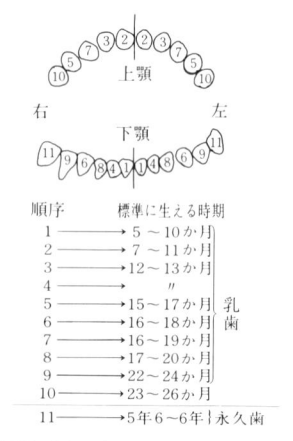

図2-21. 歯のはえる順序（横浜市「母子健康手帳」より）

順序	標準に生える時期
1	5～10か月
2	7～11か月
3	12～13か月
4	〃
5	15～17か月
6	16～18か月
7	16～19か月
8	17～20か月
9	22～24か月
10	23～26か月
11	5年6～6年

（1～10：乳歯、11：永久歯）

3．幼児期の生活習慣と安全能力の発達

す。これは、幼児の生活がおとなの保護なしでは生きていけないということを意

表2-15. 清潔の自立

年齢＼調査者＼習慣	清　潔　の　習　慣		
	山下(1936)	西本(1963)	谷田貝ら(1974)
2：0			・口をゆすぐ ・手を洗う
2：6		・手を洗う	
3：0	・手を洗う		・顔を洗う ・石けん使用 ・歯みがき ・顔をふく
4：0	・口をゆすぐ ・うがい ・歯みがき ・顔を洗う ・鼻をかむ	・口をゆすぐ ・うがい ・歯みがき ・顔を洗う ・鼻をかむ ・髪をとかす	・うがい
4：6			・鼻をかむ
5：0	・髪をとかす		・髪をとかす

（西頭三雄児編：健康，福村出版，1980）

味しています。不慮の事故といっても、それは決して避けられなかったということではなく、周囲の家族や他のおとな、また幼児自身の注意や、適切な処置によって、その大部分は防ぐことができると考えられることがかなりあります。

　不慮の事故を避けるためには、周囲の家族や他のおとなたちの、幼児に対する保護の強化、また幼児をとりまく環境の整備が望まれるわけです。しかし、それと同時に幼児自身が、自分の身を守る能力を身につけるようにすることも、たいせつなことです。

　幼児は、単に保護すればよいということでなく、積極的に社会の中で生きぬいていける能力をもたせることが、より重要なことです。

　幼児の事故死を死因別にみてみますと、表2-16のようになります。

　0歳児では窒息死が1番多く、1～4歳児では溺死が1番多く、次いで交通事故、5～14歳では交通事故が1番多く、次いで溺死となっています。幼児では、溺死と交通事故をへらすことができたら、不慮の事故死の全体を減らすことができそうです。

47

第2章　幼児の心身の発達と健康の指導

① 交通事故

　幼児期には、ひとりで安全に道路を通行する能力がまだ十分発達してないということがいえます。特に、交通事故の内訳で多いのが、幼児のひとり歩き、車道にとび出すという2つのことが、大部分を占めています。これは、幼児が親の手を離れて、ひとりで歩くことがひじょうに危険だということを示しています。

② 溺死

　次に、溺死ですが、これも幼児の溺死は家の周囲や、家からひじょうに近い場所で事故が発生しています。

　池やドブ、古井戸、防火用水、用水路などでの事故や、家庭内での浴槽、電気洗濯機での事故があります。これは、人間は教えられなければ泳げない、ということが原因しているわけです。犬や他の動物では本能的に、泳げる動物が多いのですが、ヒトは泳ぎ方を練習し、十分水に慣れておかないと、水に落ちたり、顔に水がかかってきたとき、大変あわてておちついて対処することができなくなります。

　特に幼児では、水に対する慣れがないことと、泳いだ経験がないために、水の中に落ちると、ゆっくり立てば立てるような水深でもあわてるために、立ちあがることができずに溺死するケースがあります。

　幼児は好奇心が強く、特に水に対する好奇心があり、水の中を見ようとして、危険なことを知らずに入っていったり、のぞいて見ることが多くあります。

　また、水の中や周囲には、池ならカエルや魚、トンボなど幼児の興味をそそるものがいて、これらを見たり、取ろうとしているときに、幼児は水への危険を忘れてしまい、事故につながります。

　水に浮く能力は、0歳児でも指導することによって、習得することができますし、3歳以上ではかなり泳ぐことも可能になります。幼児のときから水に対する慣れ、たとえば、顔に水がかかってもこわがらないようになることや、水の中に顔をつけることができること、水の中で自分の身体のバランスを保ち、立ちあが

3．幼児期の生活習慣と安全能力の発達

ることができる能力や、泳ぐことができる能力を養うことがたいせつです。

しかし、水は危険なものであり、ひとりではそのそばで遊ばない、川や用水などに行かない、ということを徹底して指導することも必要です。

幼児は水に対する興味・好奇心が人一倍強く、水への対処能力に欠けているということを、おとなの側はよく知っておく必要があります。さらに自宅の周囲でこのような、危険な場所がないかどうかをチェックして、ふたをしたり、しっかりしたへいを作るなどの対策をたてることもたいせつです。

③ 窒 息 死

窒息死は、0歳児で死因の1番になっています。これは、その責任の大部分がおとなの側にあります。乳児の寝ているときに、ふとんやビニールなどで口や鼻がふさがった場合、また、母親の添い寝による事故、うつ伏せ育児による事故、おもちゃやあめ玉、硬貨などの誤飲による事故が、そのおもなものです。0歳児では、これらを見分けて口に入れる能力はなく、すべて手あたりしだいに口に入れるのが普通です。これはおとなの側が十分注意して、近くにそのようなものをおかないようにし、寝ているときの周囲の様子に十分注意することが望まれます。

また、この窒息による事故は、0歳児に限らず、1～4歳児にもまだかなりありますので、幼児の手の届くところに危険な物を置かない注意が必要です。0歳児と異なり2歳以上になると、自分で台をもってきて、高い所のものをとる能力も身につけますので、単に、高い所におけば安全だという考えはできません。鍵のかかる場所に保管することが必要になります。

④ 墜　　　落

墜落による事故は、0歳児が1番多く、年齢が高くなるにつれて減少していますが、死に至らない事故では、かなりの事故数があります。低い所では、下に落ちるというケースが多くあります。また、遊具類、ジャングルジム、すべり台、ぶらんこ、鉄棒、オルガンなどからの墜落による事故もおきています。

表 2-16．不慮の事故死亡数
平成 9 年（1997）

	0 歳	1～4 歳	5～14 歳
交 通 事 故	24	146	261
転 倒・転 落	15	36	25
溺死及び溺水	25	121	126
窒 息	185	60	26
煙、火及び火炎	8	37	38
中 毒		1	2
そ の 他	21	21	21

1999 年「国民衛生の動向」より

これらの原因は、幼児は危険を察知する能力が低いということもありますが、一つは幼児の頭部が重いという、体型上の原因もあります。身をのりだして下を見たりすると、頭部が重く、足のほうが軽いために、そしてまだ腕の力が弱いために身体をささえることができずに、事故に至るということが多いようです。

もう一つは、他の興味あるものへの注意がむけられてしまうと、高い場所や、危険な場所にいることを忘れて、身体のバランスをくずして、墜落してしまうという場合です。特に1～3歳児はまだ階段の登り降りの能力が十分でないこともあって、墜落するケースが多くあります。

⑤　幼稚園・保育所の事故

幼稚園や保育所で起きた事故を見てみると表2-17のように園舎内の事故が園舎外の事故を上回っています。園舎内では図2-22のように保育室の事故が最も多く次いで遊戯室や廊下です。園舎外では図2-23のように運動場（園庭）が70％と多く、次いで体育施設（固定遊具）です。図2-24は体育施設の事故を示したものですが、すべり台とぶらんこが他の遊具に比べて多いことがわかります。さらに、統計によれば負傷の種類別については、「挫傷・打撲」「挫創」が最も多く、骨折は小学生以降に比べて少ないことがわかっています。また、負傷した部位をみると「顔」が小学生以降に比べて非常に多いとされています。

このように幼稚園や保育所では保育室内で転倒したり、壁にぶつかったり、幼児同士が衝突したりする事故や、戸やドアに手や指をはさんだりする怪我がみられます。また、ハサミや小刀などの切り傷などもみられます。遊戯室では大型の積み木や大型の組み合わせ遊具で遊んでいて転落したり、遊具を落としたりした事故もあります。

園舎外は最も活発に動き回る運動場（園庭）の事故が多く、転倒したり、衝突したりする事故や、遊具に衝突する事故もあります。固定施設では滑り台の踊り場から落ちる事故や滑っていて側壁からとびでる事故もあります。ぶらんこでは落ちるだけでなく、揺れているぶらんこに当たる事故もあります。

園舎内、園舎外を通して、怪我から見られるように「顔」「頭」「上肢」の部位と「挫傷・打撲」「挫創」「切り傷」「裂傷」からみて、幼児の場合動きが未熟であること、遊具の扱いに慣れていないなどが原因で、事故に結び付いているといえ

3．幼児期の生活習慣と安全能力の発達

表2-17．負傷発生の場所別の状況（平成3年度）　　（日本児童安全学会資料）

区　分	園　内			園　外	合　計
	園舎内	園舎外	計		
幼稚園	50.7	43.2	93.9	4.1	100.0
保育所	53.5	38.7	92.2	7.8	100.0

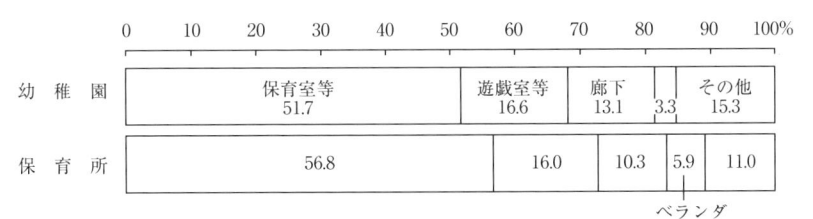

幼稚園：保育室等 51.7 ／ 遊戯室等 16.6 ／ 廊下 13.1 ／ 3.3 ／ その他 15.3
保育所：56.8 ／ 16.0 ／ 10.3 ／ 5.9（ベランダ）／ 11.0

図2-22．負傷が発生した園舎内の場所の内訳（平成3年度）　（日本児童安全学会資料）

幼稚園：運動場等 68.5 ／ 体育施設等 24.3 ／ その他 7.2
保育所：69.9 ／ 21.4 ／ 8.7

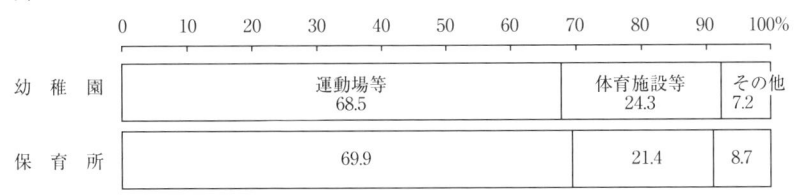

図2-23．負傷が発生した園舎外の場所の内訳（平成3年度）　（日本児童安全学会資料）

種類	幼稚園	保育所
鉄棒	8.9	8.5
ぶらんこ	22.5	20.2
雲悌	8.4	6.8
すべり台	21.1	24.0
ジャングルジム	6.2	8.4
固定タイヤ	1.6	1.4
シーソー	2.2	1.8
回旋等	1.3	0.9
砂場	4.4	6.2
登り棒	3.0	2.6
遊動円木	1.6	1.4
その他	18.7	17.7

単位%

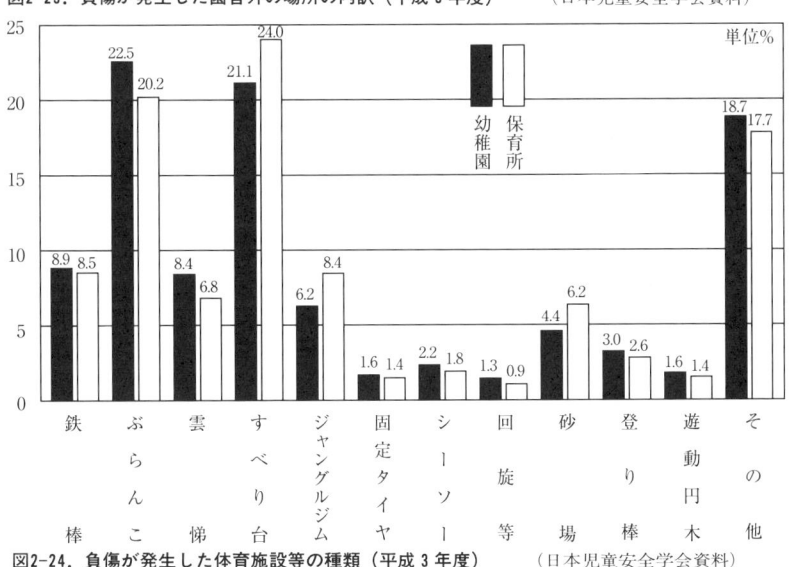

図2-24．負傷が発生した体育施設等の種類（平成3年度）　（日本児童安全学会資料）

(2) 交通事故と死傷者数

幼児の事故死で、溺死とならんで大部分を占める交通事故について、その年齢ごとの死傷者数をみてみますと、表2-18のようになります。

表2-18. 東京都・未就学児の交通事故死傷者

年齢	0歳	1	2	3	4	5	6
人数	70	214	566	1042	1124	1182	498

(昭和50年, 広嶋清志)

他の年齢に比較し3歳、4歳、5歳が最も多く交通事故にあうことがわかります。6歳になると急激に減少していることは注目に値します。これは0～2歳までは親の保護のもとにありますが、3歳以上になるとひとり歩きが可能になることと、走ったりするある程度すばやい動きができても、これをコントロールする能力に欠けていることが、その原因の一つに考えられます。歩道から車道に急にとび出したり、車道を歩いていったり、見通しの悪い角で急にとび出すなどの動きが事故につながります。

また、この年齢では自己中心の考え方しかしないので、自分以外の他の存在に対して注意をはらうということが困難です。自分が歩きたければ平気で歩道でも車道でも走り歩きます。角をまがるときに、自動車が出てくるかもしれないなどとは思いませんし、道路の横断も、向こうに渡りたいと思えば車がくることは眼中になくなります。このような自己中心の考え方と、身体の動きが活発になるという、アンバランスな状態に3～5歳児はいるということを理解し、おとなの側の保護と注意が必要です。

第3章

幼児の健康指導の実際

第3章　幼児の健康指導の実際

1．健康な生活習慣に関する指導

　乳児から幼児期は、基本的生活習慣を身につけていく時期であり、生理機能や運動技能の発達、精神的自立を支えにして周囲の大人に依存していた生活から、徐々に自立していく時期でもあります。この時期の子どもは、自分のもっている技能を試すことに興味をもち、自分自身ですることを主張することが多くなりますが、このような意欲を大切に育てることが大切です。年齢とともに動作は粗大から微細へ習熟し、スピーディにスムーズになっていきますが、微細な動作ができるためには粗大な動作の経験が十分でなければならないので、年齢にふさわしい方法でくり返し積み重ねていきます。

１）　習慣形成で大切なこと
(1)　発達をふまえて
　生活習慣が自立するためには、そこにかかわる様々な発達が支えになります（p.56, 57の幼児期の生活習慣参照）。手指と目の協応動作が未発達な段階でのはしの使用やボタン掛けは不可能ですし、また逆に成熟の適時をのがすと習慣化が難しくなります。幼児の発達は個々により特性がありますので、個々の子どもに合った時期に、取り組みやすい環境を整えましょう。
(2)　気持ちを大切に
　興味をもって自ら積極的にかかわれば、習慣が身につきやすいです。先生が一方的に押しつける形でやると、先生がいない時には、全くやろうとしないことが多くあります。自分でやろうとしているときは見守り、励まし、必要なときのみ助力します。上手に早くできることのみに目をむけるのではなく、自分からかかわろうとする力を育てたいものです。
(3)　モデリングの大切さ
　子どもは周囲の人々の行動をまねすることにより、様々なことを身につけていきます。その時のモデルとなるのは、身近にいる家族や保育者、友だちが多いようです。生活の場面でどのようにふるまうのか、良いモデルを示すことも大切です。

(4) 環境を整えて

　洗いやすい手洗い所、明るく使いやすいトイレ、食べやすい食物や食器、着脱しやすい衣服等は、幼児が意欲をもって活動するときの大切な条件ですので、保育者は常に環境を整えましょう。

(5) 家庭との連携

　基本的な習慣は、初期の段階は家庭で形成されていることも多いですから、家庭での状況や方法を、保育者は理解する必要があります。また園での方法や状態も知らせて、協力を求め、家庭と園で同じ方針で行えるようにしたいものです。

2） 手洗い、排泄、食事の年齢別望ましい活動

(1) 入園当初の手を洗うことの指導

　入園当初は、各家庭の環境や方法がさまざまであり、すでに習慣化されている子もいます。何かの活動で手が汚れたときに、保育者が手を洗う様子を見て、自分も手を洗おうとする子もいますし、汚い手を洋服でふき、洋服のよごれに驚いて手を洗う子もいます。このように様々な活動を通して、手が汚いと不都合なことがあったり、気持ちが悪いことなどを経験すると、子どもは自分から手を洗おうとします。

　保育者がいっせいに強制的に手を洗わせるのではなく、失敗によって不快な思いをしたときに、積極的にアドバイスしたりして、手を洗う気持ちの良さを味わうことが大切で、また、そのような意欲を育てることを指導の中心にしましょう。

●ほめる・はげます　　●次回に期待をもたせる　　●理由を説明する

第3章 幼児の健康指導の実際

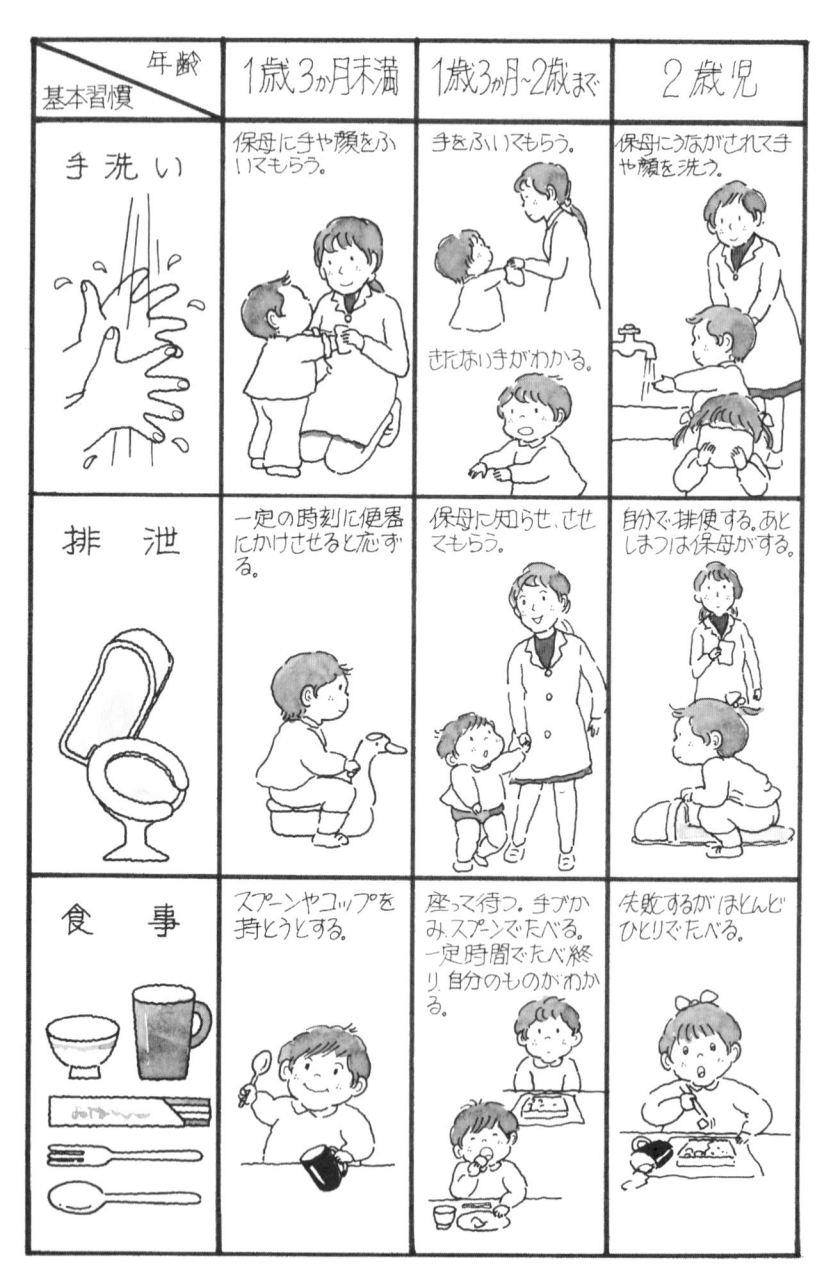

年齢 基本習慣	1歳3か月未満	1歳3か月～2歳まで	2歳児
手洗い	保母に手や顔をふいてもらう。	手をふいてもらう。 きたないきがわかる。	保母にうながされて手や顔を洗う。
排泄	一定の時刻に便器にかけさせると応ずる。	保母に知らせ、させてもらう。	自分で排便する。あとしまつは保母がする。
食事	スプーンやコップを持とうとする。	座って待つ。手づかみ、スプーンでたべる。一定時間でたべ終り、自分のものがわかる。	失敗するがほとんどひとりでたべる。

図 3-1. 保育所保育指針による手洗い、

1．健康な生活習慣に関する指導

3歳児	4歳児	5歳児	6歳児
ひとりで手を洗う。食事の前に手を洗う。	手洗いは面倒がることもあるができる。	汚れたときは自分で手を洗いしまつをする。	清潔にすることと病気のかかわりがわかる。
排便のあとしまつはへただが、ひとりで便所へ行く。汚すことがある。	排便のとき、紙をつかってしまつし、便器を汚さない。	ノックをしてはいり、戸をしめる。	便所をじょうずにつかう。
こぼさないで食べ嫌いなものも少したべる。	友だちと楽しく食事する。	食事のマナーが身につき好き嫌いもしない。	食物とからだの関係について関心をもつ。

排泄、食事の年齢別望ましい活動

第3章　幼児の健康指導の実際

発達によって方法は違います（図3-1）が、それぞれの方法で試しましょう。また手の洗い方の順序も、保育者は頭の中に入れてアドバイスします（下図3-2）。手をふくタオルを清潔に保ち、ハンカチも使ってみましょう。手洗い場の足元はぬれやすく、すべりやすいので保育者はいつも注意していなければなりません。

(2) 入園当初のトイレの指導

排泄の自立は、個人差が大きいので、入園前などに各自の排泄パターンを知っておくとよいでしょう。入園当初は、環境に不慣れで緊張していますし、保育者との信頼関係が十分でないため、失敗が多くあることを予測して、計画することが必要です。1日入園や説明会の時、園のトイレを見たり、使ったりすることがあると随分違うようです。失敗したとき早く始末して、失敗によって他の活動が

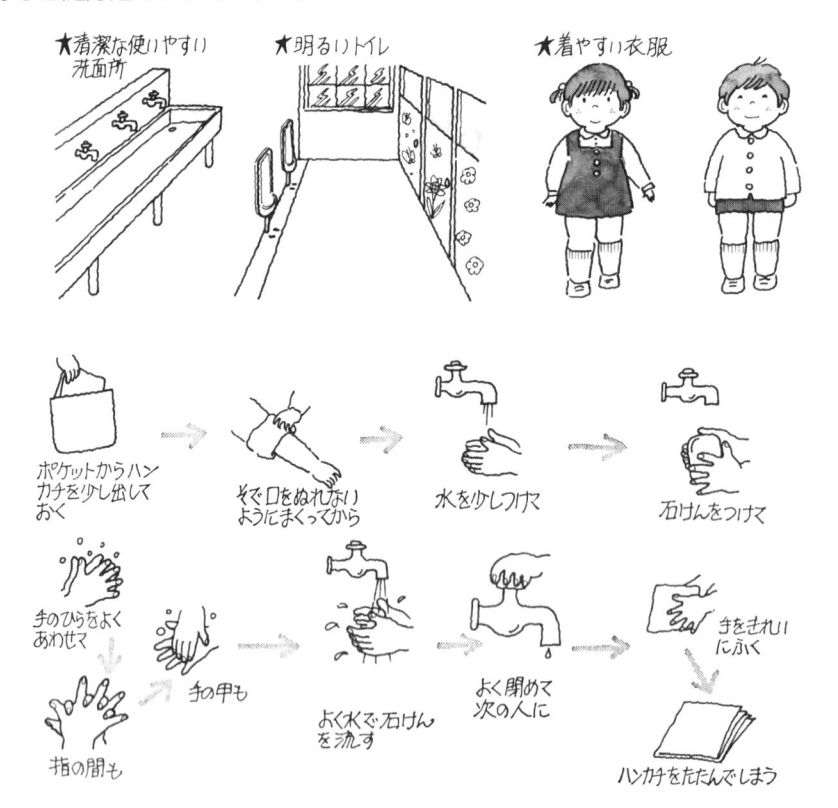

1. 健康な生活習慣に関する指導

消極的になったりしないように励まします。トイレはいつも清潔に保ち、明るく楽しい場所と感じられるように環境を整えます。水でぬれるとすべりやすいので保育者も注意すると同時に、汚れたりぬれたりしているときは、子どもから保育者へ知らせることができるようにします。ズボン、パンツを全部脱がないと上手にできない子もいますので、脱ぐ場所をトイレの中に決めてあるとよいでしょう。気長に焦らず、子どもが自立するのを暖かく見守る姿勢が大切です。

(3) 入園当初のおべんとうの指導

入園後、しばらくの間は短縮保育ですから、おべんとうや給食を食べるのは、園に慣れてきた5月初めのころの園が多いようです。食べることは、人間にとって生命を維持するために、欠くべからざることと同時に楽しい時でもあります。

しかし偏食の子、小食の子、食べるのが遅い子、上手に食べられない子などもかなりいます。時間内に食べること、残さないことなどを強調しすぎると、このような子にとっては食事の時間が苦痛に感じられ、食べる意欲そのものも減退してしまうことがあります。十分身体を使って遊ぶとお腹がすき食欲が旺盛になり、皆んなと一緒の食事の時間は楽しい時であるはずです。ですから、まず皆んなと楽しく食事ができるような雰囲気作りを心掛け、一人ひとりの子どもの特徴を最初は観察して、その後の指導に生かすようにします。おべんとうの時は、最初は少なめに好きなものだけを入れてもらったり、また、給食では最初のうちは残してもそのことを問題とするよりも、皆んなと食べることが一人ひとりの子どもにとって楽しい時間となるようにします。少しずつ気長に家庭と連絡をとりながら指導していくことが大切です。また、食事の前後は手洗い、ハブラシや口ゆすぎなどの内容もありますので、その点も少しずつ指導していきます。慣れてきたら自分たちで食器を洗ったり拭いたりすることをしてみましょう。

★手洗いをする　★自分で仕たくして座る　★食前のあいさつ（いただきまーすであいさつする）　★楽しくたべる.

★食事の使用時間は（正味20〜30分くらい）が適当　（たべられないうちも終わりとする.）　★食後のあいさつ　★口ゆすぎ

(4) 健康診断*の指導

幼児は、自分自身の健康管理について自分でできることは、まだほとんどないといってよいでしょう。そのため、幼稚園教育要領などでも、「健康な生活に必要

＊法令による健康診断の時期・項目・方法および技術的基準などについては、学校保健法施行規則の第2節を参照のこと

な習慣や態度」を身につけることを、重要な指導事項として掲げています。

　健康診断は、幼児の現在の健康状態がどうであるか、健康度を診断して疾病異常の早期発見と早期治療を要する者に対して指示を与えるなど、幼児の健康状態を管理するのが目的です。

　学校保健法（第6条）でも、毎学年定期または必要に応じ、幼児に対して健康診断を行わなければならない、と規定しています。

　実際に園で健康診断を実施する場合、どのような方法がとられ、どんな点について注意すべきか、医師による定期診断の場合について述べてみましょう。

〈時　期〉

　時期は、5月が望ましいでしょう。その結果は、保育の基礎資料としても幼児理解の資料としても価値があるので、あまり遅い時期になるのは好ましくありません。あらかじめ、嘱託園医と連絡をとり早目に期日はきめておくべきです。また、期日決定にあたっては、幼児の安定状態を考え、遠足などの行事の前後はひかえたほうがよいでしょう。

〈家庭連絡と幼児への説明〉

　家庭連絡上、ポイントとなることは、身体の清潔と衣服の着脱のしやすいものについて配慮してもらうよう指示しておくことです。また、最近の健康状態や、持病その他特筆されることがあれば、文書で事前に提出を求めておくことも必要なことです。

　幼児には、病気や健康診断に対する関心が低いばかりでなく、医師に対し、恐怖心を抱いている子も多いので、事前の働きかけは慎重かつ適切に行われなければなりません。すでに健康診断の経験をもっている年長児に対しては、単に、衣

服や診断の受け方などの注意、あわせて診断の意義を伝えたり、話し合ったりするだけで大丈夫といえます。初めて診断を受けることになる幼児に対しては、1週間以上前から、伝染病やその他の病気について関心を向けさせるような話しをしておくとよいでしょう。この際、スライド、紙芝居、絵本など併用するとよいでしょう。診断前日に、明日実施することを話し、受診の内容を話して聞かせ、けっしてこわいことではないことをよく伝えておきます。「お医者さんには、こんにちわとあいさつをしましょう」などと約束させるのも、医師に対する警戒心をやわらげるのに役立つはずです。むしろ、教師自身（家庭を含め）あまり神経質に構えてしまうことのほうがいけないといえます。

〈診断票の作成と記録〉

事前に医師と協議し、診断項目にそって診断票またはノートを用意しておきます。家庭からの申告のあった事項は忘れず記載しておき、診断のつど、医師に伝えられるようにします。日ごろ聞きなれない用語も予想されるので、過去の記録をチェックして備えるとよいでしょう。略式記号を用いるのも一つの方法です。

記録者は、不安がる幼児に声をかけたり、からだに手をかけてやったりできるような場所に位置すべきです。

〈診断場所の設営と診断の受け方〉

1．健康な生活習慣に関する指導

　場所としては、幼児を最大10人ぐらい収容できる、静かで採光十分の部屋であれば、職員室・保健室・保育室いずれでもよいでしょう。ホールのような広いところは、かえって不安感を助長するかもしれません。
　部屋には診断用具および記録スペースが確保できる机と、医師用のいす（回転いすが望ましい）、記録者用いすを用意します。医師の前には、踏み台用の積み木があると、背の低い幼児の場合に便利です。
　部屋の隅に、幼児用のいすを数人分並べておきます。診断中の様子が見え、安心感を得られるように医師の位置とは、あまり離れないほうがよいでしょう。
　幼児は、保育室で上半身の衣服は脱ぎ、陽気に応じて上衣だけをはおって診断場所へやってきます。もし、上衣を持ちこんだ場合は、それらを置ける予備机の用意があるとよいでしょう。
　担任が記録をする場合は、幼児を誘導する係、終了後保育室で衣服を着用するときの世話係の2人が補助として必要になってきます。
　なお、診断に必要な用具のうち、舌圧子のようなものは園でそろえておくとよいでしょう。そのほか、医師の指示をうけて、必要な準備は前日中に完了させておかなければなりません。

〈診断結果の通知と活用〉
　診断結果は、21日以内に保護者に通知することが学校保健法でも示されています。その際、機能性心雑音のように、現在処置を必要とするものでないものもあったりするので、診断内容については、すべて、医師の簡単なコメントをつけてもらうとよいでしょう。
　直ちに必要な医療措置を受けるべきもの（ex.アトピー性皮膚炎）もありますが耳あか・う歯のように、日ごろの親の衛生観念や習慣が問われる種類もよくあるので、通知の際注意を喚起すべきでしょう。
　なお、すべての結果は年次ごとに統計処理をして、分析・考察を加えておきます。それらを家庭や地域の人々に知らせ、注意を促し、家庭や地域における環境の改善や健康管理の方策を立てるのにも役立たせるべきでしょう。
　また、園における健康教育のあり方を見直していくうえで大事な資料となるばかりでなく、一人ひとりの幼児の指導にも還元されるものですから、結果の分析・

考察に当たっては、教師全員参加のもと、行う必要があります。

(5) 伝染病やその他の病気

〈病気への関心と理解〉

　幼児は、自分が健康に生活している限り、病気に対する関心はいたってうすいものです。したがって、いろいろな疾病から自分を守るという意識も低いというのが実情です。しかし、現実には幼稚園のような集団生活の場は、とかく病気の媒介所にもなりやすい条件をたくさんもっており、幼児たちは、ある意味で危険にさらされているといえます。たとえば、はしか、水痘、流行性耳下腺炎などの流行期には、しばしば学級（学園）閉鎖を余儀なくされることがあることからも、それがいえます。

　そこで、「自分の健康に関心をもち、病気の予防などに必要な活動を進んで行う」という1項が幼稚園教育要領の指導事項にあげられることにもなるのですが、この点の指導については、根気よく、いろいろな場面をとらえてくりかえし行うようにしなければなりません。

　たとえば、うがいや手洗い、持ち物の清潔などの指導場面や、身体測定、健康診断などを受けるときは、その機会の一つです。

　友だちが病気にかかって園を休んだときなども、病気への関心や理解を深める絶好の機会です。このような場面を通して、自分自身が病気にかからないように気をつけるにはどうしたらよいか考え、気づかせるように仕向けるのです。

　さらに、他人にも迷惑をかけないように気をつけさせるところにまで、指導をすすめたいものです。とかく、この点については、家庭にも無理をして登園させるという傾向があるので、集団生活のマナーとして保護者にも注意を促す必要があります。なお、これらの指導にあたっては、紙芝居やスライドなどの視覚教材を利用すると効果的です。

〈病気の幼児への配慮〉

　病気または病弱の幼児が身近に出るということは、ある意味で他の幼児にとって、病気へのおそれや病気にかからないようにするために必要な習慣や態度を身につけるよい機会でもあります。教師は、そのようなケースをわかりやすく聞かせ幼児たちに自覚を促すと同時に、病気の幼児に対するいたわりの気持ちをもた

1．健康な生活習慣に関する指導

せるように心がけなければなりません。

　病気で欠席の幼児に、見舞いになるものをみんなで作ったり、病弱の幼児に手をさしのべたりするように仕向けたりし、そのような行動がみられたときはそれを認め賞賛してやります。

　また、教師としても病欠の幼児には絶え間なく連絡をとり訪問してやることが、幼児への励ましになることなのでそうしてあげ、その様子を一同にも伝えてやります。こうした働きかけが、いたわるという気持ちを育てるひとつの働きにもなるのです。

(6)　身体や身近な場所の清潔

〈身体の清潔〉

① 手 洗 い

　食事の前や遊びや用便のあとなど、幼児が手を洗う機会はたくさんあります。はじめは、教師が誘導や指示して手を洗わせ、しだいに、必要に応じ自分からすすんで手を洗うよう、くりかえし経験させます。自分からすすんで行う場合には、その場でほめてやることがよいでしょう。

　幼児の手洗いを見ていると、いたってあっさりした洗い方が多く、手のひらを少々洗っただけで済ませてしまうことがあります。指の間、手の甲、手首なども洗うべきところであることを、そのつど教えてやる必要があります。

　なお、手洗い指導は水道の蛇口の高さや栓のかたさなどの施設が幼児向けに配慮されているか否かで、効果もかわってきます。また、ハンカチをいつも携行させ、室内にも、手ふき専用タオルを個人別にかけられるようにすべきです（手を洗う、便所の指導参照）。

② 鼻 を か む

　まだ自分では鼻をかめない幼児も多いので、鼻がたれていることに気づかせ、それを不快なことと感じさせる必要があります。

　鼻をかむときは片方ずつかむように指導します。はじめは、教師が手を添えてやることも必要ですが、そのときでも、必ず本人の手に教師の手を添えてやることです。なお、鼻をかむ指導は、紙の始末まで対象です。園内の随所に、紙くずかごなどの用意が必要ですし、身近にくずかごのないときは、どうしたらよいか

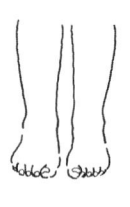

考えさせるのもよいでしょう。

③ 爪を切る

　幼児が自分で爪を切ることはとてもむずかしいので、この指導は、爪がのびたことに気づいて自分から切ってもらうように仕向けることがたいせつです。そのためには、なぜ爪がのびているといけないか、わからせなければなりません。不衛生である、けがをしやすい、相手を傷つけやすいなどについて、話し合ったり、聞かせる必要があります。

　それとともに、園でも日をきめて、爪やちり紙、ハンカチの有無を検査し、たえず幼児が意識するように仕向けるとよいでしょう。家庭における配慮が望まれるので、実態を家庭連絡したり、注意を促したりします。

　なお、いつも隠れている足の爪はとかく見落とされがちなので、この点も家庭の注意を促しておくことです。

④ う が い

　うがいも、なかなか幼児には面倒でむずかしいものの一つです。しかし経験の少ない年少児にとって、口に水をほどよくふくんで、ブクブク、ガラガラやるのは面白味があり、初めは喜んでするものです。この時期をたいせつにして根気よく指導すべきでしょう。

　はじめは、教師が手本を示してやります。のどもとまでうがいをする「ガラガラうがい」と、口の中を中心にうがいする「ブクブクうがい」があることを、「やってみたい」と思わせるように話しながらやってみせます。年長児なら、「なぜうがいをするのか」ということをテーマに話し合いをもつこともできるので、うがいの習慣がルーズになったときなどは、話し合いの機会をもつとよいでしょう。

　なお、うがい用のコップは個人用があることが望ましいのですが、共用コップ

を使用する場合は、うがいの前に、コップをよく洗うことも指導事項にはいることのひとつです。

⑤ 歯みがき

本来歯みがきは、起床時にみがくだけでなく、食事の後にもすべきです。

園で指導する場合は、そのきっかけとして、弁当が始まるときや虫歯予防デーなどがよいでしょう。初めのうちは、昼食後、数人ずつを対象に必要に応じて手を添えながら、みがき方を教えます。歯みがき体操レコードなどをつかって、全員いっせいに練習するのもよい方法です。

園で歯みがき指導を始めたら、家庭でも朝、晩必ずみがかせるようにしてもらわなければなりません。

歯ブラシの管理の面もたいせつなことです。幼児が扱いやすい条件を作ってやる必要があります。個人用ケースに収納するのもひとつの方法ですが、出し入れの手間がわずらわしくなってはいけないでしょう。専用の収納ボックス（棚）を用意し、その中で専用ブラシかけを設けてやるとよいでしょう。

なお、スライドや紙芝居などを通して口腔衛生について関心をもたせるよう仕向けるとともに、歯みがきのあとはいつも気持ちよいという爽快感をことばに表して、きれいにすることは気持ちよいのだということを知るように仕向けることがたいせつです。

⑥ 髪や身体の清潔

ふつう園では入浴して髪や身体を洗うという場面はありません。しかし、髪をよごさないようにする、汗をかいたら自分からふく、顔や手を洗う、暑さに応じ衣服を調節するといったことは、よくあります。その場その場をとらえて、気づかない幼児に知らせたり、促したりします。このくりかえしがたいせつなことな

第3章　幼児の健康指導の実際

のです。
　家庭の協力がたいせつなことはいうまでもありませんが、そのためには、園における幼児の生活の実態をよく理解してもらうことで、ほんとうの意味の家庭の協力が得られるでしょう。
　⑦　衣服の清潔
　起きている間中は、少しもじっとしていないのが幼児だけに、衣服もよごしやすいのですが、このこと自体をとがめることはできません。なぜなら、衣服がよごれるのを嫌って十分遊べないような幼児でも困るからです。しかし、遊びをするのにふさわしい服装や、遊びに応じた衣服の調節をすることによってそれは解決するので、そのことを幼児が自分でできるように指導する必要があります。たとえば、砂場遊びのときは上衣を脱いだり、そでをまくりあげたり、はだしになったりなどすることによって、清潔度はかなり保てるはずです。
　むしろ、この事項で必要なことは、よごれた衣服は気持ちがわるく、着ていられないというような習慣が身につくことがたいせつです。よごれていることに気づき、よごれをはたいて落とそうとしたり脱いだりするように仕向けるのです。園でも、着替え用の衣服の用意が必要でしょう。
　また、家庭にも厚着をさせたりしないよう注意を促したり、園の活動に適した服装ができるよう気をつけさせたり、毎日、下着をかえるようにさせたりすることがたいせつです。
　〈身近な場所の清潔〉
　身近な場所とは、保育室内外すべてをさしますが、そのような生活の場をよごさずきれいにつかうという習慣性が、やがて、道路や公園、乗り物など公共物に

ついても発揮されるように仕向けていくことが望まれます。

　自他の区別がつくころになると、幼児も自分のものは大事にしますが、共同のものに対してはそうしないという態度をみせることがあります。とくに、遊んだりしたあとの始末を見るとそれがいえます。自分のものでなくても、自分の使ったものは片づけるという態度がほしいのです。

　ちり紙を平気で捨てたり、つばを吐いたりすることもあります。園庭の隅でおしっこをしたり、壁や窓に落書きをしたりもします。このようなことに対しては、その場その場をとらえて、注意を与え正さなければなりません。とくに、自由遊び時にこのようなことが起こりやすいので、注意しなければなりませんし、好ましくない姿はクラスでの話し合いにとりあげ、注意を促す必要があります。

　要は、清潔なところ、きちんと片づいていることは気持ちがよい、という快感をもたせるよう習慣づけることがたいせつなのです。

　そのためには、注意を与えるだけでなく、率先して清潔にしようとしたり、清潔にするための手伝いをしてくれたりする幼児には、その行為を十分に認めてあげなければなりません。

　また、教師や親自身にも清潔にしようとする生活態度や意欲が旺盛でなければなりません。まして、おとなの側が清潔の面でルーズであっては、指導もむずかしくなります。教師の口から、「きれいで気持ちがいいわ—」といった声がいつも発せられるようであってほしいものです。

2．運動に関する指導

〈運動の指導の考え方〉

　運動の指導は、子どもたちが運動の経験をすることによってどのようなことを身につけ、どのような能力の発達をうながすかを考えてみることがたいせつです。

　運動が幼児にどのようなはたらきかけをするかは、運動の種類や技能の水準によってもちがいがありますが、いろいろな運動を総合してみると次のようなことをあげることができます。

　①　運動欲求の満足感を与え、情緒を安定させる

第3章　幼児の健康指導の実際

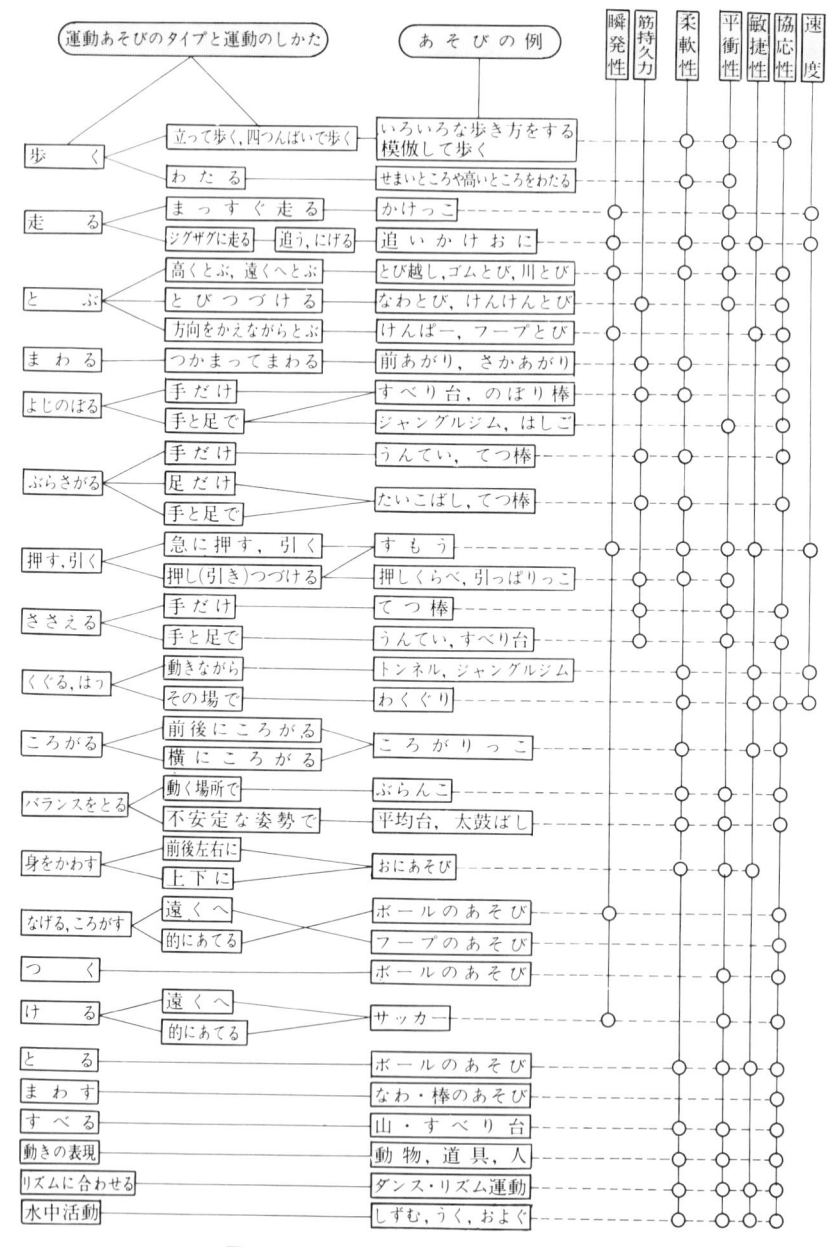

運動あそびのタイプと運動のしかた		あそびの例	瞬発性	筋持久力	柔軟性	平衡性	敏捷性	協応性	速度
歩く	立って歩く、四つんばいで歩く	いろいろな歩き方をする 模倣して歩く				○		○	
	わたる	せまいところや高いところをわたる				○			
走る	まっすぐ走る	かけっこ	○				○	○	○
	ジグザグに走る　追う、にげる	追いかけおに	○				○		
とぶ	高くとぶ、遠くへとぶ	とび越し、ゴムとび、川とび	○						
	とびつづける	なわとび、けんけんとび		○				○	
	方向をかえながらとぶ	けんぱー、フープとび					○		
まわる	つかまってまわる	前あがり、さかあがり		○		○			
よじのぼる	手だけ	すべり台、のぼり棒		○				○	
	手と足で	ジャングルジム、はしご		○				○	
ぶらさがる	手だけ	うんてい、てつ棒		○					
	足だけ			○					
	手と足で	たいこばし、てつ棒		○				○	
押す、引く	急に押す、引く	すもう	○			○		○	
	押し(引き)つづける	押しくらべ、引っぱりっこ		○					
ささえる	手だけ	てつ棒		○					
	手と足で	うんてい、すべり台		○				○	
くぐる、はう	動きながら	トンネル、ジャングルジム			○			○	
	その場で	わくぐり			○				
ころがる	前後にころがる	ころがりっこ			○			○	
	横にころがる				○				
バランスをとる	動く場所で	ぶらんこ				○			
	不安定な姿勢で	平均台、太鼓ばし				○			
身をかわす	前後左右に	おにあそび					○	○	
	上下に						○		
なげる、ころがす	遠くへ	ボールのあそび	○					○	
	的にあてる	フープのあそび						○	
つく		ボールのあそび						○	
ける	遠くへ	サッカー	○					○	
	的にあてる								
とる		ボールのあそび					○	○	
まわす		なわ・棒のあそび						○	
すべる		山・すべり台				○			
動きの表現		動物、道具、人						○	
リズムに合わせる		ダンス・リズム運動						○	
水中活動		しずむ、うく、およぐ		○				○	

図3-2. 運動の種類と体力・運動能力（近藤）

② 運動技能を獲得し、体力・運動能力の発達を促す
③ 運動的遊びの遊び方や運動遊具の使い方を知る
④ 安全の習慣や態度を身につける
⑤ 知覚、認知能力の発達を促す
⑥ 社会性の発達を促す
⑦ 望ましいパーソナリティの形成を促す
⑧ 望ましい衛生習慣や態度の形成を促す

　これらのはたらきのうち、①～③までは運動の経験の直接的なはたらきです。④～⑧は運動以外の活動でももっているものですが、運動ももっているはたらきです。運動の指導においては、これらのはたらきを考え、運動を指導するときのねらいをたてることがたいせつです。それぞれの子どもの状態をみて、その子どもにどのようなことをもっとも身につけさせたいか、あるいは発達を促したいかを適切に考えることです。

　ねらいから活動を予想し、活動の展開がどのようになることが望ましいかを考えて教師が環境設定する場合の指導と、子どもが自ら展開する自由な活動の指導とありますが、幼児の発達の姿を的確にとらえてそれぞれの活動の指導を考えてみることが大切です。

　活動のタイプと体力・運動能力の関係は、図3-2のようにみることができます。いろいろな幼児の活動についても考えてみましょう。

1） 固定遊具

(1) 固定遊具の基本的な考え方

① すべり台

「自然環境を人工的に創り出した物」が大型遊具といえましょう。ジャングルジム、ブランコ、鉄棒、滑り台、ほかに現代ではこれらの遊具のもった機能を包含した総合遊具が多く開発されていますし、自然木を生かしたアスレチック、コンクリートで作られたプレイスカルプチュアーなどが固定遊具ですが、これらの遊具の姿や、その遊具で遊んでいると、どのような自然環境（山や坂、樹木など）とのかかわりをしてるかが想像されると思います。多くの国は平地が多く、高い

ところでの活動はできません。そこでこのような人工的な遊具により立体的な身体活動のできる環境を創り出す必然性を生じるのです。

これらの固定遊具にかかわり遊んでいるうちに、子どもたちの身体発育だけでなく、身体の機能、運動能力、ほかに精神面や情緒面の育ちの影響力など、総合的な効果のあることを知ったうえで、子どもたちの動きを見守ります。

a） すべり台の特性
　ⓐ高い所に自力で登っていかねばならない
　ⓑ滑りおりるという動作で着地しなければならない

b） 活動からの育ち
　ⓐスピード感覚や平衡感覚、調整能力が養われます。
　ⓑ高低の位置感覚が養われます
　ⓒ手足の協応性や敏捷性が養われます
　ⓓ筋肉が助長されます

c） 遊び方と発展

すべり台というと、滑面がありただ「滑りおりる」という活動内容にとどまりがちですが、その「滑面」を「細い坂道」という見方をすれば、活動もまた変わってきます。ただ、各園の幼児の発達の状況により、その活動の許容の範囲や指導計画をたてることが大切です。

- ひとり滑り（長座滑りといい、普通に脚を前に出して滑ります。）
- つながり滑り（連座滑りといい、数人がつながって滑ります。）
- 滑面を登る。

〈ひとり滑り〉

- 高い所を好む幼児や欲求や、スピード感を満足させる活動ができるのです、すべり台は、年間を通じて活用する遊具ですが、下の図のようないわゆるおとなしい活動では満足できなくなり、よりスピードを出すようにしたり、手すり部分に足をかけたり、物（タイヤやボールなど）を持ち上げ、いっしょに滑ったりしています。けがに対する注意を十分にし、安全に対する身がまえの態度を身につける指導も大切でしょう。

2．運動に関する指導

★ひとり滑り　　★トンネルくぐり

〈つながり滑り〉

●つながり滑り（連座滑り）を、クラス全体として指導の中で体験させることも楽しいことですが、自然発生的に、子どもたち同士で「つながり滑り」の状態で楽しんでいる場面が多くあります。そこでは、子ども同士のふれあいの中から、仲間意識の高揚があるようです。前述したように、すべり台という固定した考え方にとどまらず、用途を多面に活用できるよう指導することが大切で、下から上にはい登ることを認めることがあってもよいでしょう。

② 低 鉄 棒

a) 低鉄棒の特性

　ⓐぶらさがるという動作で、自分を空間に位置することができる。

　ⓑ空間の位置で、いろいろな動作の変化を楽しむことができる。

b) 活動からの育ち

　ⓐ巧緻性を高める

　ⓑバランスや、柔軟性を養う。

　ⓒ筋力や、持久力を高める。

第3章　幼児の健康指導の実際

ⓓ活動の変化による興味や関心の意欲をもたせる。

ｃ）　遊び方と発展

　鉄棒での活動というと、「前まわり」「さか上がり」がその代表的と考えられ、それらの指導に力を入れることが多いようです。そこで、鉄棒のにぎり方に対する論議（安全面と技術面）がされますが、ごく自然な活動としての「ぶらさがる」活動の中から、いろいろな方法を体験させることが大切でしょう。巧緻性が高められる特性から、回転運動などの高度な運動へ発展しますが、どちらかというと女児が好んでとりくむ遊具でもあります。

- 両手でつかまり、からだをゆする。
- 両手でつかまり、横に移動していく。

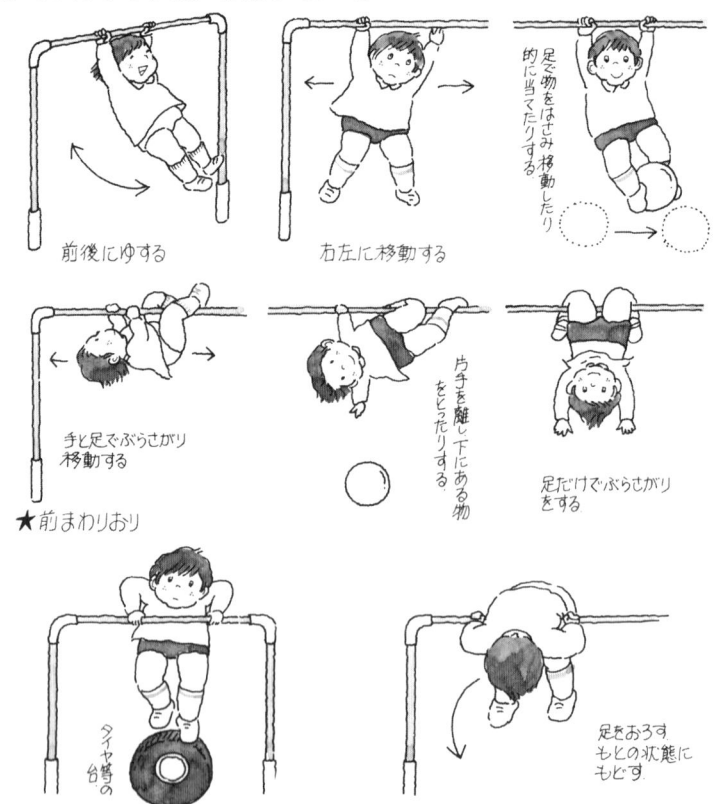

前後にゆする

右左に移動する

足で物をはさみ、移動したり的に当てたりする

手と足でぶらさがり移動する

★前まわりおり

片手を離し、下にある物をとったりする

足だけでぶらさがりをする

タイヤ等の台

足をおろすもとの状態にもどす

- 両手でつかまり、足で物（ボール）をはさみ、移動させる。

- 手と足をつかってぶらさがり、片手を離すことができる。
- 足だけでぶらさがってみる（手を完全に離す）。
- 手は、順手でも、逆手でもよい。
- 腰をまげた形をとってから、足をおろすようにする。
- 腰をまげた形から、もとにもどすこともしてみる。
- 足をおろすときは、ゆっくりと着地するようにさせる。

③　ジャングルジム

a)　ジャングルジムの特性

ⓐくぐる、つかまり登りができる。

ⓑ高い所に登った満足感が得られたり、高さに変化をつけてとびおりることができる。

b)　活動からの育ち

- いろいろな方法で頂上に登ったり降りたりの活動の中から、筋力を高めたり、手足の協応性、柔軟性を養う。
- 高低の感覚、平衡感覚を養う。
- 安全に対する態度や能力を身につける。

c)　遊び方と発展

　幼児は高い所が好きです。今まではおとなの力を借りたりして満足してきましたが、自分でいろいろな場面で高い所へ登ることを試みています。箱の上に乗ったり、いすや机の上に登ったりするようになってきます。

　ジャングルジムは縦横に棒があり安定感がありますので、まず上に登ることを主な活動としますが、だんだんと活用の仕方に変化が現れ、くぐったり、横につたい歩きをしたり、早く登り降りするスピードを競い合ったりしてきます。しかし、要求される技能にあまり難度がないためか、子どもたちの自由な活動にまかせておくと、積極的に活用する態度がなくなってきます。そこで、この特性を活用した指導が大切になってきます。

〈鬼ごっこ〉

- 5～6人のグループを組み、その中からひとりの鬼を決めます。
- 決められた段に鬼が登ったら、他の子どもたちも、同じ段で、鬼につかまら

第３章　幼児の健康指導の実際

ない位置に登ります。
- 先生の合図で、このゲームは始まり、つかまった子は、一番高い所でゲームの終わるのを待ちます。
- 鬼ごっこのルールは、子どもたちの活動欲求や、能力によりいろいろと変化をさせて下さい。
- 動きが乱暴にならないよう注意しましょう。

ロッククライミング
- 頂上から、ロープをおろします。
- そのロープにつかまり、頂上まで登らせます。
- 登るルールは、自分で考えさせます
- 慣れない間は、ロープの下を固定し横ゆれの少ないようにしてやります。
- 頂上に登ったら「ヤッホー」と声をかけあうなどをしてみます。
- 降りるときは別のルートでさせます。
- スピードをきそい合わせないようにします。

④　太 鼓 橋

a)　太鼓橋の特性
　　ⓐ不安定な姿勢で渡る活動をさせる。
　　ⓑぶらさがりながらの移動活動をする。
　　ⓒ高い所で、いろいろな身のこなしをする。

b)　活動からの育ち
- 不安定な場所を渡ることのできるよう、手足の協応性、平衡性を養う。
- 下から上へ、上から下へ、からだの位置を変えたりする身のこなしや柔軟性を養う。
- 高低感や安全に対する態度や能力を身につける。

2．運動に関する指導

C） 遊び方と発展

　幼児は高い所を好みますが、この遊具の場合、一番高い所が、つかまるところがないために大変不安定な状態になり、子どもは恐怖感をもちます。年少児が年長児の活動を見て、刺激を受けて試みることがありますが、指導をあせると、恐怖感だけを強く与えてしまうことがあります。ぶらさがり移動を十分に楽しませながら、子どもたちの動きの変化に気を配り、徐々に太鼓橋の上での活動をさせるようにしましょう。

〈登　山〉

- 中段までは、はしご登りをさせます。
- 途中でくぐりを入れながら、一番高い所まで行きます。
- 一番高い所で、両手を離すことのできる子は、やらせてみます。
- おりるときは、おちついて行動をとるように配慮します。

〈山道でこんにちわ〉

- 両方から同時に登らせます。
- 互いに出会ったところでジャンケンをさせます。
- ジャンケンで負けた子はその場で止まり、勝った子が通れるようにしてあげます。
- 通りぬける方法は、始めのうちはくぐりぬけることを認めないで、上部で工夫しながらさせてみましょう。
- 一番高い所は、幅が狭くなっていますので、先生がそばにいて、危険のないように配慮しましょう。

⑤　ブランコ

①　ブランコの特性

第3章　幼児の健康指導の実際

　　ⓑ動的な固定遊具で、空間での揺れを楽しめる。

　　ⓒ揺らし方の変化を楽しむことができる。

② 指導のねらい

- 揺れの動きで精神的な安定感をもたせる。
- 身体の支配力、平衡性、持久力、柔軟性、手足の協応性、リズム感などの機能や能力を養う。
- 安全に対する態度を見につけさせるとともに、ある程度の勇気をもった行動をとらせ、活動に対する自信をもたせる。

③ ブランコでの遊びの内容

　ブランコには、1人乗りで、3連式、4連式、また1人乗りいすブランコ、4人乗り、6人乗りなどがあります。最近では安全性の配慮や、身近な素材を利用するということで、タイヤを使ったものなども出ています。ロープにぶらさがって揺れることも、ブランコに乗っているのと同じような満足感を得られます。年齢が低いほど、積極的な乗り方はせず、おとなの力を借りながら揺れることに満足していますが、これは、揺れの動きと、スキンシップからくる精神的な安定感が大きく作用しています。自分でこぐことができるようになると、乱暴な遊び方

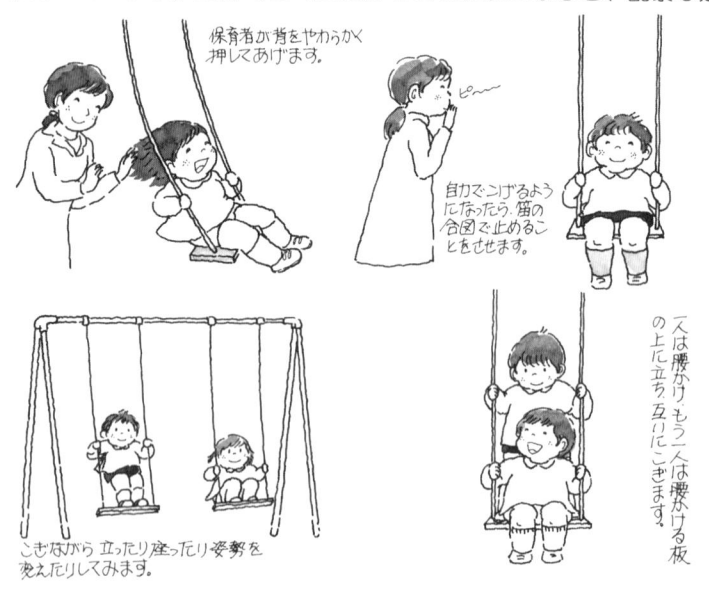

になりがちですが、その子なりの配慮をしてやることが大切です。

　腰かけからとびおりたり、腰かけ板の上に腹ばいになり、つり具をねじり、その回転を楽しんだりもします。それぞれの園での遊び方の約束があろうかと思いますが、安全に対して留意すると同時に、子どもたちの発達に応じた活動を十分に満足させるよう"遊び方の許容"の幅をよく考えてもらいたいものです。

(2) 固定遊具の遊びの発展と問題点

　ここでは、いろいろな固定遊具の中から代表的な遊具での活動を中心にして取り上げてきました。最近では、これらの遊具での動きを総合的に組み入れた、いわゆる「コンビネーション遊具」が開発され、型そのものもユニークになり、多く設置されています。しかし、子どもたちの好みは、子どもたちの求める動きを満足させる遊具に偏り、十分にそれぞれの遊具で活動をしなくなってきます。毎日、鉄棒（回転運動の技能の向上を満足させてくれる）ばかりで遊ぶ子、雲梯や太鼓橋（ぶらさがりながらの移動の変化）ばかりで遊ぶ子どもがいます。これは、それなりに意義のあることではありますが、バランスのとれた身体の機能や能力、技能（身のこなし）を身につけさせようとする教育的立場から放置しておくことは望ましくありません。

　そこで、ほんの１例ですが、次のようなはたらきかけをしてみましょう。

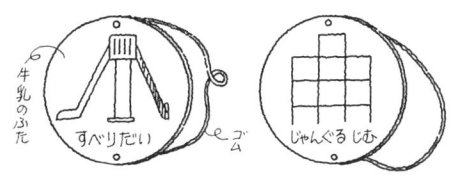

例１．

◎牛乳のふたに、それぞれの園に設置されている固定遊具を図案化して描きます。これを箱の中に入れ、自由遊びの時間にはその箱から１つを取り出し、そこに描かれている固定遊具で、かならず遊ばなくてはならない約束をしておきます。

◎昼食時または降園の前には、その遊びの内容を話し合ったりしてみましょう。

◎保育者も積極的に遊具を使っての遊びに参加することもたいせつです。

こんどは鉄棒、こんどはジャングルジム

　集団での遊びをより動的な活動とするためには、固定遊具を生かすことにあり

ます。次の図のように、なわとび遊びをし、とび終わった子は、すぐに並ばせて番を待たせるのではなく、鉄棒や、ジャングルジムその他の遊具で、何らかのふれ合いをさせてから並ばせるようにします。固定遊具をキックベースボールの塁にしたり、鬼ごっこ、円形ドッジボールなどで、つかまったり、当てられた子を、何かの固定遊具の場所で待たせておきます。鬼ごっこや、円形ドッジボールの遊びでは、とかく、つかまえ役や、当て役になりたがり、早くつかまったり、当てられたりの態度が見られますが、本来の遊びを、最後まで十分に力を発揮させる方法として、このよう固定遊具を活用するのも一法です。

2） 大型遊具で遊ぶ

(1) 大型遊具の特性

大型遊具とは、跳び箱・マット・平均台のような、子どもが1人で持ち運べない大きい遊具を指します。他に組み合わせ遊具（巧技台）・大型積木・室内用滑り台や鉄棒などがあります。

大型遊具は、もともとある状態に置いて使うものです。ある状態に置いて環境を構成するということは、自然がもっていた条件を人工的に再現することに匹敵します。たとえば、跳び箱は小山の状態を、平均台は一本橋の状態を再現しているのです。

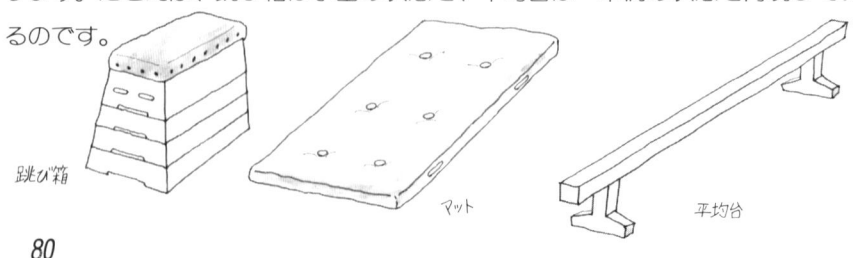

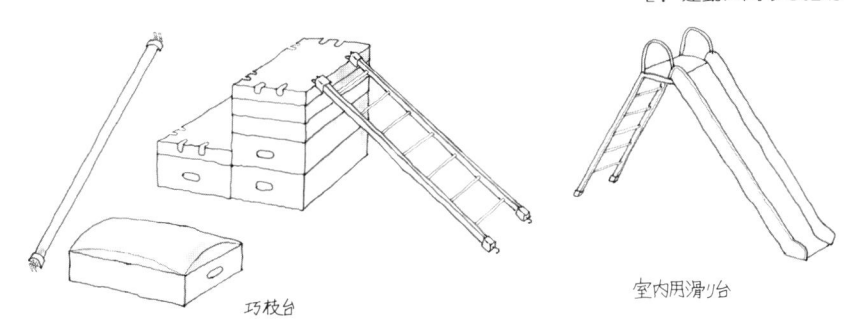

2．運動に関する指導

巧技台

室内用滑り台

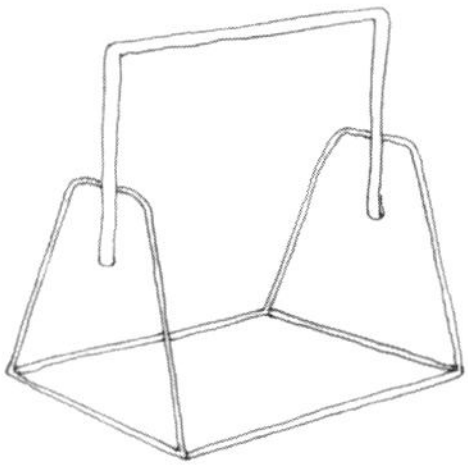

室内用鉄棒

　そこで遊ぶということは、その形状に自ずと適応＝登ったり降りたり、渡ったりすることです。
　大型遊具の特徴は、①置き方（セットの仕方）次第でいろいろな環境を作ることができ、その分、②いろいろな適応の動きを引き出したり身につけたりできるということでしょう。
　ただし、跳び箱の枠で電車ごっこをすれば「持

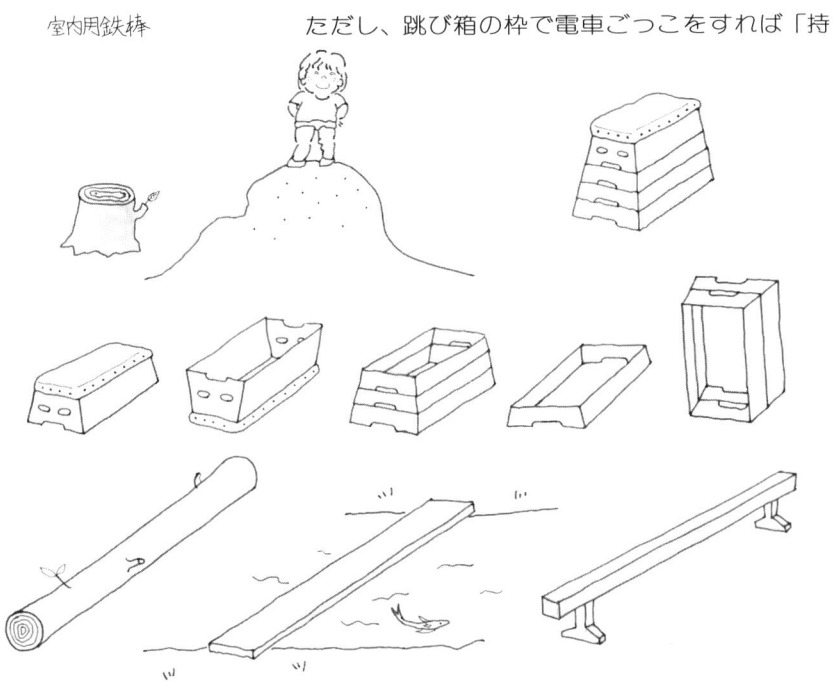

81

第3章　幼児の健康指導の実際

つ」、マットを引っ張って遊べば「引く」という〈操作〉的な動きも引き出せますが、その動きの種類は多くありません。

(2)　子どもの大型遊具の見方

大型遊具で遊ぶとき大切なことは、子ども自らがいろいろな動きを作っていくことです。

代表的な大型遊具である跳び箱や平均台は、名称が器械運動の器具と同じため、使い方も器械運動の動きにこだわるケースが多くなります。しかし、子どもはどうかというと、跳び箱を見ればよじ登ったり跳び降りたりします。時には馬跳び越しもしますが、馬跳び越しはあくまでも跳び箱でできる遊び方の1つなのであり、それが全てではありません。

子どもは、名称に関係なくその形状からできることを探し出します。ですから、跳び箱の枠で電車ごっこを思いついたりするのです。

この幼児期特有の遊具の見方・捉え方を考慮することが、子どもにとって楽しい運動遊びになるでしょう。

技術の系統が身についてする器械運動のやり方をそのままの形で適用するのは、たとえ器具を軽量小型化しても、子どもにはなじまないやり方になるのは明らかなので注意したいことです。

のぼる　　わたる　　ころがる

押す、ころがす　　持つ、運ぶ

2．運動に関する指導

(3) 大型遊具の遊び方
① 跳び箱の場合
　子どもは跳び箱の形や置いた状態――台として、あるいは枠の集まりとして――から、どんなことができるか考えて遊びます。

――台になった状態で遊ぶ――

台上に何人乗れるか乗りっこする

よじ登って跳び降りる

走ってきて跳び越す

お風呂や家と見立てて入って遊ぶ

頭部をひっくり返し,舟に見立てて中に入ってゆらして遊ぶ

馬跳び越しをする

83

第3章 幼児の健康指導の実際

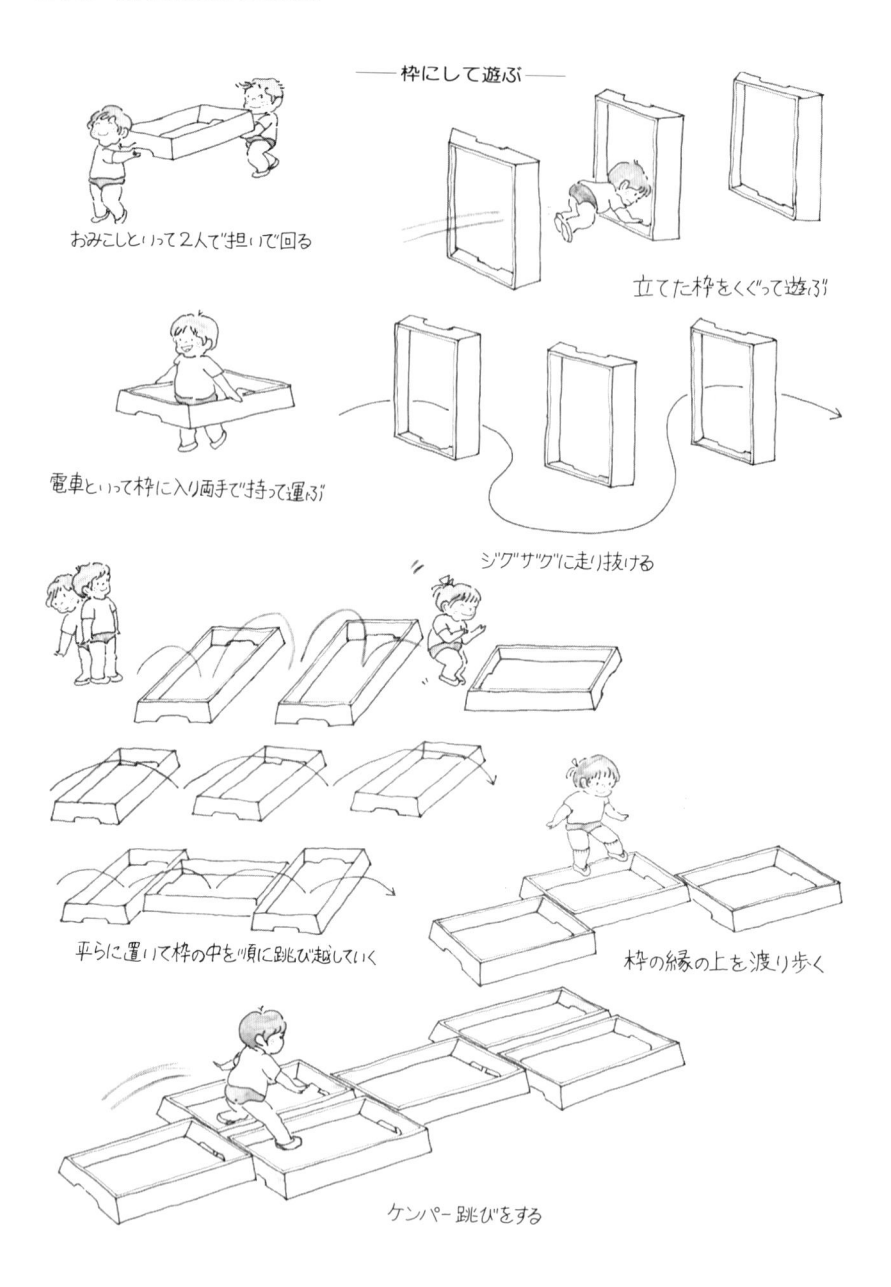

――枠にして遊ぶ――

おみこしといって2人で担いで回る

立てた枠をくぐって遊ぶ

電車といって枠に入り両手で持って運ぶ

ジグザグに走り抜ける

平らに置いて枠の中を順に跳び越していく

枠の縁の上を渡り歩く

ケンパー跳びをする

84

2．運動に関する指導

———その他の遊び方———

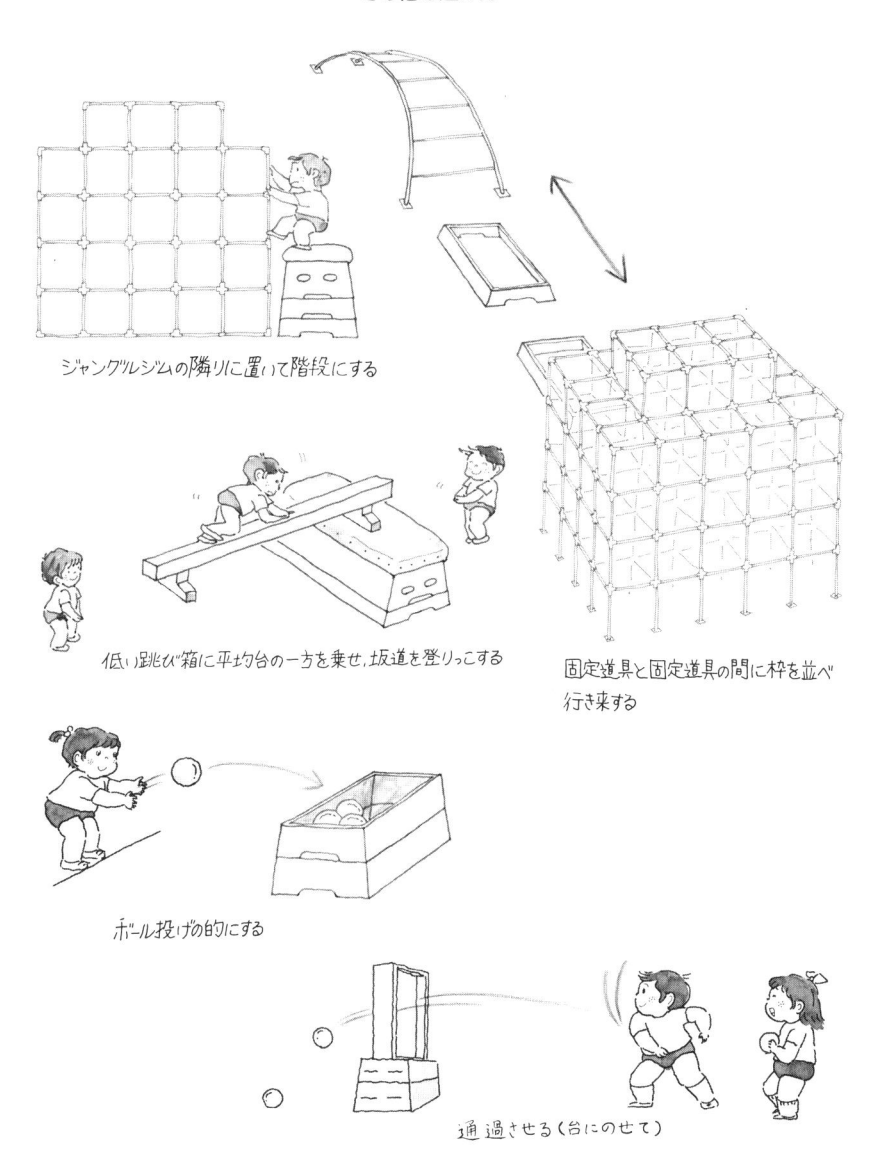

ジャングルジムの隣りに置いて階段にする

低い跳び箱に平均台の一方を乗せ,坂道を登りっこする

固定道具と固定道具の間に枠を並べ行き来する

ボール投げの的にする

通過させる（台にのせて）

第3章　幼児の健康指導の実際

② マットの場合

本来は回転運動や、安全のための補助用具として使われています。子どもは、それ以外にも、マットの性質や形状に応じた遊び方を思いつき、取り組んでいます。それは、自分の思いつきを試す「試し遊び」といってもよいでしょう。

2. 運動に関する指導

―― 丸めて使う ――

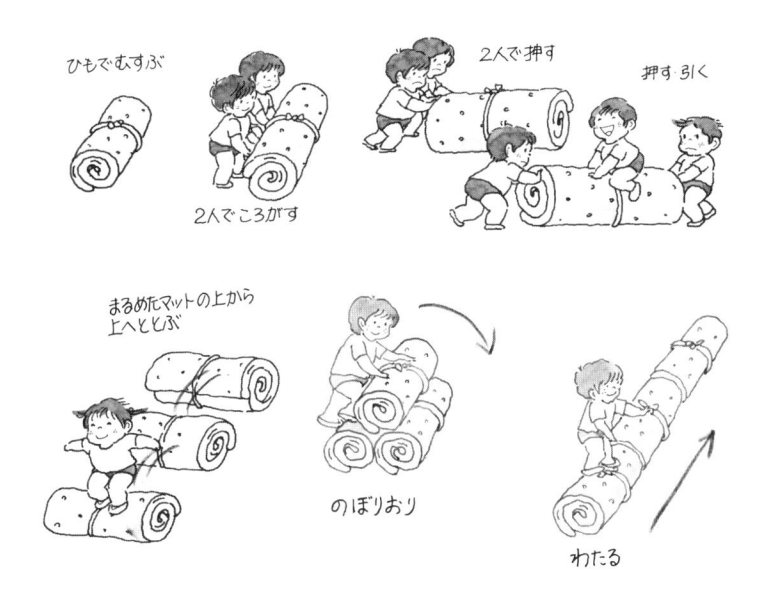

ひもでむすぶ

2人でころがす

2人で押す

押す・引く

まるめたマットの上から上へとぶ

のぼりおり

わたる

―― 他の遊具と組み合わせて使う ――

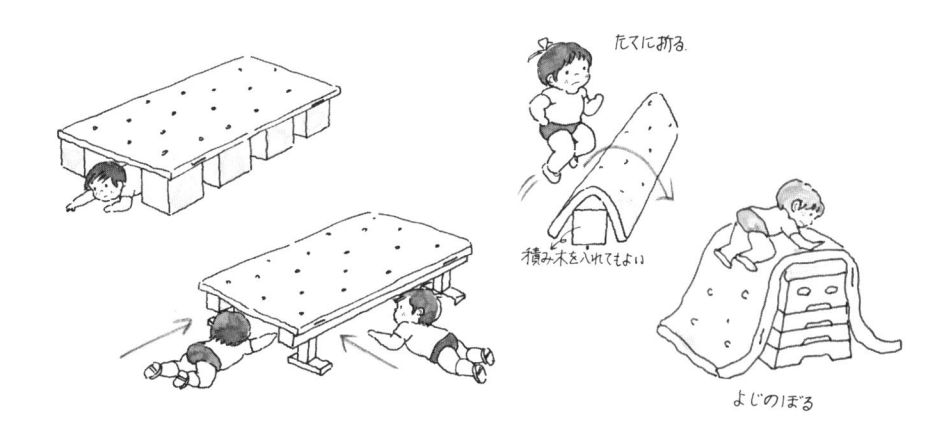

たてにおる

積み木を入れてもよい

よじのぼる

第3章　幼児の健康指導の実際

③　平均台の場合

　子どもは高くて不安定なところが好きという傾向があります。平均台を見れば、ごく自然に渡って遊びます。さらにはそれだけに止まらないで、置き方を変えたり、他の遊具と組み合わせたりして、次々といろいろな遊びをつくりだすのです。

★平均台

前向き横あるき

小型積み木を置いてまたぎながらあるく

四つばいでわたる

しりをつき手でささえてわたる

マットを敷く

はらばいで手と足をつかってすすむ

2台の幅をだんだん広くしておきわたりながらすすむ

ささえながら横へすすむ

くぐる

高くして

2本並べて間から入ってくぐる

2. 運動に関する指導

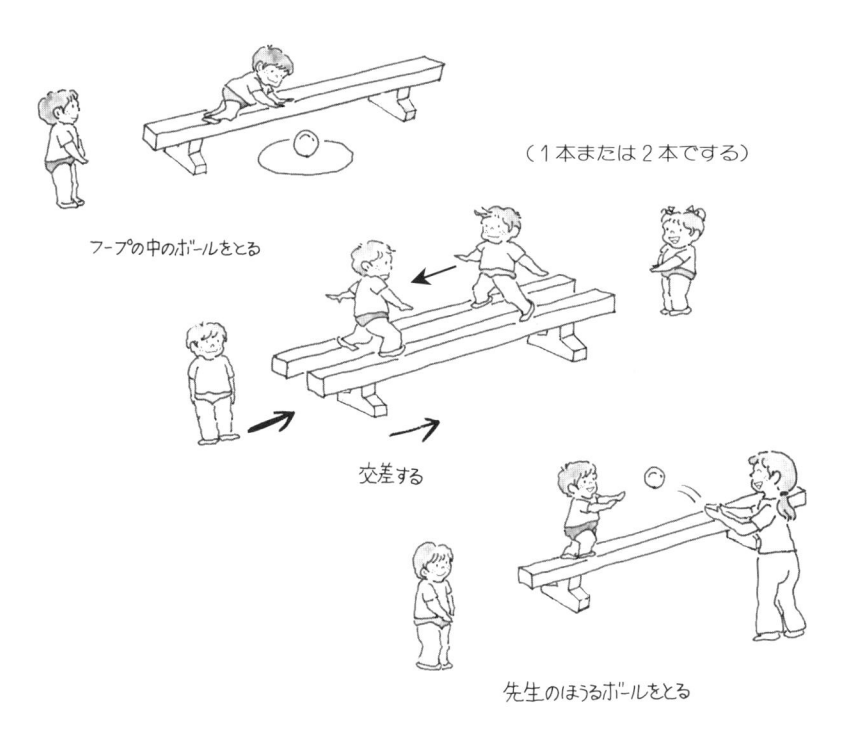

（1本または2本でする）

フープの中のボールをとる

交差する

先生のほうるボールをとる

——— 他の遊具との組み合わせ ———

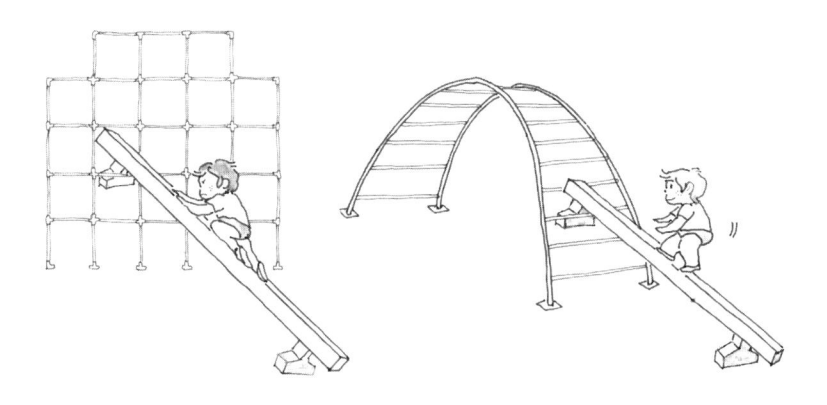

第３章　幼児の健康指導の実際

ボールころがし（ボーリング）

④　組み合わせ遊具（巧技台）

跳び箱に、はしご・平均台・鉄棒・滑り台などの付属品を組み合わせていろいろな動きをひき出せる遊具です。ただし、跳び箱は台形ではないので、それだけで登り降りは倒れやすく、台形跳び箱と同じように馬跳び越しをするのは危険です。

はしごを中心にした巧技台の組み合わせ例をあげてみます。

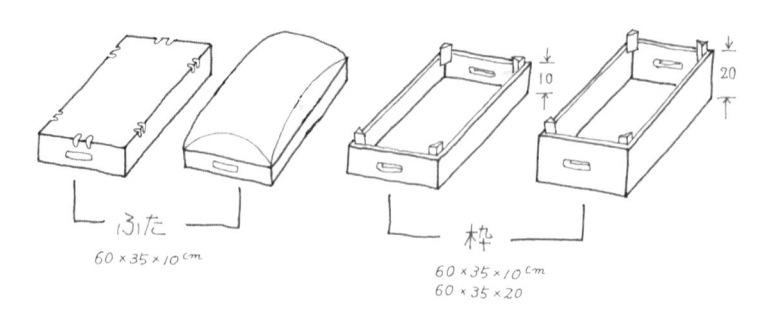

ふた
60×35×10cm

枠
60×35×10cm
60×35×20

2．運動に関する指導

ななめにして立ってわたる

平にして立ってわたる

2人ではしごの横の上をわたる

(4) 活動事例：大型遊具の遊び

① 子どもの実態（5月中旬）

年長5歳児（2・3年保育混合クラス）。戸外で活発によく遊ぶ子が多く、天気のよい日には、砂場に水を持ち込んで泥んこ遊びを始めだしました。年中時代に経験した「ドロケイごっこ」が好きでよく遊んでいます。

国内の遊具や用具の存在・使い方は十分知っていて、積極的に使って遊ぶ姿が見られます。また、ダンボール箱やベンチなど、身近かなものや用具を遊びの中に生かして遊ぶ姿も時々見られます。ただ、自由遊びのとき、いまだに年中組時代の同じクラスの子と一緒にいることがよく見られます。これまでそれに対しては、あまり特別の働きかけはせず見守ってきました。しかし、始業から1か月たつのでそろそろいろいろな交流を促す機会をもちたいと考えています。

② 具体的なねらい（5月第3週の1日）

●身体を思いっきり動かす遊びに自分から取り組んで十分遊んだ満足感を味わう。
●友達の考えを受け入れたりしながら遊びを進める。

③ 環境の構成

●「明日は跳び箱などを使って遊ぼう」とあらかじめ呼び掛けて、意識をもって登園するようにしむけます。大型遊具がすぐ使える状態にしておきます。
●遊び始める子がでたとき、それを見てあげることができるよう、できるだけその場近くに位置します。

- 子どもの好きなところで遊べるように、希望はなるべく受け入れるようにします。
- 遊びの展開によっては、参加していない他の子を誘ってみます。
- 遊びが始まらないときには、保育者が一部環境構成し、子どもを誘ってみます。

④　子どもの活動とその援助

- 昨日の提案を覚えていた子がいて、登園直後から保育室に大型跳び箱を運んでいいかと聞きにきました。許されると、後からきた子を誘って、保育者の手を借りずに4～5人で運びます。
- 跳び箱を横置きにし、それに大型積み木を踏み台用に数個並べて登り降りを始めます。跳び降り方が少し乱暴で、「音がしないうに降りてごらん」といってみました。注意深い降り方を促すときには効果的な言葉でした。
- 少し保育者が離れた間にその遊びに加わる子が増えていました。
- 人数が増えてきたのだが、男児がほとんどであり、さらに保育室いっぱいに使っているので、ホールで続きをするように勧めるが、ここでしたいという。椅子や机が使えて都合がよいようなので、もう少し見守ることにしました。
- 保育者が傍らにいたせいか、次第に子どもたちの数は増えてきました。そのうちに、順番をめぐって小競り合いがおきたりしましたが、すぐ収まりました。
- そのうちに、先頭がやり方を出題することにしようという提案をする子が出て、賛成が多く決まり、保育者もその案に拍手を送るとともに、クラス全体の活動の展開のヒントになると思った。しかし、先頭が順番に替わることがうまくいかず、新しい問題を出せる子が先頭になれるように変わっていきました。
- 保育者も子どもたちに誘われました。そこで保育者は遊びを見ていた子を一緒に誘って遊びの中に入りました。
- 人数が増え、列も長くなり保育室では狭くなり、ホールへ移動しようという子と、このままで遊ぼうという子に意見が分かれ、しばらくもめました。

⑤　環境の分析

- 保育者が着かず離れずにいたことで、子どもたちは安心して遊びに取り組んだようです。
- しかし結果的にクラスの半数以上が参加したので、最後には手狭になり、結果

として遊びも乱れはじめ、やがて散り散りになってきました。
- 子どもたち自身遊びの発展の予測をもって始めたわけではないので、これも自然の成り行きでしょう。場所を変えようといった子は半分でした。
- 遊び方については特別保育者からはなにも指示せず、すべて子どもたちなりの遊び方でしたので、それぞれのやり方でやっていましたが、気に入った遊び方は皆でしていました。やがて出来る子が課題を出す形に発展していきました。
- 時々保育者が出来るかなといって課題を出すと喜び、どの子も同じことをしていました。子どもは保育者に見られていることが嬉しく、一緒にしてもらうとさらに嬉しいものです。
- 自分たちの楽しみ方が保障されたという遊びの条件が、いろいろな友だちと一緒になって遊べた最大の原因と思われます。

3） ボール遊び

　ボールは幼稚園にある小型遊具として最もポピュラーなものの1つといえます。

　ボールは、小型のいわゆる操作する遊具ということができます。「とる、なげる、ける、うつ」などの動きがそれであり、大型遊具のように、それを置いた状態で適応する動きをつくり出すものとは異なった性格を多くもつといえます。けれども、ボールの形状、性質をさまざまに利用することによって、いわゆるボールの動きに適応させる（ころがるボールを追いかける）ことも十分考えられますので、その使用の範囲は広く考えることが大切だと思います。

　ボールには、大きなボール、小さなボール、球形、楕円形、硬い、軟かい、ボ

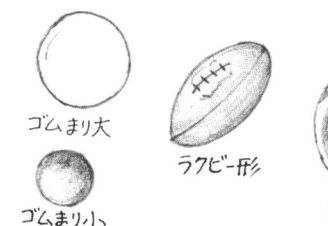

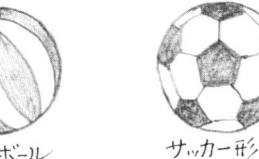

ゴムまり大　　ラクビー形　　ビーチボール　　サッカー形
ゴムまり小

ール、手づくりボールなど、いろいろあります。

　これらのボールの使用については、そのボールの特性をしっかり把握し、今までの経験や、その保育環境（園庭の広さ等）に応じて、臨機応変に選択することが大切です。たとえば、3歳児の子どもたちが「サッカーをしたい」からといっても、十分にそれを操作して遊ぶことは困難ですし、逆に5歳児にタオル地ボールでサッカーをするように働きかけても物足りないものに終わってしまうことが考えられます。

　ボールを利用して、さまざまな遊びが考えられ、それらを経験することによって、多くの動きを行うことができ、それはからだの発達において大事なことといえます。

　これらのことは「心身の発達」のいわば「身」の部分にあたると思います。

　次にボール遊びを通して育つ「心」の部分についても考えてみたいと思います。

　年長組の子どもたちの中でみられる「サッカー遊び」を考えてみますと、全身の動きとともに「作戦」をつくることや（どういう動きをすればゴールが可能か）や、役割を決める相談など、「考える」ことを楽しんでいる姿がみられます。また「ルール」を決め、それを守る、また守らない子どもに、抗議をし、多くの仲間が楽しんで行うために必要なことを感じとっていくなど、知的な面、そして社会性が育っていくことが考えられます。

　また新聞紙ボールなど、身近な素材を利用して、ボールをつくることによって、創造すること、工夫してつくることなどの経験も積むことになります。

　入園当初の子どもが、不安な気持ちで一杯のときに、保育者がそっとボールをころがし、それを子どもがころがして返す。という、何気ないキャッチボールを通して、言葉とは違った交流が生まれ、それが保育者への安定とつながる場合もあると思います。

　こういった「心」の部分にも着目して、ボール遊びをとらえていくことが大切だと思います。

　そして、そのボールを通しての活動は、常に「幼児自らが、主体的にボール（遊び）に取り組む」ことが基本であることを忘れてはいけないと思います。

　それには、幼児とともに生活している保育者が、当然ながらボール遊びを楽し

2．運動に関する指導

ボール遊びの図例

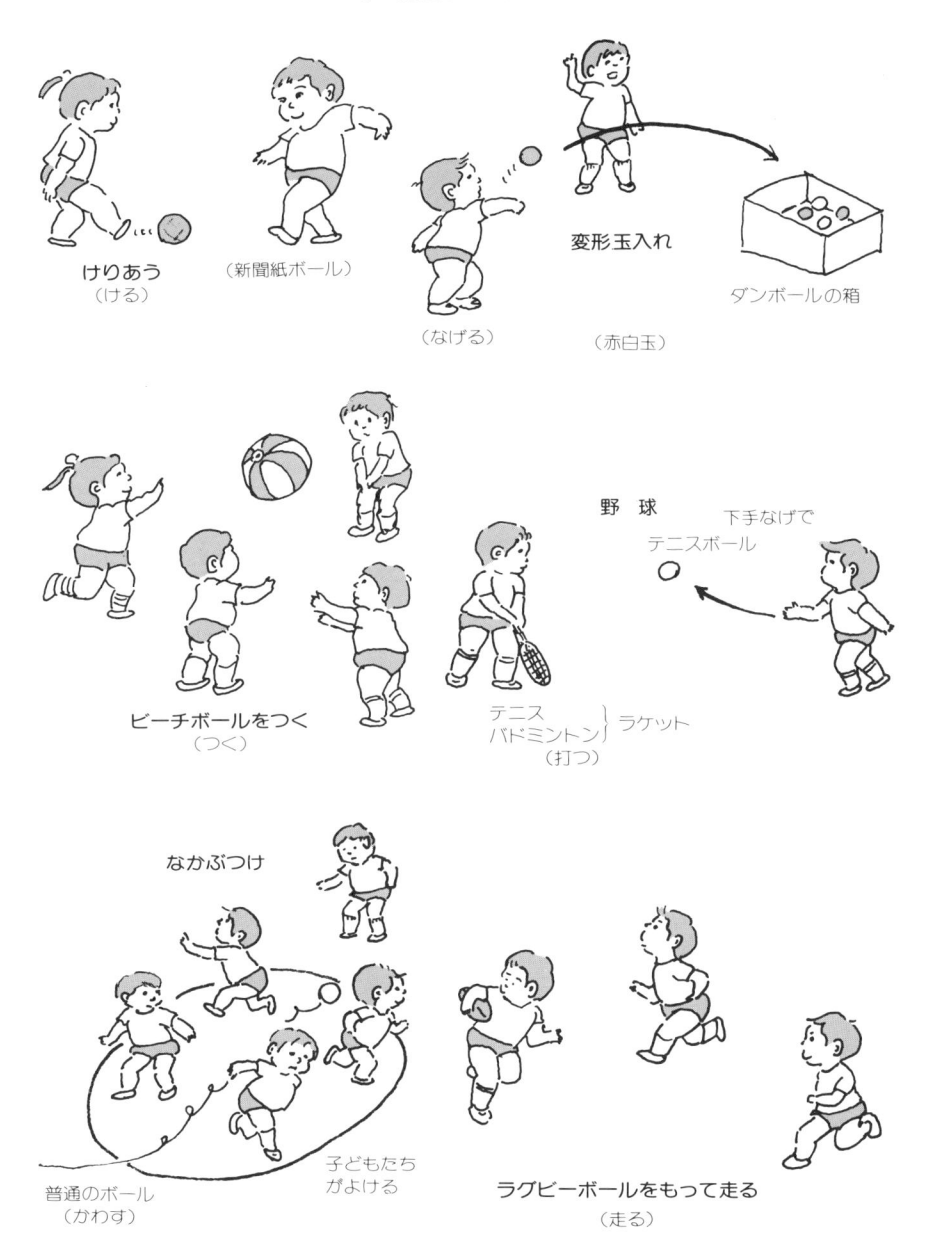

けりあう
（ける）

（新聞紙ボール）

（なげる）

変形玉入れ
ダンボールの箱
（赤白玉）

ビーチボールをつく
（つく）

テニス
バドミントン｝ラケット
（打つ）

野球
下手なげで
テニスボール

なかあてつけ

普通のボール
（かわす）

子どもたち
がよける

ラグビーボールをもって走る
（走る）

95

んで行わなければなりません。そして「上手になる」といった、技能獲得を主目標にせず、誰もがやりたくなるような雰囲気をつくりだしていくことが必要でしょう。

ボール遊びは、子どもの数だけ存在し、その楽しみ方も子どもの数だけあるといった、大きく受容する姿勢をもって、柔軟な対応と、「そして今、子どもたちが何を望み、どんな状態にあるのか」といった、見極める目をもってボール遊びを考えていってほしいと思います。

〈指導計画例①〉　　4歳児　6月第2週
○幼児の実態

この時期の子どもたちは、園生活にも慣れ、一人ひとりが遊びをつくる姿が多くみられるようになります。それと同時に、子どもたち同士のかかわりあいも生まれ、数人の仲間で遊びを展開する場面もみられます。反面、遊具のとりあいや遊び方をめぐってぶつかりあうことも多く、他者を認識していくうえでのきっかけとなり得る時期といえます。また、園生活になれてきたということから、戸外でも体力を十分に動かすことが多くなり、ダイナミックな動きがみられるようになりますが、不注意等からけがの発生も多く、安全面においても十分な配慮を要する時期でもあります。

以上のような幼児の実態から、この週のねらいを、子どもたち自らが体を十分に動かし、友だちと一緒に遊ぶ楽しさを味わうというところにおき、そのきっかけとなるような、新しい素材、すなわちボールを環境構成の1つとしてとり入れた計画を作ってみました。

○第2週でのねらい
- ●自分の体を十分に動かし、進んで運動しようとする。
- ●友だちと一緒に遊ぶ楽しさを知る。

内　容
- ●ボールを使って体を思いっきり動かす遊びを楽しむ。
- ●ボールを使っての遊びを考えたり試したりするなどして遊ぶ。
- ●友だちと一緒に遊ぶ楽しさを味わう。
- ●やりたい遊び、遊び方等を言葉で表現する。

2．運動に関する指導

第1日目の目標

環境構成	予想される活動
○室　内 ブロックコーナー ままごとコーナー 製作コーナー ㊟ ボールコーナー ビーチボール(4個) タオル地ボール(4個) サッカーボール(4個)	○ボールにふれる ○ボールをなげる、ける、ころがす ○ボールを占有しあう(とりあい)

● 遊びの中で楽しかったこと、感じたことを伝え合う楽しさを味わう。
● 遊具や用具を大切に使う方法に気づく。

　第1日目は、新しい遊具（ボール）を子どもたちがどのように利用するか、を見守ることと、どのような素材のボールが子どもたちにとって扱いやすいのかを知る意味で、3種類のボールを用意しました。3種類のボールに気づくよう、それぞれかごにいれておきます。

　保育者は、新しい遊びのきっかけとなるような言葉かけ、「ボールがあるねぇ、どんなことをして遊ぼうか」や、簡単なころがしっこ等を行うようにしました。

○活動の展開

　子どもたちは、保育室に入ると、新しい遊具（ボール）に気づき、約半数の子どもが、さっそく手にして遊びはじめました。サッカーボールを手にした子どもたちは、「サッカー」といってけりはじめましたが、方向が定まらず、数人の子どもが、個々にけるという動きが主でした。また保育室内ということもあって障害物が多く、ボールがいろいろなところにぶつかりトラブルの原因ともなりました。タオル地ボールは、その感触が気に入った子どもが多く、ほおずりをしたり、だきしめてみたり、ぬいぐるみのかわりに、ままごとコーナーで利用したりする光景もみられました。

　保育者がタオル地ボールで下手投げで1人の子どもとキャッチボールをすると、数人の子どもが「やらせて！」といってきました。あたっても痛くないというこ

とから安心して受けとめようとする姿がみられました。ビーチボールは子どもたちが投げる、ける、つく、といったさまざまの動きをしやすいようでした。思いきり投げてもそれほど遠くにはとばず、とりやすいということもあって、友だち同士で投げあう、けりあう、といった動きもみられました。

○ 環境の再構成（翌日に向けて）

　ボールの素材からみると、ビーチボールがさまざまの動きをひき出しやすいものと考えられ、量もふやし、大きさにも変化を加えて、用意しておくことにしました。

　空間としては、保育室は手狭であり、園庭、ホール等で、主として行う活動として、広げていくことにしました。動きとしては、個々が自由に扱っている姿が多かったが、ころがし合う姿や、投げ合う姿もみられましたので、ボーリング遊びや、扇状の形になって投げ合ったり、ころがし合ったりする遊びを、保育者も加わって広げていこうと考えました。

　また、どちらかというと、一人遊びをしていた子どもが、保育者とボールをころがし合うことをとても楽しんで行っていた点も留意し、保育者との安定した関係づくりの１つとしても生かしていけると思います。

　ボールを入れるカゴが３つとも同じであったので、自分たちで分けていれられるように、絵をはっておくことにしました。

〈指導計画例②〉　５歳児　10月第３週

○ 幼児の実態

　この時期の子どもたちは、子ども同士で遊びを創り出し、またその過程で生じる問題を自分たちで相談して解決していく姿もみられるようになります。また、運動会を体験したことで、集団で行うルールをもった遊びにも興味をもって、すすんで行うようになっていました。

　このような時期をとらえ、子どもたちがルール性をもった遊びサッカーをさらに展開することを通して、ルール理解を深め、その中で、作戦づくりやルールをつくることの楽しさを味わえるようにしたいと考えました。

○ サッカー遊びの経過

　サッカーは、５月初頭から子どもたちの間で自然発生的にはじまりました。５

~6人の子どもたちが2グループにわかれ、ボールをけりあう動きがしばらくみられました。そのうちに、キーパーなどの役割をとって動く姿や、ゴール（木と木の間を通ったら1点）や、境界線なども子ども同士の間もみられ、サッカーのルール（ハンド、ゴールキック）等も多く用いられるようになりました。反面、専門的になりすぎ、遊ぶ人数も限られるようになってきました。プール遊び（7月）、運動会の練習などで、しばらく中断していましたが、10月の2週ごろから再びサッカー遊びがはじまりました。

○第3週でのねらいと内容
- 自分の体を十分に動かし、すすんで運動しようとする。
- 自分の考えを言葉で表現し、伝え合う喜びを味わう。
- 仲間と相談して、ルールを決めたり、ルールを守ることを通して遊ぶ楽しさを味わう。

内　容
- サッカー遊びを通して多くの仲間と遊ぶ楽しさを味わう。
- サッカーのゴール板づくりを通して、いろいろな素材を親しみ、つくることの楽しさや、共同の遊具を大切にする気持ちを育てる。
- サッカーのルールを考えていくことを通して、ルールの必要性、守ることの意味を考える。
- どうしたら得点できるか、作戦を考えて行う楽しみを味わう。

第1日目

サッカー遊びの発展を願う中で保育者は、「サッカーゴールづくり」の活動を考えた。子どもたちのサッカーの動きの中で、「ゴール」がないことで（実際には子どもたちが木々の空間を利用していたが）得点の認定でのトラブルが多く、日々ルールが変わり、そのことで興味を失った子どももみられたことから、具体的なゴールをつくることによって、動きに変化がみられるのではないかと思われたからです。「サッカーゴール」は、ベニヤ板と角材で、針を打つだけの簡単なものを用意した。「ゴールをつくらない？」という保育者の誘いに、普段サッカーをあまり行わない子どもも参加しました。出来あがったゴールには、赤・青のスプレーで色をつけてみました。そのゴールを木に立てかけ、さっそくサッカー遊びが

じまりました。

はじめは、ゴールにボールをぶつけて「ドーン」という音がすることに子どもたちは喜んで「オレもする」「オレも」と、ゴールぶつけの遊びがしばらく続きました。ゴールをつくった子どもたちの多くが参加をして、サッカーがはじまりました。グループ決めは、リーダー的な子ども２人がジャンケンをして、一人ひとり他の子どもを選んでいく。

第１日目日案

環境構成	予想される活動
○室　内 ブロックコーナー 製作コーナー 　↓ サッカーゴールづくり （ベニア、スプレー 　角材） 赤・白たすき 石　灰 サッカーボール 新聞紙	○サッカー遊び ２グループに分かれて、ゴールの位置を決めて行う

　保育者がみると、組みたい仲間同士で分かれ、技術的なバランスはとれていないようではありましたが、子どもたちは特に問題にしていないようでしたので、声かけなどは行いませんでした。「たすきもあるよ」と声をかけると、それぞれがゴールの色のたすきをしました。

「先生、運動会のときの石灰だして線ひこうよ」と子どもたちからの声で、さっとライン引き、「どのへんに引くの？」と子どもたちに聞きながら線を引きました。以前からサッカー遊びを続けていた子どもが、新しくはいった子どもに「キーパーな！」など、指示しながら遊びがはじまりました。

○ **環境の再構成**（翌日に向けて）

　サッカーゴールを自分たちでつくるということで、サッカーに興味を新しくもつ子どもが増えました。またゴールライン等、具体的にみえる物の登場で、ルールや遊びがより明確になり、スムーズに遊びが展開するようになりました。

　新しくはいってきた子どもたちが、以前から行っている子どもたちのペースにのれるか、またチームのバランスをどうするかなど、保育者の働きかけが必要となってくると考えられます。よりこの遊びを広げていくことを考えるならば、ある時点でクラス全体でサッカー遊び（リーグ戦）を計画してもよいのではないかと考えられました。

4）鬼遊び
(1) 鬼ごっことは

　鬼ごっこは、現在の子ども特有の遊びではなく、昔からあった遊びです。しかも、伝承性のある遊びですから、その遊び方に関しては、多少の違いがあるにしろ今と昔とはだいたい似通ったものなのです。

　子どもたちはかつては、地域社会の中で年齢差のある集団を形成して遊んでいました。そして、その集団には、ボス的存在あるいはリーダー的な年長者がおり、全ての面でとりしきっていました。そこでは、自ずと良いリーダーが育ち、また参加している子どもたちもさまざまな体験を通して、好ましい社会性が育っていました。

　ところが近年子どもたちは、外で遊ぶことよりも、家の中で遊ぶことが多くなり、また、高学歴社会の中で小さいときから習い事や塾通いをする子が多くなってきたため、地域社会では年齢差のある集団が生まれにくくなってきました。ここに、鬼ごっこが地域社会で展開されなくなった原因があります。

　それでは、今の子どもは鬼ごっこが嫌いなのでしょうか。否、今の子どもたちが鬼ごっこが嫌いになったというわけではなく、伝承される環境がないために、鬼ごっこの楽しさを知らない子どもが増えてきているということです。ですから、今の子どももその楽しさを知ると好んで鬼遊びを展開するようになります。

　鬼ごっこは、現在では、幼稚園や保育所など子どもの集団的な教育の場で行われているところに特徴があります。ここに、保育者が一人の伝承者として重要な役割を担っているといえましょう。

　鬼ごっこには、「追う（つかまえる、見つける）」「逃げる（かくす、かくれる）」という基本的な役割があり、それらを、大きくわけると、① 追いかけ鬼、② かくれ鬼、③ かくし鬼、と分けることができるでしょう。追いかけ鬼は、「追う」と「逃げる」、かくれ鬼は、「かくれる」と「見つける」、かくし鬼は、「かくす」と「見つける、さがす」という役割を基本としています。

　また、その追いかたと逃げかたの中にいくつかの決まり（ルール）があります。しかし、その決まり（ルール）とて基本はあるにしろ、これでなければいけないというわけでなく、子どもたちが、鬼ごっこをさまざま経験するなかで、子ども

第3章　幼児の健康指導の実際

★鬼遊びの基本の型
・おいかけ鬼　おう　にげる
・かくれ鬼　かくれる　みつける
・かくし鬼　かくす　みつける

たちなりによりおもしろい（難しい、複雑）決まり（ルール）を作り出していくこともあります。

　ここで、鬼ごっこを通して、子どもたちは、どのような経験をし、何を身につけ、何を学んでいるのかを次の6つの側面から考えてみましょう。

身　体　面
- 走力や機敏性など、身体的能力や運動感覚を育てる。
- 状況に応じて機敏に動く。
- 方向を変えたり、速度を変えたりなどの動きができる。
- ジャンケンなどの勝ち負けにより、逃げる追うをすばやく判断し、機敏に行動する。

知 的 な 面
- 高さ、距離、速度などの空間的・時間的認知を養う。
- 作戦を立てて遊ぶなど、工夫して遊ぶ態度や能力の芽生えを養う。
- ルールを工夫したり、新しいルールを作ったり、役割を増やしたりする。

社　会　面
- 先生や友だちと仲よく遊ぶ態度や能力を養う。
- みんなで決めた約束を守るなど、社会性の芽生えを養う。
- 友だちと一緒に遊ぶ楽しさを味わい、遊びの中で友だちを助けたりして仲間意識を育てる。

●競争意識がでてきて、友だちを応援したりする。

情 緒 面
●友だちと一緒にする楽しさを味わう。
●力一杯活動する楽しさを味わう。
●先生や友だちと手をつなぐことによって、子どもたちの感情の安定をはかる。
●追いかけたり、逃げたりして遊ぶなかで、いつ追われるか予想しながらスリル感を味わう。

言 語 面
●遊びのなかで必要な言葉を相手に分かるように話すとともに相手の話も聞く。
●役柄になりきって、言葉のやりとりを楽しむ。
●遊びのなかで、困ったことや気づいたことを話し合ったり、相手の意見を受け入れたりする。
●言葉のやりとりを楽しむ。

表 現 面
●イメージを体で表現する。
●そのものになりきって楽しく遊ぶ。

　ひとつの鬼ごっこでも、そこで遊ぶ子どもたち一人ひとりの育ちの姿は実にさまざまです。したがって、ひとつの活動のなかでも一人ひとりの子どもの育ちの姿が違うことを保育者は的確にとらえることが必要とされます。

(2)　活動事例①「ドロボウとケイサツ」

〈子どもの実態〉　　4歳児　6月～

　幼稚園の生活にもだいぶ慣れ、母親から離れたことによる不安がなくなってくる時期です。自分のことだけでなく、少しずつ周囲に目を向ける余裕もでてきています。したがって、友だちが遊んでいるのを見て、まねをしたり、仲間に入れてもらったりで、複数による遊びが展開されはじめます。つまり「先生対子ども」だけでなく「子ども対子ども」のかかわりがふえ始めるときです。同時に、活動自体がぐっと活発になり、行動範囲も広がってきます。

　しかし、このような中で、子ども同士のぶつかりあい、けんかも多くなり（遊

具のとりあい、意見のくい違いなど)、友だちとかかわっていく上で、難しさも経験していきます。

〈具体的なねらい〉

○走る、方向を変える、隠れる、などの運動を、遊びの中で経験し、体を動かすことの楽しさを味わい、運動に対する抵抗をなくす。
○どのようにすれば相手をつかまえることができるのか、仲間を助けることができるのか、考えたり、それを人に伝えたりする。(遊びを楽しくしようとする意欲)
○作戦をたて、つかまえたり、助けたりするうち、仲間意識をもち、より良い友達関係ができる。
○友だち同士でルールを考えたり、作戦をたてたりする中で、人の気持ちを考えたり、受け入れたりする。(けんかを通して学ぶことも多々ある)
○先生や友だちとともに、全身を使って遊ぶことは、活動意欲を満足させ、好ましい人間関係をもつきっかけとなり、情緒の安定をもたらすことができる。
○自分たちで遊び方を発展させていくと同時に、新しく決めたルールに適応していく。
○ドロボウ、ケイサツ、それぞれの役にあった言葉を使ったり、小道具を作ったりして役づくり(表現)を楽しむ。
○「つかまえることができた」「つかまえられずに逃げていることができた」「助けてあげることができた」などの経験から、一人ひとりがヒーローになり、自信をもつ。

〈具体的内容〉

○走る(逃げる、追う)、登る、降りる、方向を変える、隠れる、などの運動をスリルを味わいながら経験する。
○まねたり、教えてもらったりして、ルールを学び、たくさんの友だちと1つの遊びに参加できる。
○つかまえたり、逃げたりするための作戦を友だちと話し合い、遊びを発展させる。
○与えられた環境を利用して、より楽しくなるように、ルールを創りあげていく。

2．運動に関する指導

環境の構成	予想される子どもの活動	保育者の援助の仕方
○1つの園庭で、異年齢の子どもたちが自由に遊ぶことのできる時間をもつ。	年長児の遊びを見て模倣しようとする 仲間に入れてもらおうとする。	年長児に混ざり、遊びを経験した子が「ドロケイやろう！」と誘ってきたのが遊びの始まりで、まだ、なんとなくしか、ルールを理解していない状態からのスタートとなった。 雰囲気が楽しそうだから、というだけで、内容もわからずに加わってくる子も多いので、「ドロボウとケイサツのおいかけっこ」であるという最も基本になるルールを伝え、誰もが遊べるように配慮する。
○おいかけっこ、高鬼などの鬼遊びを経験したことがある。（3年保育で1年間園生活を経験している子と入園したばかりの子も一緒に遊ぶ）	先生を媒介として今まで遊んだことのある遊びを周囲に紹介し「友達と遊ぶ」ことを経験する場をもつ。	
	逃げる場所、隠れる場所をどんどんみつけて遊びにとりいれていく。	保育者が解決策を先に言うことは避けるようにする。もちろん、共に考えてあげることは必要であるが、遊びは（ルールは）子どもたちが創り出していくものであることをしっかり心にとめておかねばならない。子どもたちの遊びをしっかり把握しながら"待つ"ことが大切である。
○園庭には… ・子ども用サッカーゴール2コ ・土手	遊んでいるうち、ゆきづまりを感じる。 （つかまえた、つかまえていない、ドロとケイで人数がちがいすぎる、ずるいことをした、etc）	
	楽しくするための工夫（作戦、新しいルール）をする。	共通理解がもてるように上手に伝達役になる。
		まだ積極的に遊びにはいりきれないでいる子に対しては、まず安心感を与え、参加する楽しさを味わうことができるような配慮も大切である。
		同じ鬼遊びの中でも個々に応じた援助が必要であり、また全体の雰囲気を楽しく盛り上げていくのも、保育者の大切な援助となる。

第3章 幼児の健康指導の実際

○年長児の遊びからヒントを得たり、年少児も上手に遊びの中に入れてあげようと努力するなど、異年齢の子どもともかかわりをもって遊べる。

(3) 活動事例②「島鬼」

〈子どもの実態〉　4歳児　10月

　9月の末に運動会を経験し、クラスにもまとまりがでてきて、運動会の前後は、かけっこ、リレー、玉入れなど、運動会に関連の深い遊びが中心に展開されていました。ルールを守りながら遊ぶことの大切さ、おもしろさ、友だちと一緒に遊ぶことの楽しさ、難しさがわかってきており、多くの友だちとかかわることが当然となっています。

　10月も半ばを過ぎ、運動会ごっこも下火になってきたとき、1学期に流行った「ドロケイ」が復活、遊びの内容が少々固定的になってしまっているのをみて、新しい遊びへも目を向けるように刺激が必要かと思われる時期です。

〈具体的なねらい〉

○ルールを理解して遊ぶ。

○限られた場所の中で、追いかけたり、逃げたりするスリルやスピードを楽しむ。同時に、敏捷性や注意力を養う。

○相手の動きに応じて、自分の動く方向を決めたりすることから、判断力を養う。

○どのようにすれば、うまくつかまえることができるか、友だち同士で考え、協力する。

○最後までつかまらないでいた友だちに対して、素直にほめてあげることができる。また、次は自分も上手に逃げようという意欲をもつ。

○最後までつかまらなかった、上手につかまえることができた、などの経験により、自信をもつ。

〈具体的な内容〉

○限定された場所の中で、つかまらないように逃げるスリルを味わう。

○島の中は人間、島の外（海）はワニという役柄を楽しみ、表現しながら遊ぶ。

○相手の動きに応じて、自分の動く向きを決めるなど、周囲をよく見ながら遊ぶ。

○ルールを守りながら（限られた場所から）島の中の友だちをつかまえたり、ひっぱったりする。

2．運動に関する指導

環境の構成	予想される子どもの活動	保育者の援助の仕方
・運動会あけ 友達とルールのある遊びを楽しむことは経験している。	運動会ごっこをさかんに行う。 それにあきると、以前遊んでいたものに目を向ける。	
遊びが固定化しつつある。		遊びが固定化、マンネリ化しつつあるのを見て新しい遊びを紹介することにする。 （もちろん、1つの遊びを、遊びこむ、ことの大切さを忘れてはいけないが）
園庭に… 石灰で、グニャグニャの島を描く ➡	新しいものに興味を示し、どんどん寄ってくる。⬅ 「何してあそぶの？」と質問してくる。 遊びに参加する。	子どもの質問に対し、ルールを説明する。このときは、できるだけ、基本のみとし、これから先、子どもたちが創っていくことのできる場をもてるようにする。
	「ワニごっこ」と遊びを名付け、ワニ役の子は、手をワニの口のようにパクパクさせ、表現を楽しんで遊ぶ。⬅	説明に際し、島の中にいる子を人間、島の外にいる子をワニとし、子どもたちがルールを理解しやすい工夫をする。
	うまくつかまえる方法を考え、友達と協力する。	途中で入ってきた子には、保育者がそのままルールを伝えるのではなく、子ども同士で伝達しあえるような、はたらきかけをしていく。
	ルール違反する子が出て、互いに指摘しあう。⬅ （けんか）	お互いの言い分をお互いが聞けるように配慮し、その上でどうすると楽しく遊べるかを、子どもとともに考えるようにする。決して、保育者が頭からよい悪いを決めてはいけない。
		限られた場所での遊びなので、子どもたちのようすをよく観察することができる。一人ひとりの個性にあわせた対応をしていくこと。人数にあわせ、島の大きさを考えてあげるようにする（せますぎると危険、広すぎるとつかまらない）。

★まる鬼
★ひょうたん鬼
★島鬼

○ つかまらないように考えたり、どうやったらつかまえることができるか考えたり、相談したりする。

5）水遊び

　幼児期のおもな活動といえば、ぬれる、汚れる活動といえましょう。このぬれる、汚れる活動は、親にとってはこまったことかもしれませんが、子どもにとってこの活動が一番安定したもので、この活動のできない子の中には精神的不安定な多くの問題をもっている事例を多くみることがあります。

　そこで〈水遊び〉を〈ぬれる、ぬらす〉活動としてとらえてみてはいかがなものでしょう。子どもたちの活動の中から多くの水とのかかわりをもつ活動を発見することができますし、また、その活動をする姿の中に育ちをも発見することができるのです。

　水ぬるむ季節から個人的にも集団的にもいろいろな姿で見いだすことがあります。水道の蛇口をひねり流れ出す水に手を当てていたり、雨上がりの水たまりの

2．運動に関する指導

中に入っていたり、砂場の中に水をもち込んだり、池や河原での遊びと自然発生的に幅の広さとなって出現してまいります。

このように"水"を媒介とした活動すべてを〈水遊び〉として子どもたちの生活の中に位置づけることができますが、生活の中での日常的活動と、プールに入っての水中活動とは教育的活動としては分けてとらえて考えてみましょう。

〈水遊びのねらい〉

水が与えてくれる爽快感（そうかい）は、子どもたちに精神的安定感となり、いろいろと活動の広がりを与えてくれることは前述したとおりです。そして、それらの活動を通して子どもたちの内面に及ぼす育ての効果もこれまた絶大なるものであります。

水面を棒でピチャピチャとたたいたり、足でも踏みつけたりしている場面をよく見かけます。たたいても、踏みつけてもまたもとのままの水面が現れます。不思議そうに見つめている子どもの表情、蛇口をひねり、流れ出る水道の水に手を当てたり、指を広げたり、手で流れを切ったり、手の感触を通した"水"そのもののいろいろな実感。さらさらした砂場、山にしようとしてもなかなか山になりません。でも水分をふくんだ砂は山になるではありませんか。子どもなりに砂の性質を遊びながらに発見し、そのうち自ら水を運び入れて砂山作りによい砂を作りだしています。

一人遊びからグループ遊びへと人間関係の広がりも見せてきます。水と人間の関係はまず一番自然な関係といえます。

○水とのかかわりにより、身体や衣服のぬれを楽しみ精神的安定感や行動に対する満足感を得る。

○水を媒介としたいろいろな遊びに興味をもち、意欲的に活動に取り組む積極性が育まれる。

○いろいろな遊びを友だちと一緒に体験する中から、人間関係の大切さを知る。

夏期の水遊びとなると「プール活動」に代表される水中活動となってくるでしょう。水深が増すにつれて子どもたちの動きも慎重になってくるものです。このようなときに、水遊びの楽しさを感じとらせるだけではなく、命をも奪ってしまう怖さをしらせましょう。保護する大人に油断のなきよう気配りをした接し方が大切となってきます。

〈いろいろな水遊びとその遊び方〉

　前述しましたように、元来子どもたちの活動は子どもたち自身が見つけ発展していくものですが、現代の大きな問題といえるやもしれませんが、子どもたちの育ちの環境として自ら遊びを創り出したり、発見するような人的・物的環境、つまり刺激する環境が皆無といっても過言ではないでしょう。親自身も遊びの喜び、楽しさ、そこからの学びについても体験不足を感じられますので、子どもたちが「遊んでみたいな～」「おや、これはどのようにして遊ぶのかな？」「あっそうか、こうして遊ぶのか！」などを感じられるようなさまざまな環境を用意したり、導いてあげたりすることが主要となってきています。

(1)　遊びの中に"水"を使った活動

〈砂遊び〉

①　環境設定

　　○はだしの活動になるので、砂場の中の危険なものは取り除いておきます。水を運んだりするバケツ、ジョーロ、空き缶などを用意する。

②　内　容

　　○水をふくまないサラサラした砂場で遊ぶことが多く、そこでは造形的な楽しさより、砂の感触を楽しんでいますが、水を加えることにより、造形的な活動をするようになります。山を作ったり、型作りや、グループで大きな製作にとりくんだりもしてきます。

　　動きがダイナミックになってくると、衣服を汚すようになってきますが、あまり注意ばかりしていると、思う存分楽しめなくなってしまいます。そこで、夏場には、下着や水着にして活動させるようにします。

③　配　慮

　　○汚れる遊びをするときの衣服（腕まくり、ズボン、スカートのすその始末）に気づくような助言をします。

　　○汚れる遊びに入りにくい

2．運動に関する指導

子どもの動機づけに配慮します。
　　○他の子に迷惑をかけるような行為は注意します。

〈舟遊び〉
① 環境設定
　　○木片や、紙で舟作りをします（浮かぶ物を作ろう）。
　　○ビニールプールや、大きなタライを用意します。
　　○コンクリートプールがあったら、浅く水を入れておきます。
② 内　容
　　○園庭に池があるとその水面に葉が浮いていることがあります。ビニールプールやタライに水を入れておくと、いろいろな物を持ってきては浮かばせようとします。沈んでしまうと思っていた物でも浮かすように工夫したり、浮かし方によっては沈んでしまったりすることを発見したりしています。
　　○パンツ（着替えを用意しておく）の姿にさせ、大きなプール（浅くして、小川や池の中で楽しむような雰囲気作りをする）の中に入れ、舟を浮かばせて楽しませます。座り込んでしまう子や、すべってころぶ子も出てきますが、水に馴れ親しませ、プールの中に入ることへの抵抗感をとるにも役立ちます。

③ 配　慮

第3章　幼児の健康指導の実際

　　○夏になると、幼児の水の事故が多くなります。生活環境の中に、小川や河原、また池があると、とかく禁止令を出すことによって事故のないようにすることも多いようですが、大変に消極的な方法ともいえましょう。家庭によびかけ、どんな遊びをしたら危険なのか、どのようにしたら危険から守ることができるのか積極的な実践体験が望まれます（浅瀬の状態を知る方法、流れを知る方法、深さを調べる方法など）。

　　○自然物（葉）で作る舟などの伝承的な遊びをとり入れていきます。

〈水鉄砲遊び〉

① 環境設定

　　○既製の水鉄砲や、先生の手作りの水鉄砲を用意します。
　　○マヨネーズや、シャンプーの空き容器で作った水鉄砲も用意します。
　　○的になる物（空き缶、ボール、その他）を用意します。
　　○水を入れるバケツを用意します。

② 内　容

　　○既製の水鉄砲は、水鉄砲遊びに興味や関心をもたせるために導入的にあつかってもよいでしょう。マヨネーズや、シャンプーの空き容器でも十分に間にあいます。

　　○全員の持ってきた空き容器の半数ほどに穴をあけ、とばしっこや、的あてを楽しませます。残った半分の容器は、穴の大きさや、容器の大小などに疑問を感じたりする子のために使います。

　　○的あてだけにあきたらず、水かけっこへと発展するので、はだかにしてさせましょう。

③ 配　慮

　　○容器の中はよく洗ってから使います。
　　○水かけっこや、水かけ鬼

ごっこへと発展した遊びになりますが、わざと目や耳に水をかけてはいけないことを注意しておきます。

実践例① 水鉄砲遊び

○子どもの実態

　4歳児、6月下旬、入園当初の個人的活動。保育者のそばにまとわりついての活動から徐々にグループでの活動する姿や、保育者の指示にも理解を示す行動がとれるようになってきました。しかし、まだまだ集団生活の中で、友達と一緒に遊ぶ本当の楽しさを感じとるまではいたっていず、ほんのささいな現象でも登園を拒止する子の出現も多い時期でもあります。

　梅雨期ということもあり、あまり戸外での活動もできないこの時期ですが気温はもう夏を感じさせる日もあります。雨あがりの日には水たまりに入って遊んでいる姿も見られます。水を求めた遊びの展開をよろこぶ季節ですので、よく晴れた日を選んで「水鉄砲遊び」をしてより友達関係の深まりをと考えます。

○具体的なねらい

- 爽快感(そうかい)を満喫し、身体活動を楽しむ。
- 友達と一緒の遊びをしながら友達関係を深める。
- 遊びの工夫を楽しむ。
- ぬれた身体を拭く基本的生活習慣を身につける。
- 遊びの中にルールを決め、そのルールを守るような行動を心がける。
- 遊んだ遊具は大切にあつかい、遊び終わったら所定の場にかたづける。

○具体的な内容

- どのようにしたら強く水が出るのかを友達と考え合いながら語り合う。
- 身体がぬれることを楽しんで遊ぶ。
- 友達と共通の楽しさの中で遊ぶ。

○環境の構成

- よく晴れている日、子どもたち各々が園庭で遊んでいます。保育者は自分で用意したマヨネーズの空容器に水を入れ、さりげなく水とばしを楽しんでいる姿を見せます。「先生、何しているの?」すぐに子どもたち3～4人が集まってきました。「やらせて」とすぐに参加したがります。

● 「皆んなで遊ぶにはもっと容器がほしいわね。お母さんにお願いする手紙を書いてあげましょう。」この遊びの具体的内容や教育のねらいを親にもよく感じとれるような楽しい「お願いの手紙」を出して協力を求めます。

幼児の活動する姿と保育者の援助

- 子どもたちは持ちよった空容器で遊んでいます。着ている服もいつもの姿なので、「先生、こんなに濡れちゃった！」などと楽しそうに話しかけてきます。服だけでなく、くつまでもビッショリではありませんか。
- 「○○ちゃんとても楽しそうだけど、洋服やくつを濡らさないようにしたら」と声をかけました。すると「いいんだもん」といって走り出して行ってしまいました。
- この遊びも一段落して保育室に入ってきてとてもこまった表情をしています。「どうしたの？」と保育者が声をかけましたら「きもち悪い！」

- この水鉄砲遊びをするときには、どのような注意をして遊んだらよいのかを子どもたちと話しあってみました。
- まず衣服を濡らさないようにするには？
「はだかになってすれば……」
「あまり服にはかけないようにする」
などの声。

- そこで、保育者は「こんな遊び方」もあることを、さりげない表現をして、子どもたちに興味をもたせました。
- 「だれが一番遠くへとばせるかな？」
- 「これを倒すことが出来るかな？」といいながら、水鉄砲の空容器を立ててみました。
- 倒す対象物を、子どもたち自身いろいろと発見し、試みています。

- とても楽しく遊んでいますが、次の遊びに移行するとき、そのへんの所に空容器をポイ、園庭のあちらこちらに無残な姿、2～3分たっても、子どもたちはそのことに気づきません。
- 保育者が拾い集めている姿を見て子どもたちも協力してくれました。その日から遊んだ後は「このダンボール箱へ」のルールができ、後片づけをするようになりました。

- 集まった容器を収納する箱を用意しておきます。
- 水をためておく「ビニールプール」や「たらい」などを園庭に出しておきます。

〈その他の水遊び〉

「色水遊び」「シャボン玉」「洗たくごっこ」なども、直接的に運動遊びとは関連はありませんが、"水に親しむ"活動として体験させておくとよいでしょう。

また「シャワー作り」（空き缶にたくさんの穴を開け、高いところにつるして、水を通して遊ぶ）、「ヤカンやジョーロ遊び」（ヤカンやジョーロを使って、園庭に絵をかいたり、線を引いたりして遊ばせる）、「ホース遊び」（ホースの先をつまんで、だれが一番水を遠くまで飛ばせるか、また、水にかからないように逃げられるかを楽しませる）などは、園庭の環境によっては体験させることをすすめます。

(2) プール施設を使っての水遊び

○「水遊び」から「泳ぐ」までの指導のポイント

水深が10～30cmほどの浅さのときには、あまり不安な表情をみせなかった子どもたちも、水深が増すにつれてプール活動への参加を渋る子が出てきます。「先生、熱があるから」「先生、ケガをしてるの」「お母さんが今日は入らないようにだって」等々いろいろと理由をつけてきます。

健康上の理由は、親とよく連絡をとることが大切で、参加カード（別図）を作るのもよいでしょう。また、子どもの精神的な不安感は、保育者があせらず、どうして嫌がるのか、その原因を見きわめることが重要です。過去に怖い体験をしたか、親の養育態度からくるものなのかなどを調べます。

○プールの中に入れたら

ある程度の深さのあるプールに入ることができたら、一応だれでももっている"不安感"を徐々にとりのぞいてやる必要があります。

① プールサイドにつかまっての活動（陸に近いところで）→② 浮輪に入ったり、つかまっての活動→③ 友達につかまったり、保

プール参加カード
組　幼児名

月	日	参加・不参加（不参加の場合その理由）	印
6	25	参加します	
6	26	不参加　熱（38度）が高いため	

115

育者と手をつないだりする活動——④ 何も使わないでの活動。このように、プールサイドに近いところでの活動から、徐々に、中央での活動へと移行させていく。

○ **プールに入る直前に水をかける**

　事前にシャワーで全身を洗わせるが、プールに入る直前に、胸や顔に水をかけてみる。

「さあ、水をかけられても平気になったかな、だれが頑張れるかな」などと声をかけながら、一人ひとりに水をすくってかけてみます。このことは、一人ひとりの精神状態を知ることができ、プール内での接し方に参考となるもので。

○ **声をかけ、スキンシップを**

　子どもたちが明るい表情で楽しく活動している場合は、やたらと声を出す必要はありませんが、水深が深くなり、不安感を抱くようになったら、先生は絶えず声を出し、子どものからだを支えたり、手を取ったり、背をたたいたりのスキンシップで励まし、保育者の存在を認識させ安心感をもたせるようにします。静けさは、より大きな不安感を子どもに与えてしまいます。

○ **時には能力別に**

　"泳ぐ"ことができるようにするためには、顔を水につける、もぐることができる、などのように、子どもにとっては大変に勇気のいる活動が入っています。普段の保育で活発な子が必ずしも水中活動も活発とはいえません。あまり目立たないような子がこのような活動のときに頑張りを発揮したりするものです。

　"もぐる活動"を指導する場合には、多少顔を水につけられるグループ、もぐ

ることが積極的にできるグループを、子どもには感じとられないように配慮しながら、「○○君はAグループ、○○ちゃんはBグループ」などとその場でグループ分けをします。始めに「よくもぐれるグループ」をさせ、他のグループの子には見せおくと、積極的にとりくもうとする態度が多く表れてきます。

① 水に馴れ親しむために（プール活動）

〈表現遊び〉

〔遊ばせ方と配慮〕

- 水深を20cm程度にします。
- プールに入る前に「どんな動物になろうか？」を話し合っておきます。
- はじめは、同じ動物を取り上げ、一斉にまねをさせます。
- 3～4種の表現をしたら、その後は自由に、それぞれのイメージで活動させます。
- 笛の合図で一斉にやめる約束をします。

〈ボール送り（1）〉

〔遊ばせ方と配慮〕

- 水深20～30cmほどにします。
- ビーチボール2～3個を用意します。
- 子どもたちをいくつかのグループ（1グループは6人ほどとする）に分けます。
- 先生の合図で、ボールに水をかけながら、待っている子のほうに送っていきます。

●手で押してはいけません。

〈ボール送り (2)〉

〔遊ばせ方と配慮〕

- 水深30～50cmとします。
- 子どもたちを40～50cmほどの間をあけて並ばせます。
- ビーチボールを股間からうしろの子にリレーします。
- ボールを沈めるようにします。小さな子は、からだが浮いてしまう状態となり、転ぶこともあるので、手を添えるなどをしてあげます。

〈水中サッカー〉

〔遊ばせ方と配慮〕

- 水深は30～50cmとします。
- 子どもたちを2つのグループに分けます。
- ゴールはプールの隅とし、早く、ゴールに当てたほうを勝ちとします。

2．運動に関する指導

- 手や足でボールに触れてはいけないことにします。
- 前衛や後衛を決め、ボールを独占しないようにします。
- ボール以外（まわりの子たち）にやたらと水をかけないようにします。

〈どっちが早いか〉

〔遊ばせ方と配慮〕

- 水深は30〜50cmとします。子どもたちを二つのグループに分けます。それぞれのグループから3〜4人交代で出し、先生の合図で中央に浮かしたボールや、浮輪を取りに行き、自分の陣に持ち込みます。
- 乱暴な行為をしないように注意しましょう。

② 水中活動（もぐる）ができるように

〈宝さがし〉

〔遊ばせ方と配慮〕

- 水深は40〜50cmぐらいにします。
- 水に馴れ親しませる活動を十分にしたあとなので、顔がぬれることには平気になっている子が多いので、「顔を水の中に入れられるかな」と声をかけ、できそうな子にやらせてみます。
- 2人1組にし、交代させます。
- もぐる呼吸のコツを覚えたら、「おはじき」「碁石」などを入れ、取らせます（目があくようにするために）。

第3章 幼児の健康指導の実際

〈水中ジャンケン〉

〔遊ばせ方と配慮〕
- 水深40〜50 cmぐらいにします。
- 2人1組とし、先生の合図で水中にしゃがみます。
- 「ニラメッコしましょう」が馴れたら、ジャンケンをさせます。

- ほんのわずかな時間であったり、十分に水中にもぐらなくても、やってみようという態度があったら励ましたり、認めたりしてあげます。

〈棒くぐり〉

〔遊ばせ方と配慮〕
- 水深50〜60cmとします。
- 棒（3cm角または竹の棒を用意）1本。
- 子どもの手をとり、先生の合図でもぐり、くぐりぬけます。
- 先生は、子どもの手を持ち、引きよせるようにします。
- 十分にもぐれない子には、助手の先生が棒を上げ、ぶつからないようにします。

〈浮き輪くぐり〉

〔遊ばせ方と配慮〕
- 水深50〜60cmぐらいにします。
- 水面に浮き輪を数個浮かばせておきます。
- 3〜4人のグループで交代にさせてみます。
- 目を開けていないと輪の中に入れないことを感じとらせます。
- 浮き輪を手で持ち上げてから顔を入れる子もいますが、むりにもぐらせないようにします。

③　泳ぎに関心をもたせるために

〈バタ足の練習〉

　子どもたちは、プールでの水遊びから、「泳ぐ」という活動に自然と興味や関心が高まってくるものです。次の図は、「バタ足」の基本的な練習を示したものですが、この「バタ足」の練習の必要性は、泳ぎに自信のある保育者が、バタ足だけ

第3章　幼児の健康指導の実際

で泳ぐようすを見せ、子どもなりに感じさせるようにすることが重要でしょう。
　そして、深くなると浅いところで遊んでいたときとは異なった心理状態になり、不安感を増してくるので、プールサイドから、徐々にプール中央の活動へと移行させていくとよいでしょう。このとき、保育者は、たえず子どものようすを観察し、がんばりと自信をもつよう言葉かけや、スキンシップを忘れてはならないことは前に記したとおりです。

〈バタ足の練習のいろいろ〉

2．運動に関する指導

ⓓ 棒につかまらせ、その棒を前方へ移動させる

ⓔ 両腕を耳をふさぐように伸ばし、手を上向きにくませ、目は足を見るくらいにする

〈じょうずに立てるかな〉
● 水中活動で「立つ」ということは以外とむずかしく、あわててしまうことにより危険な状態となることが多いので、この練習をすることも大切なことです。

① 伸ばした両足のひざをまげる
② 両手で水を下に強く押しつけるようにする
③ 両足が底についたら立ちあがる

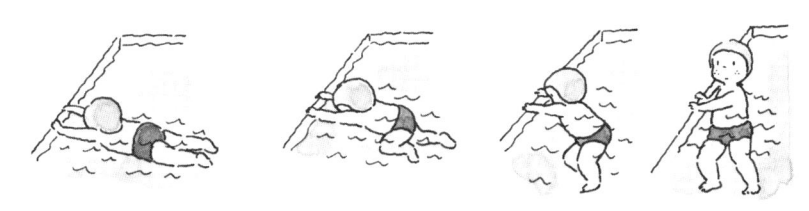

実践例② プールで泳ごう

● 子どもの実態

5歳児、7月上旬、すっかり夏を感じさせる太陽のまぶしさを感じる日、子どもたちは「先生プールで泳ごうよ！」とプール活動を催促してきます。6月末にした「プール開き」の行事後は、いつでもプール活動ができるようにと毎日水着を園に持ってきています。ですから子どもたちは晴れていればプールに入って遊ぶものと思っているのでしょう。昨年年中時代のプール活動の楽しさを体験して

いますし、子どもたち同士でも「泳ぎ」についての話題も多いようです。スイミング教室に通う子も多い時代ですし、その子らから、どんな泳ぎがあるのかを皆の前でひき出してみますと、どの子も大変興味をもって聞いている様子です。このように、他児の体験や、行動によって"自分もやってみよう"とする動機づけの強さを感じるようになっています。

○具体的なねらい
- 暑い日が続くと、とかく全身活動がにぶりがちとなるので、プールでの水中活動をとおして、全身運動を楽しむ。
- 水深のちがいにより、楽しさや、こわさを感じる。
- 泳ぐための新しい発見を感じとり、自分なりに工夫したり、挑戦しようとする気持ちを引き出す。
- 自分にはできない他児の行動を認める気持ちをもつ。

○具体的な内容
- いろいろな泳ぎの表現を楽しんで遊ぶ。
- 顔を水面につけたり、もぐることをしてみる。
- 友達と裸になって共通の遊びを十分に楽しむ。
- 魚や動物などの泳ぎを考えてみる。

○環境の構成
- 保育室の中に、魚や動物などの生態図鑑を、子どもたちの目にふれやすいように置いておきます。
- プールの水温調べをする保育者の行動が自分たちがプールに入れるかどうかを調べてくれているということへの意識となるようにします。
- 子どもたちの不安とならないような水深(ひざ下くらいの深さ)から始めます。
- ビーチボール、浮き輪、宝さがし用のおはじき、沈むブロック、水くぐりのフープ、スベリ台となるような板など、水中活動を楽しめるいろいろな物を用意しておきます。
- プール活動後の水着の脱衣所(まわりがぬれないように)、廊下がぬれないように足ふき場所(布雑布、マットレスを敷いておく)をきめておきます。

2．運動に関する指導

幼児の活動する姿と保育者の援助

- ・「今日はプール遊びをしようか？」
とてもよく晴れた暑い日です。
「先生、泳ごうよ！」の子どもたちの声。
- ・保育者は「そうしようか！」といいながら、子どもたちの前で服を脱ぎ始めました。びっくりして見ている子どもたち、保育者はすでに水着になっています。
「先生ずるいや」といいながらもとてもうれしそう。早速子どもたちもどんどんと水着に着替え始めます。

- ・「今日、プールに入れない子いる」僕、私と2～3人はいるものです。頭がいたい、ちょっと風邪をひいている、お田さんが今日はプールに入ってはいけないって、などの理由がありますが、保育者は普段の子どもたちのようすから正しく判断することが大切です。本当に病気なのか、本人の精神的な問題なのかを。

- ・プールに入る用意が出来ましたら、園庭に出ます。
幼児は、このプール活動に入る前にすでに身体を使った遊びを十分にしていますので、泳ぐための準備運動は必要のないことですが、一応プールに入る前の習慣として園庭を走ったり、腕や脚を動かす運動を全員でします。

- ・シャワー、尻の消毒を済ませてからいよいよプールに入ります。狭いプール（3m×6m×1.2m）なので10～15人のグループに分けて入ります。水深の浅いとき（50cm前後）は子どもたちの自由な活動としますが、水深が80cm前後になったときには保育者がいろいろな活動を用意し、特に悪ふざけをしないよう（水の事故のこわさを知らせる）に注意します。

- ・プールに入れない子にも、プール遊びの楽しさを感じとってもらえるようにプールサイドにいてもらい、その子の表情の変化に気くばりをします。

6） 幼児期にふさわしい運動会のあり方

(1) 幼児期の運動会とは……

年に一度、地域の人々が弁当や菓子などを持って広場に集まり、力自慢、足自

慢、腕自慢、のど自慢……を競い合い、楽しみ合って親睦を深め合い、楽しい一日を過ごす機会、一種の「お祭り」というものが運動会のいわれであるという話を耳にしたことがあります。この話には興味深いものがあります。なぜなら、この集いに参加する人々は、参加することに大きな喜びを求め、練習なしのぶつつけ本番でも、心ゆくまで楽しむことができたのでは……と推察できるし、また幼児期の運動会を模索していくうえでのヒントを多く含みもっていると考えます。

さて幼児を対象とする運動会は、いわゆる園行事のイメージが強く、小・中・高校などの運動会とは性格を異にする集いです。いいかえれば小学校以上の運動会のコピーではなく、"幼児特有の運動会づくり"が実践されてなくてはなりません。このことは運動会の対象が幼児であるという性質からしても当然のことといえます。

(2) 運動会の内容は……

運動会の内容を具体化していく糸口は日常の保育実践の積みあげのなかにあると考えます。これは幼児期の運動会運営の基本的な考え方だからです。

なぜなら、日ごろから運動遊びや集団遊びを豊富に経験させることで、子どもたちはしだいに楽しい遊び方やいろいろな動き、方法などを自分たちで考えるようになっていきます。また、そこで生まれた発想や工夫などをできるだけ生かすようにすることが、子どもたちの参加意欲を高めることにもつながります。

こうしたことを考慮して、大半の園では運動会を年間計画の中に位置づけ、運動会に向けての対策を4月からスタートさせていることと思います。

運動会を検討する際には、4月からの運動遊びに取り組む子どもたちの年齢に見合った動きと育ちの中に、運動会の内容を決める鍵があることに留意しながらのプラン作りを考えたいものです。

(3) 運動会の計画は4月から

さて、どこの園にも1年という時間的な単位で区切った計画、年間指導計画があると思います。この計画は、1年間という長期的な見通しに基づいて、1年のなかのどの時期にどんな内容の生活体験を深めたらいいかをあらかじめ検討されなければならないものです。

この計画に従って運動会を考えるならば、運動会に向かっての生活は、4月か

らスタートしているといってよいでしょう。なぜならば、運動会の計画立案の際のポイントは、①子どもの心身の発達の程度を考慮して、無理のない計画にする、②保育目標にそった望ましい内容を検討し、1年間のどの時期に行うかを決める、であり、この立案のポイントが年間計画立案のポイントでもあるからです。したがって運動会の種目につながる運動遊びの数々が、4月からの指導計画のなかに位置づけ、かつ、日常保育と深くかかわりある実践の積みあげのなかから生まれるものであってほしいと願うゆえんもここにあるといえます。

　幼児期の運動会の主役は子どもたちです。その主役を支えるのは、子どもたちと直接にかかわりあいをもつ保育者の指導性と計画、準備、あるいは当日の運営にかかわりあいをもってくれる親の協力と参加です。

　そのためにも日ごろから、運動遊びに取り組む幼児の姿を家庭に伝え、理解を求める努力をするとともに、年齢に見合った運動遊びへの取り組みをどう考えるかが、運動会の運営上きわめて重要な鍵になることを十分に知ってほしいものです。

(4) 運動会は総合的な活動

　幼児期の運動会は、日ごろの運動的な遊びや活動をまとめて楽しみ合う機会であるとともに、幼児の育ちの姿を理解してもらう機会でもあります。と同時に、集団行動の決まりを知って協力したり、努力したりすることを、実際の行動を通して身につけるよい機会でもあります。

　それゆえに運動会は、運動分野にとどまらず、他分野との関連を意識しながら育ち合う姿をしっかりと受けとめる指導が望まれるところであり、この点に運動会が総合的な活動として成り立つにふさわしい内容を兼ね備えていると考えられます。

　したがって運動会の計画やその展開にあたっては、「見せるため」の種目を並べたり、幼児の興味や体力を無視した練習に明け暮れるのではなく、運動会が総合的な活動に留意しながら、一方では社会生活に必要な望ましい習慣や態度の育成の機会でもあるとの理解にたった、運動会のあり方が求められます。

(5) 運動会のもち方

　澄みきった空の下、子どもたち全員とその家族、そしてその他、園をとりまく

大勢の人々が集い、楽しい1日を過ごす運動会は、1年中で一番の大行事であり、子どもたちにとっても最も楽しみな行事の1つであるといえます。

それゆえに、いきとどいた計画のもと、一人ひとりの子どもたちが心から参加できるよう、教育的にも意義深い会のもち方が望まれます。

●幼児期の運動会は　幼児を対象とする運動会は、いわゆる学校行事のイメージが強い運動会とは性格を異にする集いであると考えます。

①　全体の所要時間は3〜4時間

幼児の体力や興味の持続、天候やからだ、心の疲労など考えると、運動会全体の所要時間の範囲は、通常の園生活時間内が望まれます。

②　参加する楽しさを知る機会

幼児期の運動会は、運動をしたり、見たりすることの楽しさを知る機会でもあります。運動会はともすると見せる運動会になりやすいのですが、見せることよりも、参加するみんながともに楽しめる会となるように心掛けましょう。特にお父さんやお母さんに出場してもらうことは、園に対する参加感を強め、家庭との信頼関係を深めることにもなります。

③　自信をもたせる大切な機会

運動会は、今までに身につけたことがらをみんなの前でためす緊張の場であり、緊張を克服して"自分にもできる"という自信をもたせるのに大切な1つの機会でもあります。

④　無理なく取り組める種目選びを

幼児の種目は、練習量の多いもの、危険の伴いやすいもの、ルールの複雑なものは避け、みんなが楽しく、興味をもってできる運動を選ぶようにしたいものです。

⑤　運動嫌いにさせない心配を

いろいろな運動で競争しあうことも楽しいことですが、個人の競争種目が多くなると、劣っている子に劣等感をもたせ、運動に対して消極的な態度をつくらせないとも限りません。運動会が運動好きでない子や不得意な子の動機づけの機会にならないように、気をつけたいものです。

⑥　着順よりも成就感を

運動会となると、つい1位、2位と順位がつくものが多くなりがちですが、幼児期は着順よりも"ルールの必要性""仲間との協力""はげましや思いやる気持ち""がんばり"……、そして"成就感"などのほうを大切に育てるようにしましょう。

⑦ 一人でも多くの親が参加できる態度づくりを……

幼児期の運動会とは、園と家族と子どもを中心に、みんなで楽しむ会であります。そのためには、事前の準備や当日の運営などに一人でも多くの親が参加できる態勢づくりを考え、運動会が園庭との連携を深めるよい機会の1つになるように心掛けましょう。

⑧ 日ごろの運動的な遊びを中心に

要は幼児期の運動会とは、日ごろの運動的な遊びや活動をまとめて楽しみ合い、幼児の育ちの姿を理解してもらう機会であると同時に、運動を通して、参加する人々が楽しい1日を過ごすときでもあります。したがって、子どもたちに必要以上の心身の負担があってはならないし、また、立派に見せようとするあまりの過重な練習も考えものであるといえます。

⑨ 幼児期なりの独特の運動会を

幼稚園や保育所の運動会が、行事としてのイメージから脱出し、幼児の発達やそれまでの日常の経験や活動に根ざしたなかから、幼児期なりの、もっと独特な運動会の内容が生まれることを望みたいものです。

(6) 親の参加

幼児期の運動会は、親と子と先生が一緒になって、いろいろな動きを伴う運動遊びを楽しむ姿のなかに、他では見られない特色があります。しかも準備の段階から当日の運営にいたるまでと……。このように考えると幼児期の運動会は、まさに親の理解と協力に支えられながらの会といえます。

また、こうした幼児期の運動会がもつ意味を家庭でも理解してもらえる努力をする必要があると思います。

具体的には、運動会の計画や練習予定を知らせるおたよりを発行し、家庭でも運動会を話題にしてくれるよう働きかけをして、主役である子どもたちの気持ちを盛り上げていくなども、運動会の啓蒙活動の1つといえましょう。

第3章　幼児の健康指導の実際

運動会の種目ができるまで ①

	4月	5月

● 鬼遊び
- 追いかけ鬼（3〜4歳）
  先生や友だちを追いかける
- 手つなぎ鬼（4〜5歳）
  ・保育者や友だちと一緒に
- 子ふやし鬼（5歳）
- 狼さん、今なん時（4〜5歳）
- 引越し鬼（5歳）
  ・合図によって動く
- ひょうたん鬼（5歳）
- ドロケイ（5歳）
  ・前年度年長児の刺激を受けて

● 鬼遊び
- 手つなぎ鬼
- 子ふやし鬼
- 狼さん、今なん時（3〜5歳）
  ・3歳児クラスの子どもたちも遊びはじめる
- ドロケイ（4〜5歳）
  ・年長児の遊びを見ながらまねはじめる
- 陣とり（5歳）

● 伝承遊び
- はないちもんめ（4〜5歳）
- かごめかごめ（4〜5歳）
- あぶくたった
- ロンドン橋

● ゲーム遊び
- はじめの一歩（5歳）
- ウルトラクイズ（4〜5歳）
- ○△□（4歳）
- 椅子とりゲーム（4〜5歳）

● 新聞紙遊び
- 細くちぎる（3〜4歳）
  ・紙ふぶきにして遊ぶ
- 新聞紙ボール（3〜5歳）
  ・ビニール袋に入ったボールをける、投げる、うつなど
- 新聞紙棒（5歳）
  ・ちゃんばら遊び、ひっぱる、投げあげる、うつなど

落合優・渡辺眞一他編
0〜5歳児
生活のなかの運動あそび120
（フレーベル館，1989）

● ダンボール箱を使って
- お風呂ごっこ（3〜4歳）
- 電車ごっこ（4〜5歳）
- かくれんぼ（3〜4歳）

2．運動に関する指導

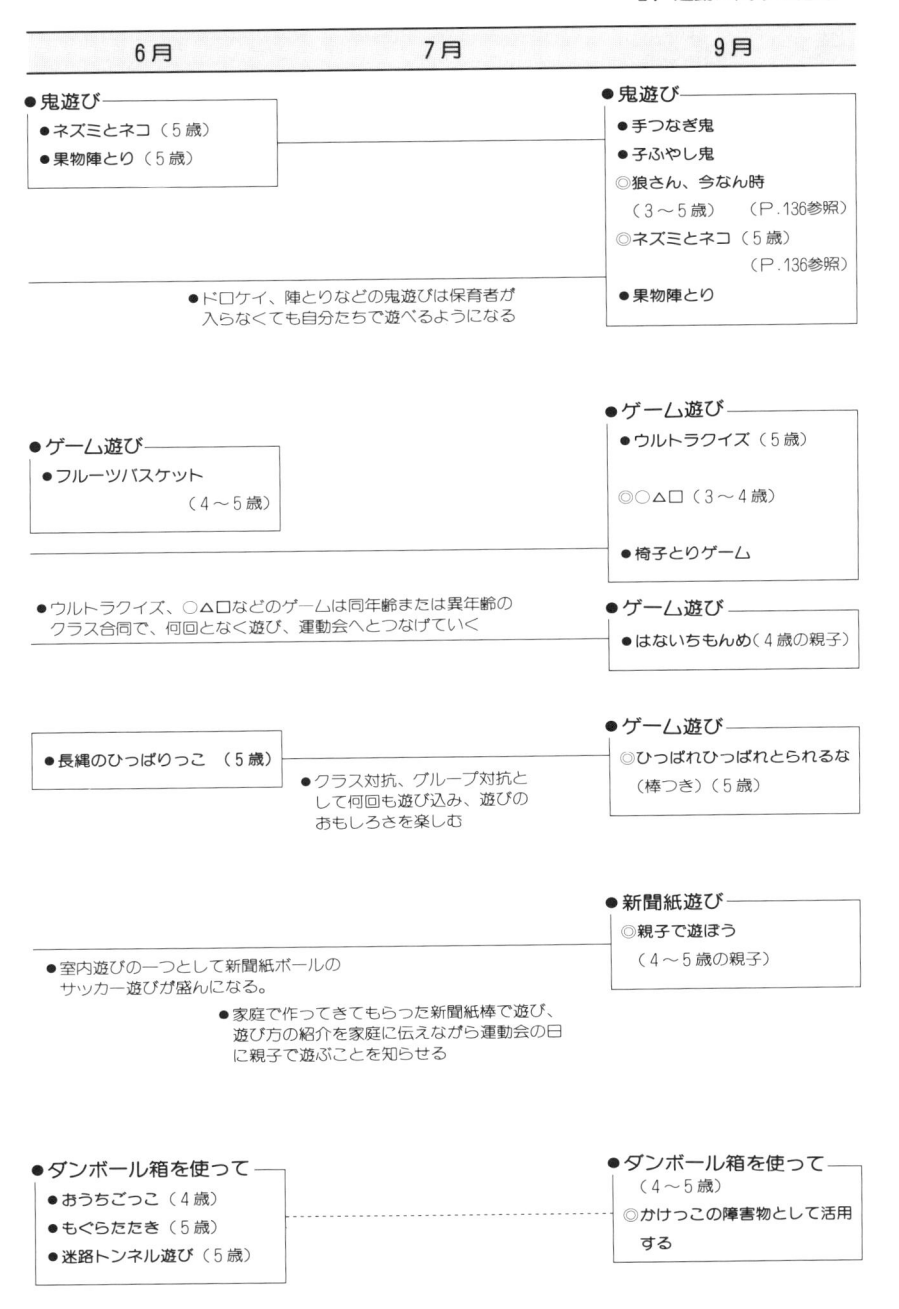

6月	7月	9月

● 鬼遊び
- ● ネズミとネコ（5歳）
- ● 果物陣とり（5歳）

● 鬼遊び
- ● 手つなぎ鬼
- ● 子ふやし鬼
- ◎ 狼さん、今なん時
  （3〜5歳）　（P.136参照）
- ◎ ネズミとネコ（5歳）
  　　　　　（P.136参照）
- ● 果物陣とり

● ドロケイ、陣とりなどの鬼遊びは保育者が入らなくても自分たちで遊べるようになる

● ゲーム遊び
- ● フルーツバスケット
  　　　　　（4〜5歳）

● ゲーム遊び
- ● ウルトラクイズ（5歳）
- ◎ ○△□（3〜4歳）
- ● 椅子とりゲーム

● ウルトラクイズ、○△□などのゲームは同年齢または異年齢の
クラス合同で、何回となく遊び、運動会へとつなげていく

● ゲーム遊び
- ● はないちもんめ（4歳の親子）

● 長縄のひっぱりっこ（5歳）

● クラス対抗、グループ対抗として何回も遊び込み、遊びのおもしろさを楽しむ

● ゲーム遊び
- ◎ ひっぱれひっぱれとられるな
  （棒つき）（5歳）

● 室内遊びの一つとして新聞紙ボールの
サッカー遊びが盛んになる。

● 家庭で作ってきてもらった新聞紙棒で遊び、遊び方の紹介を家庭に伝えながら運動会の日に親子で遊ぶことを知らせる

● 新聞紙遊び
- ◎ 親子で遊ぼう
  （4〜5歳の親子）

● ダンボール箱を使って
- ● おうちごっこ（4歳）
- ● もぐらたたき（5歳）
- ● 迷路トンネル遊び（5歳）

● ダンボール箱を使って
  （4〜5歳）
- ◎ かけっこの障害物として活用する

第3章　幼児の健康指導の実際

運動会の種目ができるまで ②

	4月	5月

- マット、技巧台で遊ぶ
  - マット遊び
    - ころがって遊ぶ（3〜5歳）
    - すもうごっこをする（3〜5歳）
    - まるめたマットのうえを歩く（4〜5歳）
    - まるめたマットを連続してとぶ（5歳）
  - 技巧台遊び
    - ワクくぐり競争
    - はしごくぐり
    - はしをわたる
      ぶらさがってわたる
      はしのうえを歩いてわたる
    - よじのぼり、とびおりるなど

- 移動遊具を使って
  - 三輪車（3〜5歳）
  - 手押し車（3〜5歳）
  - スクーター（3〜5歳）
  - 慣れてきたら

- 移動遊具を使って
  - 旗の周りをまわって帰り次の子どもと交替する

- 走る
  - 追いかけっこ（3〜5歳）
  - 目標物まで走る（3〜5歳）
    - 目標にタッチして戻り（5歳）次の子どもにタッチする。
  - こいのぼりをもって走る（3〜4歳）

- 走る
  - 「ヨーイドン」の合図で走る（3〜4歳）
  - 直線のバトンリレーをする（5歳）

- ボール遊び
  - けって遊ぶ（5歳）
  - 円形ドッジボールをする（5歳）

- ボール遊び
  - 投げて遊ぶ（4歳）
  - ついてとる（4歳）
  - けって遊ぶ（4歳）

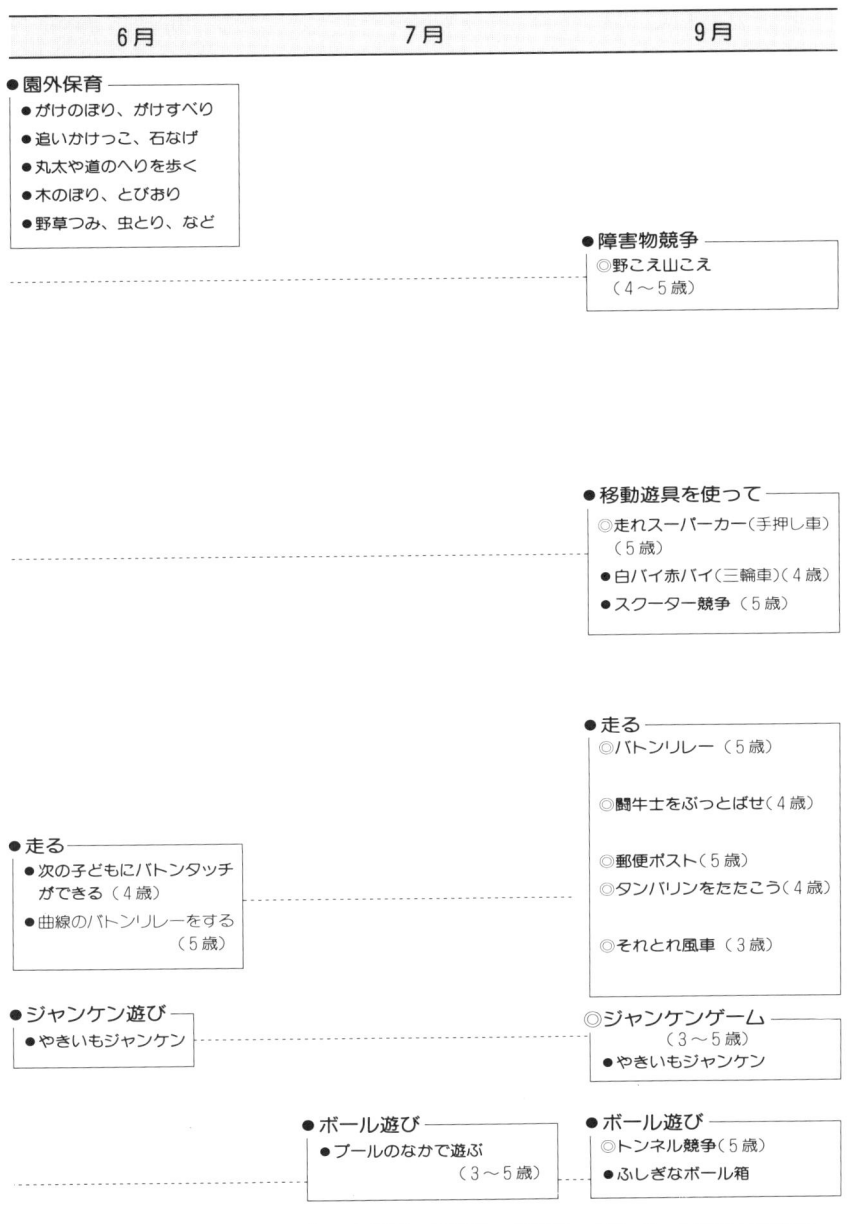

2. 運動に関する指導

6月	7月	9月

- ●園外保育
  - ●がけのぼり、がけすべり
  - ●追いかけっこ、石なげ
  - ●丸太や道のへりを歩く
  - ●木のぼり、とびおり
  - ●野草つみ、虫とり、など

- ●障害物競争
  - ◎野こえ山こえ
    （4～5歳）

- ●移動遊具を使って
  - ◎走れスーパーカー（手押し車）
    （5歳）
  - ●白バイ赤バイ（三輪車）（4歳）
  - ●スクーター競争（5歳）

- ●走る
  - ◎バトンリレー（5歳）
  - ◎闘牛士をぶっとばせ（4歳）
  - ◎郵便ポスト（5歳）
  - ◎タンバリンをたたこう（4歳）
  - ◎それとれ風車（3歳）

- ●走る
  - ●次の子どもにバトンタッチができる（4歳）
  - ●曲線のバトンリレーをする（5歳）

- ●ジャンケン遊び
  - ●やきいもジャンケン

- ◎ジャンケンゲーム
  （3～5歳）
  - ●やきいもジャンケン

- ●ボール遊び
  - ●プールのなかで遊ぶ
    （3～5歳）

- ●ボール遊び
  - ◎トンネル競争（5歳）
  - ●ふしぎなボール箱

- ●マット、とび箱、平均台、技巧台、ダンボール箱などを継続して遊びながら、年齢にふさわしい組み合わせを構成していく

133

運動会の当日は親は「お客さま」ではありません。園の一員として参加していただき、ともに楽しい一日を過ごしてもらう、その手だてを家庭との連携のなかでもしっかりと押さえておきたいものです。

(7) 運動会の種目ができるまで

図表①、②（p.130〜134）は日ごろの運動遊びを深めていきながら、子どもたちに無理のかからない運動会種目づくりへの取り組みの例です。◎印の活動（種目）は、運動会直前に運動会のために取り組んだ活動ではありません。

〈運動会の活動例〉

① 狼さん今なん時……言葉のかけ合いを楽しむ（3〜5歳）

○ **遊びのきっかけ**——友だち同士の遊びが楽しくなるころに保育者が狼役（狼のお面）、子どもたちは子ヤギ役になって遊びます。新学期当初には、なごやかなクラスづくりに適した遊びの1つといえます。また役割と役割のイメージをもって遊べる遊びといえます。

○ **遊びの姿**——いつでも遊べる鬼遊びで、特別な練習をしなくても、運動会の種目に組めます。狼につかまらないように近づき、そして逃げる、この単純な動きがおもしろいようです。

○ **保育者のかかわり**——動き回る範囲の安全を確認すると同時に、保育と子どもたちの言葉のかけ合いを十分楽しむよう心掛けたいものです。

② ネズミとネコ……逃げる楽しさを（5歳）

○ **遊びのきっかけ**——鬼遊びも遊びの種類がふえ、内容が高度化してくると、逃げる、つかまえる、といったものから、作戦をねり、仲間と連携して動いたり……と、頭脳プレーが出てくるようになります。また、グループで、時には他クラスとの対抗にもなり、大いに盛りあがる鬼遊びです。子どもたちのこの意欲を運動会の種目として考えてみました。

○ **遊びの姿**——「ネコとネズミ」の変形で、運動会用にアレンジしました。遊びのおもしろさを十分知り、堪能するくらいまで遊びこんでおくとよいでしょう。

○ **保育者のかかわり**——①陣地から陣地へと移動するときの保育者の遊びへの参加のしかたが、おもしろさを左右します。②子どもの人数が多すぎると、子ど

2．運動に関する指導

子　おおかみさん　今なんじ？
保　朝の9時
子　おおかみさん　今なんじ？
保　夕方の7時
子　おおかみさん　今なんじ？
保　夜の10時
子　おおかみさん　今なんじ？
保　夜中の12時！
　　子どもが家に逃げる
　　逃げる子をおおかみ（保）がつかまえる
　　赤組と白組と分かれ、交代してゲームをします。
　　つかまった子の数で勝負をきめます。

第 3 章　幼児の健康指導の実際

も同士で衝突するおそれがあるので注意しましょう。

1) ネズミのお面をかぶった子どもたち、ネコのお面をかぶった保育者、位置につく。（ネズミは一方の陣地に赤白のどちらかのチームが入り、残りのグループは待機場所にてまつ。ネズミにも保育者も1〜2名はいる）。
2) 司会の保育者が「ネーネーネーネーネンド！」と、ネのつくことぎをいくつかくりかえし、「ネーネーネーネーネコ！」と言う。
3) 「ネコ」の声で子どもたちは他方の陣地へと移動する。ネコ役の保育者は司会の周辺に待機していて、ネズミをつかまえる。
4) つかまえたネズミは司会者の両サイドにすわる。
5) 赤組、白組、別々にあそび、ネコにつかまった人数の少ないチームが勝ちとなる。

3．安全な生活や態度に関する指導

1） 交通安全の指導

　幼児の交通事故は、幼児の不慮の事故死の中の半数近くを占めており、幼児に対する交通安全指導の重要さを物語っています。幼児の交通事故を減少させるためには、幼児をとりまくおとなの側の安全に対する配慮と理解がたいせつであり、また幼児の生活する環境の整備が重要なことですが、それと同時に、幼児自身も自ら自分の安全を守る知識と行動を、身につけていくように指導することがたいせつになります。

　幼児が自分の安全を守ることの基本に、自分や他の人の生命のたいせつさを知り、すべての生き物の生命を尊重する心の育つことが願われます。

　ただ単に、交通事故から免れるための技術を習得するのではなく、自分の生命も、また人の生命も、全ての生命がかけがえのないものであり、大事にしなければならないという点を、常に知るよう指導していきたいものです。幼児の生命を守るという点からも、保育の中での交通安全教育はたいせつな場であり、今後さらに多くの時間をこれに使うことが望まれます。

　幼児の交通安全指導にあたって次のような方法が考えられます。

① 理論指導（お話を通しての交通安全知識の習得）

第3章　幼児の健康指導の実際

　　　　ⓐ交通ルールの習得　　保育者のお話、紙芝居、スライド、OHP、ビデオなどの利用、人形や車を使っての指導
　　　　ⓑ交通事故の理解　　　交通事故による死傷などの話から、交通事故の悲惨さを理解させる。またどんなときに交通事故が起こるかについて話す。
　　　　ⓒ生命の尊さの理解　　各人の生命の大事なことを理解させる。
　　②　行動を通しての指導
　　　　ⓐ交通ルールの実際指導　　園庭での指導
　　　　　　　　　　　　　　　　　遊びを通しての指導
　　　　　　　　　　　　　　　　　園外の場所へ行っての指導
　　　　ⓑバス、電車などの乗り方、降り方の指導
　　③　親への啓蒙活動
　　　　両親、特に母親の交通安全に対する理解と関心を深めてもらいます。
　　　　幼児の交通事故の現状と特徴をよく理解してもらい、これに対する各家庭の対策を考えてもらいます。

(1) **交通安全指導の実際**

　幼児に交通安全の指導をするにあたって、いったいどんな効果があるのだろうかと考えさせられます。

　これまでのところ、幼児に交通安全指導を行った場合と、しなかった場合の事故発生率をみるような研究は、ほとんど行われておりません。しかし、幼稚園、保育園に通っている幼児（園児）と、それ以外の家庭だけで育っている幼児（非園児）の交通事故死傷者率の比較をみることによって、園などで交通安全教育を受けている子と、家庭だけで育てられた子の差がわかるのではないかと思われます（図3-3）。

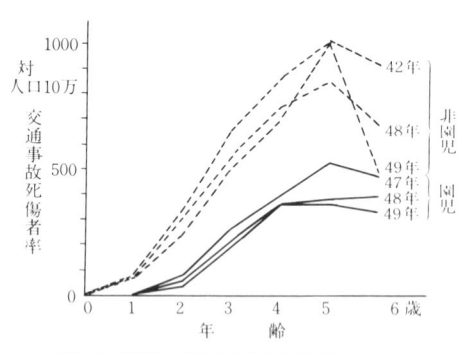

図3-3. 園児・非園児別交通事故死傷者率
　　　　（東京都）（広島清志）

3．安全な生活や態度に関する指導

　これによりますと、幼児の各年齢において、園児と非園児の交通事故死傷者率では、園児のほうが低い死傷率を示しています。このことからも幼稚園、保育園などでの交通安全指導が、幼児の交通事故の減少に役立っているのではないかと考えられます。

　幼児の保育にたずさわる者は、あらゆる機会を利用して、幼児の生命を守るために最大の努力をしていくことが必要です。それゆえ、幼稚園、保育園での交通安全指導が、幼児の交通事故死傷率を少しでも低下させるのであれば、このためにあらゆる努力をする必要があります。

(2)　幼児に対する交通ルール指導

　幼児の交通事故の原因別では、幼児のひとり歩きと、車道とび出しが最も多いということです。そこで幼児の交通安全指導の基本に、車の通る道路をひとりで歩かないという点を、よく指導する必要があります。車の通る道路を歩くときは、必ず、お母さんやおとなと手をつないで歩くことを徹底しましよう。

　手をつないで歩くということは、幼児側だけでなく、おとなの側、とくに母親の側で注意してもらうよう、折にふれて話してもらいます。また、子ども自身にもおとなとつないだ手を離さずに歩くことを、折にふれて注意します。

　身体的な練習では園庭に道路を設定し、お母さん役の子どもと2人で道路を歩く練習をします。お母さん役は道路の車の通る側、幼児は車の通らない側を歩くというふうにして、くりかえしくりかえし練習し、歩くときの基本を身につけさせます。

　横断するときは、右と左を見て、次に右を見て渡ることを練習させます。

　交差点では右折、左折してくる車のあることを考え、信号が青でも車のくるこ

第3章　幼児の健康指導の実際

とを話し、車のこないのを確かめてから、手をあげて渡るなどの横断の練習をさせます。また、道路を歩くときには遊ばずにまっすぐ道路のはしを歩くことも練習させておきます。

園庭に交差点のある道路を石灰などで書き、実際の練習をさせます。

道路へのとび出し事故は、道路にころがっていったボールやおもちゃを追いかけていき、事故にあうということが多くあります。幼児は、自分が今やろうとしていることだけ考え、他のことは目にも耳にも入らなくなります。とび出し事故をふせぐ練習も前述のように、園庭にかいた道路で練習します。道路にころがっていったボールをすぐに追いかけず、左右をよく確かめてからとりに行く。このとき自動車係を作って、右や左から間隔をおいて走ってきてもらい、自動車の通りすぎるのを待って出る練習をすると一層実際の場面に近くなり、生きた練習になります。

ここでは確実な一旦停止ができることと、左右の確認をしてからボールなどをとりにいくことを幼児にくりかえし習得させます。

次には園庭で練習したことを実地の練習として園外で練習することが必要です。園の近くの道路を使って歩く練習、信号の見方、車の確認などの実地練習の場として、往復の道を利用しましょう。

幼児にとっては、毎日の登園、降園のときがこれらの実際の場としてあるわけですから、今日じょうずに歩いてくることができたか、お母さんの手を離さずに

3．安全な生活や態度に関する指導

きたか、信号を自分でもきちんと確かめたかどうかをあいさつのあと確認し、降園の直前に、また、これらの交通ルールの確認をしてから降園させるというふうに、毎日の生活の中での交通安全指導も重要なことです。このように何回もの反復練習が、幼児に安全な行動を習得させることになります。幼児に対しては、この何度も何度もくどいほどの反復練習が必要です。

　園庭での交通ルールの練習や実地練習と同時に、幼児の身体を動かす能力や、すばやい判断力を養うこともたいせつなことです。幼児の運動能力の発達を促進させるには、保育の中に系統だった身体運動の時間を毎日一定時間とることが必要です。手、足を使う運動、身体全体を使う運動、自分の身体をじょうずに使う、協応性を含んだ運動、すなわちボール運動や、器械運動を中心とした幼児に適した運動をとり入れることが必要です。また、動きながら他への注意をはらい、常

第3章 幼児の健康指導の実際

にすばやい動きと、すばやい判断を要求される鬼遊び系統の運動は特にたいせつな運動です。これらの運動を行うと同時に運動遊びの中に、交通ルールをいれた遊びを作って行うのもよい方法の一つです。たとえば、鬼遊びの中に横断歩道や一旦停止の場を作ったり、ボール遊びの中に一時ストップを入れたり、いろいろ工夫することができます。

このように、種々の運動を保育の中にとり入れることによって、幼児の運動能力の発達を促進させ、身体を動かす能力を高め、幼児が自分の身体をすばやく適切に動かせるようにしていくことも、交通安全指導の一つです。

これらの指導を徹底的にやっても、幼児を交通事故から完全に守れるとはいいきれません。幼児はまだ周囲のおとなの保護を必要とする年齢ですから、幼児が自分自身で身を守るということはなかなかできるものではありません。幼児を交通事故から守るためには、どうしても幼児の保護者の注意がたいせつであるといえます。

自分の身近で交通事故の体験がないと、人は交通事故に対する関心がうすくなりがちなものです。そこで交通事故の恐ろしさと、悲惨さを保護者に知ってもらうための指導が必要です。

それには各地の警察・交通課、教育委員会の協力を得て、交通安全に関する話をしてもらったり、フィルムを借りるなどして、保護者に交通安全の理解と関心をもってもらうようにしましょう。

幼児の指導に力を入れても、保護者に対する交通安全指導の欠けているのは、片手落ちです。両者に対する指導があって初めて指導が生きてきます。

しかし、人の側の注意だけでも完全とはいえません。幼児をとりまく環境、特に、園児が登園・降園の際に利用する道路の状態をよく知ることがたいせつになります。

信号機や横断歩道、歩道橋、ガードレールなどが、必要と思える所に必ず設置されているかを確認したいものです。これらの交通安全施設の有無が、事故の発生には大きな影響を及ぼします。

1台の信号機が設置されることによって、死傷者数が表3-1のように減少することは驚くばかりです。

3．安全な生活や態度に関する指導

表 3-1．交通安全施設の効果（警察庁 1974）

	設置・改良前		設置・改良後		事故減少数			
	死者数	負傷者数	死者数	負傷者数	死者数	減少率	負傷者数	減少率
信号機の設置	55	1675	9	711	46	84%	964	58%
全赤及び歩行者用燈器増設	7	240	2	121	5	71	119	50
信号機の系統化	23	926	14	709	9	39	217	23

設置・改良前後の期間はそれぞれ6か月，歩行者事故のみ（児童発達の心理学より）

　人の側の交通安全教育と同時にこれらの道路の安全施設の設置についても、保護者と協力して考えていく必要があります。

　幼児の交通安全の指導は、以上のように幼児自身への交通安全の指導、保護者とりわけ母親に対する交通安全知識の理解と関心をもってもらう指導、環境の整備の3つからなりたっていることを考え、この3つの面を等しく進めていくことが、幼児を交通事故から守っていくことになります。

2） 危険な行動、取り扱い上注意すべき道具の指導

　幼児は身体的機能の発達が未熟です。そのため、身体全体に対する各部の均衡がとれていないので、不安定で転びやすい状態にあります。戸外活動のけがの多くが、転倒した結果であることをみても、それがいえます。

　また、いろいろな行動や運動の基礎としての精神発達の面でも、身体面同様に、十分には発達していません。そのため、好奇心がつよく興味や関心のあるものには夢中になるわりに、危険に対する注意力や判断力が欠けているので、まわりのことに注意が欠けがちで、けがや事故につながりやすいなどがあげられます。

　このように、心身両面にわたって未発達の幼児だけに、安全な生活を送るためには、身につけなければならない習慣や態度の指導が各方面から考えられなければならないのです。それとともに、環境の整備や管理についても十分安全に留意し適切に行われなければなりません。

(1) 危険な行動と施設との関係

　幼稚園のような施設は、本来安全には十分留意してつくられています。たとえば固定遊具一つみても、幼児の身体的条件に適応できるように設計・設置されて

います。本来遊具は、安全かつ効果的に利用できるようにバランスを考えて配置されるものです。

　しかし、すべり台の上で幼児同士がふざけっこしたり、他の幼児のすべるじゃまをしたりする幼児がいれば、落下や転倒によるけがをふせぐことはできません。ぶらんこに乗って遊んでいる子どものところへころがり込んだボールを追いかけてきた幼児がいれば、どちらかがけがをするのは当然です。

　この場合、すべり台上には手すりがあり、ぶらんこのまわりに安全柵があっても、また、ぶらんこが園庭の隅にあって、ボール遊びをするのに直接邪魔にならなくても起こるのです。

　このように、けがなどが起こる原因を調べてみると、施設上の欠陥や管理上の手落ちによるケースよりも、幼児自身の行動の内容に起因していることのほうが多くあるのです。

(2)　危険な行動を起こしやすいタイプの幼児

　危険な行動を起こしやすいタイプの幼児の実態をみてみると、つぎのような特徴があげられます。

① 　積極的な身体活動の経験が少なく、動作が緩慢で、運動能力も低い。
　　そのため、たとえば下肢が弱く転びやすいとか、からだが固いなどの傾向があります。

3．安全な生活や態度に関する指導

② 運動能力に問題はないが、注意散漫で自己統制力に欠けている。
そのため、少しもじっとしていない、あきっぽい、衝動的な行動をとるなどの傾向があります。
③ 理解力や判断の正確さなどに欠ける。
そのため、きまりを守らない、自分勝手をする、適応が遅いなどの傾向があります。

このような傾向が、はたしてどのようにして生ずるかを正確に知ることは、なかなかむずかしいことです。たとえば、両親の養育態度やしつけの型が強く影響しているかもしれないし、身体発達上の問題から起こったことかもしれません。根本的な解決は、このようないろいろな原因の追及に待たなければならないことが多いでしょう。

しかし、対症的に、それぞれの行動などに応じて指導のしかたを考えることも、有効な方法です。

たとえば、このようなタイプの幼児は、もっとも解放された状態となる〈自由活動〉時に危険な行動を起こしやすいものです。そこで、教師は自由活動時にはそのような幼児の行動がよく観察でき、場合によってはすぐ声をかけたり、そばにいって注意を与えたり、手を貸してやったりできるような距離にいることがたいせつなことになります。

また、自由活動に入る前にも、とかく起こりがちな問題行動について話し合いをもったり、該当する幼児に話させたり、注意事項（とくにきまり）を復唱させたりすることも必要なことです。さらに、遊びが終わったあとで、どんな遊びをどのようにしたか、その中に危険な遊び方がなかったか、きまりを守れたかなどを報告させるようにしむけることです。

それと同時に、このような指導は具体的であることが必要なので、けがなどの事故が発生した場合には、幼児全員に、どうして事故が起こったかを説明したりするとよいでしょう。くりかえし起こるような事故の場合は、その場所やそこでの遊び方に問題があることも考えられるので、状況をよく分析し、対策（禁止・制限などを含め）をたてることが必要になります。

これらは、主として前記の②、③のタイプに適用できることです。やはり情緒

的・知的側面に問題のある幼児の、とくに自由活動時における指導の研究が大切です。①のタイプに属する幼児の場合は、自由活動には、自分の身体的能力に見合った行動をとるため、直接危険な行動に結びつくケースは、むしろ少ないようです。彼らの場合は、能力に見合った運動経験を多くもつことでおのずと向上していくことが期待されます。したがって、身体活動への興味を育てることをつねに念頭におきながら、いろいろな動きを経験させられればよいでしょう。

(3) 危険なもの・場所と事故防止

　幼児の身辺には、はさみ、カッター、のこぎり、金づち、ままごと用の包丁など、扱い方によっては未経験で未熟な幼児にとっては危険なものがいろいろあります。

　幼児がつよい興味を示す生きもの（毛虫や毒ガ、蜂、猿など）や、薬品類、電気器具、光熱器具も危険をいっぱいにはらんでいます。また、ものの素材（ガラス、ブリキときにはプラスチックなど）によっても、思わぬ大事故につながることがあります。

　危険な場所という点でも、たとえば、池や川のふち、材料置場、ストーブのまわり、ガラス窓など、たくさんあげることができます。

　安全生活に必要な習慣や態度を身につけさせるためには、幼児の身辺から、このような状況がなくなれば問題はありませんが、それはありえないことです。

3．安全な生活や態度に関する指導

　また、「近寄ってはいけない」、「触れてはいけない」と禁止だけしてみても、幼児の興味や関心を抑えることは問題がありますし、時には、逆効果のことすらあります。

　本来、このような習慣や態度の形成には、本人が、ものの特性や場所と危険性との関係を理解し、自分で危険から身を守るようにならなければいけませんし、危険を感じたら避けるようにならなければならないものです。すなわち、具体的に、危険か危険でないかを判断する力がなくてはなりません。

　しかし、未分化なうえ探索心の旺盛な幼児に、初めからそれを求めるのは無理なことです。どうしても危険につながるものは、たとえば管理上の立場から、囲いをつくって隔絶しなければならないこともおきます。池や川、ストーブなどはそのひとつです。

　はさみやのこぎり・電気器具類は、逆に、できないから使わせない、危ないか

ら扱わせないというのでなく、積極的に正しい使い方、扱い方をよく指導し、安全性についても必要な機能を知らせ正しい理解を育てていくべきです。要は、いろいろな物を通してくりかえし経験させることによって習慣化していく必要があるので、すべての潜在危険をもつものに対し、「くさいものにフタ」式に遠ざけるだけでは、幼児自身に生活経験を通しての本当の安全習慣のようなものは身につけていくことができず、ひいては事故防止を目ざすこともできないでしょう。

(4) 特に注意を要する遊具・道具の指導

幼児がよく使って遊ぶ遊具・道具のうち、とかくけがなどの事故を起こしやすいものからひとつ選び、安全指導上の対策を、遊びの指導と管理面から考えてみましょう。

（統計によれば、園内で発生したけがと遊具との関係は、1．ブランコ、2．すべり台、3．太鼓橋、雲梯の順であり、家庭の場合は、1．三輪車・二輪車、2．ブランコ、3．すべり台となっています）

〈ブランコの場合〉

ブランコは、運動を続ける能力、バランスをとる能力、身体の動きを巧みにする能力などを養うのに適した遊具で、多くの園で見られるものです。

よく起こる事故の実態と対策

① 乱暴なのり方をして、握りから手を離して落ちる（こぎすぎ）
② お互いにふざけっこをしながらのっていて落ちる（隣りのブランコとぶつけっこ）
③ たくさんのりすぎて落ちる（2人のり）
④ ものをもってのっていて落ちる
⑤ おりそこなって転がり落ちる（とびおり）
⑥ ゆれにこわくなって身体を硬くしすぎて落ちる
⑦ ゆれているブランコの近くに寄ってぶつかる
⑧ 整備不良なブランコのためにけがをする（腰板がはずれる）

以上のようなケースが、ブランコの事故としてあげられます。

①～⑤までは、ブランコにのれる幼児が起こすケースです。このような幼児には、正しいのり方を指導し、技能的に向上させなければなりません。

3．安全な生活や態度に関する指導

　正しいのり方とは、きまり・約束を守ってのるようにすることであり、技能的な向上とは、いろいろなのり方を経験することによって、危なくないのり方に必要な身体的能力や運動知覚をより高めることです。
　これらの指導は、ブランコに向かう前の注意や助言もさることながら、ブランコにのっている最中は絶えず注視して、必要に応じ助言や助力、ときには示範が必要です。このような指導が可能な範囲内で、ブランコで遊ぶ自由を与えるべきでしょう。
　⑥のケースは、まだブランコによくのれない段階の幼児にみられることです。ブランコにのれない幼児は、その家庭環境のなかでほとんどが過保護に育てられ、何事にも自立していない幼児、またはそういう経験を与えられなかった幼児が多いのです。
　それだけに、時間をかけ1対1で指導してやる必要があります。
　ブランコに対する不安が強い時期は無理強いせず、他の幼児や教師がのっているさまを見せたり、交代で数え歌を一緒に歌ったりして、楽しげな気分を知らせてやるとよいでしょう。
　興味が認められてきたとき、はじめて、教師が終始手をそえてやりながらのせてみます。この場合も、先を急がないように幼児の表情をよく見ながらすることがたいせつです。また、その幼児がこわがったり泣いたりしないでできたときは、

そのことを認め大いにほめてやることが必要です。

⑦のケースもよくみられることです。これを防ぐには、まず、ゆれているブランコのそばに寄れないような条件が作られていなければなりません。ブランコのまわりに柵を設けたり、つなをはったりすべきです。また、ブランコの振幅を考え、ほかの遊具とは適当な間隔がなければなりません。万一、このような条件が整っていない場合は、ボールの遊びや鬼遊びなどとブランコ遊びとが両立するか否かをよく確かめ、全体の遊びの調整をしなければならないでしょう。

⑧のケースは、教師側の管理上の問題です。器具そのものの点検ばかりでなく、ブランコの周囲に危険物がないか、毎朝毎時よく確かめるよう気をつけなければなりません。

ブランコで遊ぶ場合の、一般的な事故のケースについて対策を述べましたが、これ以外にも、予測できないようなことで事故が起こったりするものです。ブランコの整備・点検のような管理上の配慮がしっかりできていることが先決ですが、あとの場合は、幼児自身の側に問題があって危険な事態が発生するといえるでしょう。すなわち、危険な状態は幼児自身がつくり出すといっても過言ではありません。

これに対応するには、何といっても日常の幼児の行動観察から学ぶことがいちばんです。ブランコばかりでなく、ひろく幼児の行動のしかたを観察し、個人や全体の特徴を早くつかむことなどが、すべて資料になるのです。

日常の行動場面、とくに幼児の自由活動中に認められた問題点は、一斉活動時の指導のテーマとし、問題点を修正・矯正することはよい方法です。

一斉活動で、教師が直接指導したことで、幼児が遊具や道具の使い方や遊び方を「知り」、自由活動の場面で、幼児がそれを活用し「身につける」という循環がもっとも望ましい指導の図式といえましょう。

4．野外活動の指導

野外活動は、自分の生活している場所から離れ、大自然の中で、集団生活を通して、自然を学習したり、身体を鍛練したり、友だちと楽しく遊ぶなどの活動を

4．野外活動の指導

いいます。キャンプ（合宿保育）はその典型です。

　自然に恵まれない幼児にとっては、都会では見られない昆虫や草花などの実物に触れる感動や喜びを与えたり、登山などの困難な課題に挑戦させ、その困難さを克服させるようにしなければなりません。さらに、食事、入浴、友だちとの就寝などの集団生活の楽しさや、わがままを我慢して友だちと仲よく生活するための協調性を養わなければなりません。いずれの場合でも、困難さを克服し、成し遂げたときには、何事にもかえがたい満足感となって、その後も表れてくるものです。宿泊をともなう場合は、年長児が好ましいでしょう。

(1)　目的やねらい（計画の前に考える）

　野外活動を実施しようと考えたら、まず「それをなぜするのか」、「どうしてするのか」を十分検討することがたいせつです。都会の子どもたちならば、ふだん接することのできない大自然の中で遊ばせるとか、静かな暗い夜を体験させ、鳥や虫たちの声を聞かせ、夜も鳥や虫たちが生活していることを気づかせることが必要です。登山は、最後までがんばって登ってみるなどの活動の目的やねらいをつかんでおかなければなりません。野外活動のねらいが自然学習中心であっても、自然の中での歩き方や身体の動かし方、身体の鍛練などが含まれていることを忘れないようにしましょう。

(2)　時　期、期　間

　時期は、動植物観察中心の自然学習ならば、春とか秋がよいでしょう。春は花が咲き、昆虫もとんでいます。幼児も、この時期ですと自然の摂理に従って、自然のしくみを理解するでしょう。秋は味覚が豊富で、幼児には強い印象が残るでしょう。しかし、これらの時期は天候が変わりやすい欠点があるので、十分な安全面の配慮が必要です。登山や水遊び中心であるならば、7月下旬～8月上旬が天候も安定し適切な時期といえるでしょう。いずれにしても適切な時期にできない場合には、その時期に一番近い適切な時期を選ばなければなりません。

　期間については、長ければ長いほど幼児の生活習慣や行動、態度に変化がみられることは明らかです。しかし、外泊を体験していない幼児にとっては、1泊でも心細い不安な夜を過ごさなければなりません。そこで、年少児のときから、徒歩のハイキングやピクニックをしたり、夕べのつどいなどでキャンプの雰囲気を

味わわせ、年長児になってから、2泊3日ぐらいの合宿保育を実施することが適切でしょう。しかし、3泊4日や4泊5日でも、少人数で、十分な指導者の体制がとれれば、実施可能ですので、宿泊数の延長は今後の課題といえそうです。

(3) 場　所、施　設

野外活動に適切な所は、自然の豊富なところ、木や草花が十分で水（川や沢）があり、幼児の遊べる原っぱや、近くに幼児が登ることのできる山などがあるところが理想です。海辺の場合でも、海のほか、近くに山などがあり、自然環境が多様なところがよいでしょう。

交通面では、バスだけならば3時間、電車・バスの両方を使うときは、電車2時間、バス30分を目安にしますが、出発時間によって、交通渋滞にまきこまれないように注意しましょう。

宿泊施設は完備したところがよいでしょう。幼児の場合、テント生活は疲労の面からも好ましくありません。

〈合宿保育に必要な施設〉

班の居室兼寝室（7〜8人のグループに1部屋×グループ数）

食　堂（全員で一度に食事ができる）

指導者用の部屋（男女別々に、人数に応じて必要）

保健室（病人が出た場合に使います。他の部屋とは兼ねない）

レクリエーション・ルーム（雨天の場合に使います。畳でもよい。食堂と兼ねてもよい）

便所、洗面所、浴室（一時に大勢で使うので、人数に応じた広さと数が必要）

キャンプ・ファイヤーのできる広場（朝や夕べのつどいでも使います）

場所・施設がよくても、近くに病院がないと困ります。不慮のけがや病気に対して十分な配慮ができるように考えておかなければなりません。近くに病院がない場合は、車で20分ぐらいに必ず医療機関があることが条件となります。いずれの場合でも、事前に医療機関と打合せをしておくことがたいせつです。

(4) プログラムの立案

数日の野外活動を行うには、十分な教育的配慮のもとにプログラムを編成しなければなりません。このプログラムの編成により、指導者の役割分担を行います。

よいプログラムは、指導者も幼児もリズミカルな生活ができ、野外活動でも満足のいく時間配分がなされ、その日の疲労も１晩の睡眠で回復できるようなプログラムです。逆に、生活面で時間の配分に無理があり、時間に追われ、実施に際して、やむをえず変更を強いられるのは、悪いプログラムです。

　天候にも気を配ってください。雨の場合も、目的や条件によっては決行することも野外活動では必要です。しかし、決行できないときのために、事前にプログラムをたてておくことも必要です。プログラム立案では次のことを留意します。

① 　全体で行うことと、グループで行うことを分けて配置する。

　　食事などは全体がよいでしょう。しかし、登山などでは60人や70人が並んで行動することは、鳥の声や動植物の観察にも適さないばかりか、行動に多くの時間を費やすことになります。班ごととか、班をいくつか合わせたセクションを作り、セクションごとに行動するなどの配慮をすると、時間もかからないし、よい雰囲気で山登りができることになります。セクション単位で活動を行うことは、用具を少なくするという利点があります。

② 　個人よりグループ活動に重点をおいて活動を考える。

　　幼児期は、個々に活動を行わせるには、安全面からも適切とはいえません。集団行動を通して、わがままを我慢させ、友だちと仲よく遊ばせることが必要です。

③ 　プログラムに変化をもたせる。

　　２泊３日程度ですと、プログラムが忙しいままに終わり、疲れだけが残っているなどということがしばしばあります。しかし、内容に変化をもたせ、活動と休養の組合せを配慮したり、水辺や木陰の活動を取り入れるなどの工夫が、疲労を少なくすることは明らかです。２泊３日では、主たる活動の登山とキャンプ・ファイヤーが同じ日に重なる場合が多く、キャンプ・ファイヤー時に幼児が居眠りをして疲れを訴えることがしばしばあります。このような配列は避けるべきですが、やむをえず実施する場合には、登山とキャンプ・ファイヤーの間に午睡などの十分な休養をとることが必要です。また、キャンプ・ファイヤーなどは短い時間できりあげる工夫がほしいものです。

(5)　実 地 踏 査

第3章　幼児の健康指導の実際

　目的や目標が決まり、宿泊地の予約ができ、プログラムが立案できたら実地踏査をします。実地踏査はいうまでもなく、出発から帰園までのすべてのプログラムをチェックすることですから、生活時間や野外活動など、詳細に幼児の立場に立って点検することがたいせつです。また、施設との打合せを通じて、不足している用具や現地で調達できるものの確認をします。さらに、現地における関係機関（役場、警察または駐在所、保健所、病院）との連絡なども行わなければなりません。できれば実地踏査は指導者全員ですることが必要です。そして、この実地踏査を含めて、次の要領でプログラムを点検します。

① 資料が正しかったか
② むだがないか
③ 余裕があるか
④ むらがないか
⑤ 安全対策が万全か
⑥ 状況の変化に応ずる対策があるか
⑦ 幼児の立場になって考えられているか
⑧ すべての資源が活用されているか
⑨ 他との関係が考慮されているか
⑩ 実行が可能か

　しかし、プログラムの宿泊数だけ実地踏査ができない場合には、安全対策を中心に、プログラムの点検をするよう心がけたいものです。

(6) 事 前 指 導

　宿泊をともなう野外活動では、幼児や両親に活動の目的や内容がよく理解されていることが必要です。昨年度のスライドやビデオがある場合には、これらを事前に見せておくことがたいせつです。もしない場合には、実地踏査時にビデオなどの資料を作ることが必要です。また、幼児には「バスに酔わないようにしようね」とか「山はたいへんだから、今から身体を強くしようね」などと指導をすることは、身体の弱い幼児には恐怖心や緊張感をもたせますので注意しましょう。むしろ、「山には、いろいろな花が咲いていて、鳥も鳴いているよ」とか「夜は星がきれいだろうな」など、楽しい夢を育てるように活動内容をつかませることが

4．野外活動の指導

必要です。また、体力づくりが必要ならば、日常の保育の中で少しずつ発展させていくことがたいせつです。

　第二は、仲間づくりです。野外活動では、指導者の目ができるだけ届くように、少人数の班編成（5、6人がよい）をします。そのためには、年長の先生だけで受けもつことはできません。クラスを解体し、新しい編制をすることがよいでしょう。そして仲間づくりのために、班ごとの簡単なレクリエーション会や食事会を通して、新しい人間関係になじませることが必要です。

　第三は、父母に対してですが、期日、期間、集合や解散の時間や持ち物、服装や連絡網などを確認しておくことが必要です。

(7) 服装や用具

　服装や用具は、野外活動の目的やプログラムによって違います。幼児が持参するものと、園で持参するものとに分けて、リストアップします。

〈幼児の持ち物〉	〈園側の持ち物〉
リュックサック 寝具——パジャマ 衣類——長そでのポロシャツ 　　　　長そでのセーター 　　　　長ズボン（半ズボンの場合、ハイソックス） 　　　　下着　半そでシャツ（Tシャツがよい） 　　　　パンツ 　　　　くつ下 雨具——フードつきビニールカッパ 洗面用具——タオル 　　　　　歯ブラシ 　　　　　歯みがき粉 コップ（プラスチック） 上ばき プログラム用品 　　サブリュック（小さいリュック） 　　水筒（リュックの中にはいる小さなもの） 　　ビニールのふろしき 　　タオル 　　小さな懐中電燈 　　帽子 チリ紙とハンカチ	グループ名簿と家庭連絡網表 現金 笛（指導者の人数分） 応急手当用の医務用品（包帯や薬品） ワイヤレスマイクとアンプ（人数が多い場合） テープレコーダー テープ（体操用、フォークダンス用、キャンプ・ファイヤー用、起床、消燈合図用、BGM用など） トランシーバー 図鑑（手びき書などを作った場合は、手びき書） ロープ（ひも） 文房具（紙、マジック、のり、ホッチキス、押しピン、セロハンテープ、ハサミ、カッター、クレヨンなど） 携帯用ラジオ プログラムに合わせたゲーム用品 ＊衣類は宿泊数、プログラムによって量がかわります。 ＊黒色の衣類は避けるようにします。 ＊園側の持ち物は事前に送っておくとよいでしょう。

表のように持ち物をそろえます。幼児の持ち物には必ず名前をつけさせましょう。また、日程により量もふえますが、絶対必要な品だけを持っていくようにし、幼児のリュックサックに納まるように工夫することも忘れてはなりません。

(8) 記録と反省

単に楽しかったという思い出にとどまることなく、幼児の状態や幼児の新しい発見、困っていたことや苦労していたことなど、十分に記録に残すことが必要です。また毎日の話し合いの資料や用具の利用度も、次年度実施のための有力な資料となります。さらに、書くことだけの記録にとどまらず、スライドやビデオなどの記録に残しておくと、いろいろな利用法がでてくるものです。

(9) 合宿保育の実践

〈合宿保育の過程〉

合宿保育の計画から実施、まとめは、次のように進めます。

① （1年前以前）　合宿保育のねらいを決め、宿泊地の選定をする。
② （1年前）　　　第1回の実地踏査……はじめて宿泊地を決める場合に必要です。条件がよければ予約をします。
③ （3か月前）　　プログラムの立案、指導組織表の作成
④ （2か月前）　　第2回の実地踏査……これは指導にあたる全職員が参加し、できるだけプログラムに合わせて行動します。このとき、施設との打合せ、関係機関との連絡もしておきます。実地踏査後、プログラムを検討し、決定します。
⑤ （1か月半前）　両親に対して合宿保育の説明会……両親に対してスライドやビデオを上映したり、合宿保育のねらい、日程・費用などを説明し、申し込み用紙を配布します。
⑥ （1か月前）　　申し込みのしめ切り、幼児の健康生活調査カードを配布し、一週間後に回収……カードにクラス担当が幼児の性格、行動、態度などの所見を記入する。（165ページ健康生活調査カード参照）
⑦ （2週間前）　　グループ編制、合宿保育のしおり完成、参加児の保護者会……宿泊地、日程、集合・解散時刻、持ち物、連絡網などの確認をし、父母の質問を受ける。

⑧ （1週間前）　園医による健康診断、その後、班別でレクリエーション会
⑨ （4日前）　　班別で食事会、保護者連絡網のテスト
⑩ （2日前）　　持ち物検査……出発のときと同じ荷物を持たせて登園させる。持ち物に問題があったときは、親にメモを渡し改善を求める。
⑪ （合宿保育）　出発から帰園まで、プログラムの実施……指導者は時間の経過にしたがって、幼児の活動を指導し、幼児の行動を記録する。
　　　　　　　　継続して実施する場合は、第1回目の実地踏査となる。
⑫ （1か月以内）合宿保育のアンケートをしたり、記録をまとめて、次年度の資料を作る。できれば簡単な報告書を作る。

〈合宿保育のねらいや目標〉

　土の上の生活を失っている都会の幼児は、子どもの生活に必要な、土と緑と水にふれる機会を失っています。そこで次のようなねらいがたいせつです。

　ねらい
① 都会で生活している子どもたちを、夏の大自然の中で思いきり遊ばせる。
② 友だちと仲よく遊んだり、集団生活に慣れさせる。
③ 両親からはなれて生活することによって、自立する心を養う。
④ 厳しさ、淋しさを感ずることによって、家庭生活のあたたかさを感じさせる。
　・子どもたちの目標
① 青い空をあおぎみよう
② 緑の山をふみしめよう
③ 自分の手で、草や虫や石をつかんでみよう
④ 自然の声を自分の耳で聞こう
⑤ 友だちと楽しく遊ぼう
⑥ 自分のことは、自分でしよう
⑦ 約束はよく守ろう

〈合宿保育の指導組織と役割の分担〉

　合宿保育では、次のような指導組織や役割の分担をして指導にあたります。
　・キャンプ・ディレクター（合宿保育の園長）
　　　合宿生活の運営と進行の総括。プログラム計画の実施と天候による計画変更など

第3章　幼児の健康指導の実際

```
                    キャンプ・ディレクター
         ┌──────────────┼──────────────┐
     プログラム主任        ドクター          マネージメント
                        ナース
    ┌────┴────┐
   生活    野外活動（インストラクター）
              ┌────────┼────────┐
          自然観察担当  登山担当  キャンプ・ファイヤー担当

  セクション・ヘッド    セクション・ヘッド    セクション・ヘッド
   ┌──┼──┐         ┌──┼──┐         ┌──┼──┐
   班  班  班         班  班  班         班  班  班
  カウン カウン カウン   カウン カウン カウン   カウン カウン カウン
  セラー セラー セラー   セラー セラー セラー   セラー セラー セラー
```

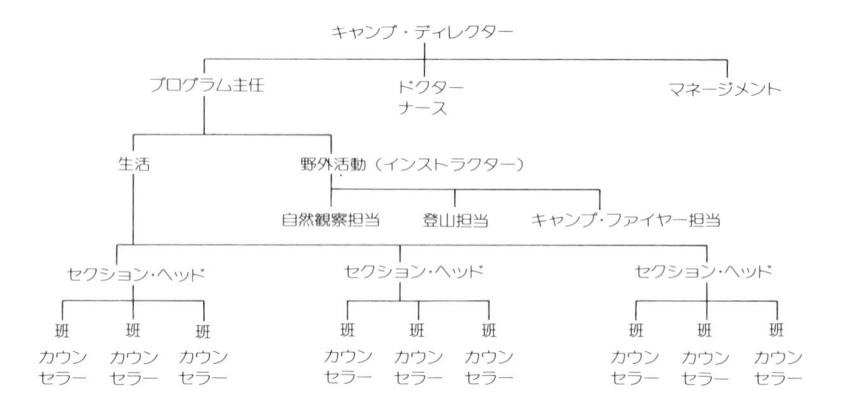

の実施判断を決定する最高責任者。

・プログラム主任（副ディレクターとなる）

　　子どもの生活や野外活動のプログラムの作成と運営を担当し、セクション・ヘッドやインストラクターを指導助言する。

・セクション・ヘッド（3～5班に1人おく）

　　自己の担当するセクションの子どもの遊びや生活を指導し、健康管理も行う。また、インストラクターの野外活動の指導に協力する。

・インストラクター

　　自然観察、登山などの野外活動の指導とセレモニー（開・閉会式、朝・夕べのつどい）やキャンプ・ファイヤーなどのプログラム作成と運営にあたる。

・カウンセラー（子どもに班長をおかない場合は班長と呼びます）

　　子どもとともに生活し、生活面から子どもを指導する。プログラムには、子どもとともに参加し、他の指導者の補佐をする。

・キャンプ・ドクター、ナース

　　子どもの健康状態を掌握し、緊急の場合は手当をする。

・マネージメント（庶務・会計）

　　合宿保育全般の金銭の出納や現地での各種の折衝をする。

以上のような指導組織や役割の分担を行います。また、以上の指導者とは別に記録係を置き、写真やビデオを撮影したり、子どもの活動状況を収録することも

4．野外活動の指導

必要です。この記録係は、キャンプ・ディレクターがプログラム主任の指示に従って行動することがよいでしよう。

〈プログラム〉

幼児の場合、睡眠時間は10〜11時間ぐらいが必要です。そこで夜10時間、午睡1時間として配分し、夜の活動ができるように配慮することがたいせつです。

下の計画は、幼稚園からバス3時間の山と湖に囲まれた国民宿舎を利用した合

幼稚園の合宿保育（本栖湖）

D\T	第1日目	第2日目	第3日目
6			
7		起床，検温，着替え 朝のつどい	起床，検温，着替え 朝のつどい
8	─指導者集合─ ─集合完了─	──朝　　食── （歯みがき・登山準備）	──朝　　食── （歯みがき）
9	出　　発	登　　山	荷物整理
10	（バ　ス）	（烏帽子岳・パノラマ台）	グループ別活動
11			（自然観察・遊び）
12	─ロッジ着─	（昼　食）	─昼　　食─
1	開 会 式 昼　　食	─下り出発─	
2	荷物整理 休　　養		閉 会 式 出　　発
3	湖畔の散策 （自然指導）	─ロッジ着─	（バ　ス）
4	─入　　浴─	休養（昼寝） ─入　　浴─	
5		（スタンツの練習）	─幼稚園着─
6	─夕べのつどい─ 夕　　食	─夕べのつどい─ 夕　　食	解　　散
7	（歯みがき・就寝準備）	（歯みがき・就寝準備）	
8	ナイト・ハイク （星の話）	キャンプ・ファイヤー	
9	就寝・消燈	就寝・消燈	

第3章　幼児の健康指導の実際

宿保育のプログラムです。幼児参加者120名、スタッフ27名、15班編制で三つのセクション構成で実施したものです。

・自由遊び……自然の中におかれた幼児は、おとなの想像以上に多くの活動をし、その中から新しい発見や興味が芽ばえてきます。そこで、原っぱや水辺では自由に遊ばせることが重要です。しかし、安全面からは班別に活動し、子どもの興味によって、昆虫や草花の名前なども指導することがたいせつです。

虫とり

・登山……幼児の場合でも、おとなと同じようなコースが歩けます。幼児は、おとなと比べて体重が軽く、登山はあまり負担にはなりません。しかし、幼児期の持久力や歩き方の特徴から、早いペースで歩いたり、歩き方が単調にならないような工夫がたいせつです。とくに下り坂では、恐怖心をもつ幼児もいますので注意します。

集団の場合、多人数での一斉行動では時間がかかりますので、少人数グループでの行動がよく、休憩は30分ぐらい歩いて5分ぐらいとります。また、自然観察などを入れながらゆっくり歩くと、30〜45分ごとに水を少し飲む程度の休憩で歩けますので、歩き方の工夫が必要です。

① 登山のコース時間はおとなの1.5〜2倍必要。
② コースは木かげ、水にめぐまれているところがよい。
③ 登るだけというように単調にならないよう、自然観察をしながら登る。
④ 危険な場所には、ロープなどを張って登りやすくする。
⑤ 天候の変化に対応できるように、安全面には十分配慮をする。

・キャンプ・ファイヤー……レクリエーションだけではなく、厳粛な雰囲気のセレモニーなどを体験させます。

① 歌（遠き山に日は落ちて・一日の終わり）
② トーチ入場、点火

4．野外活動の指導

③　歌（もえろよもえろ）
④　火の話
⑤　歌
⑥　ゲーム
⑦　スタンツ（5グループぐらい）
⑧　歌
⑨　おわりの話
⑩　トーチ退場
⑪　歌（よる、おやすみ）

キャンプファイアー

・製作活動……おとなのキャンプ・クラフトのように大きな製作活動はできませんが、合宿保育の思い出を絵に書いたり、押し花帳などを作ったり、両親にはがきを出したりさせます。これらの時間は、活動の合間を利用し、合宿保育の体験を記憶にとどめるようにさせることもたいせつです。

〈健康管理〉

　合宿保育での健康管理はカードを作成し、セクション・ヘッド、カウンセラーが中心になって行います。セクション・ヘッドは、常にセクション全体の幼児の状況を把握しておかなければなりません。問題のある幼児は、キャンプ・ドクターやナースと協議して処置を決めます。この結果は、キャンプ・ディレクターやプログラム主任に報告します。健康管理カードの項目は、およそ次のようにします。この記入は、合宿保育3日前より終了後2日ぐらいまで続けるとよいでしょう。合宿保育以外の日は家庭に依頼します。

第3章　幼児の健康指導の実際

・健康管理カードの項目

起床時間	○時○○分		
睡眠と朝の疲労	A．よくねたので元気	B．やや疲れている	C．ほとんどねない、疲れが残っている。
体　　温	起床後　○○度○分	就寝前　○○度○分	
脈拍（1分間）	起床後　　○○回	就寝前　　○○回	
食事（朝）	A．全部食べた	B．少し残した	C．ほとんど残した
（昼）	A．全部食べた	B．少し残した	C．ほとんど残した
（夕）	A．全部食べた	B．少し残した	C．ほとんど残した

便通　A．あった ｛ A．朝～9時　B．昼 9～16時　C．夜 16時～
　　　　　　　　　A．普通便　B．軟便　C．下痢

　　　B．なかった

1日の行動（疲労）A．元気がよかった　B．普通　C．元気がなかった、疲れた

ねついた時間　　○時○○分

4．野外活動の指導

健康生活調査カード　　　　　○○幼稚園　　○月○日
＊提出先　期限→事務所　　　○月○日まで
班　　　　　組　　　　氏名

1	今までひとりで外泊したことが		ある		ない		
	どんな様子でしたか	平常と変わりない		緊張した様子		疲れて帰ってねてしまった	
2	起床の時刻	午前　　時　　分頃			寝起き	よい	わるい
	昼　寝	する	しない	する場合		時間　　分位	
	夜　間	歯ぎしり			する	しない	時々する
		寝ごと			言う	言わない	時々言う
		寝小便			する	しない	時々する
		夜トイレに起きますか			起きる	起きない	時々起きる
		就寝中　　時頃小便に起こす					
		就寝中ねぼけることが			ある	ない	時々ある
		その時どうしますか					
3	食　事	大食	普通	小食	きらいな食物　①　　　②		
	アレルギーになる食物						
4	大　便	毎日必ず	ある	不定	朝	朝食後　不定　昼　夕方	
		便秘	する	しない	時々する		
5	乗り物酔いについて	どんな乗り物でも酔うので心配している	その時の体の調子と気分によると思うのでやや心配	バスは視界が広いしそんなに心配していない		今迄に乗り物に酔ったことがないので心配していない	
		酔った時の処置（いつも家族の方がどのように処置されているかお書き下さい）					
6	かかりやすい病気	ひきつけ	自家中毒	下痢	扁桃腺がはれやすい		
		他			病気の処置等は		
	使えない薬						
	皮　ふ	カブレやすい		虫にさされるとはれる	他		
7	合宿に参加させるにあたって心配なこと						
8	あなたのお子様について特に注意してほしいこと						
9	クラス担当からの所見						

参考文献および引用文献　　（　）内は章

1) 浅野辰三：幼児の健康・体育，逍遙書院，1977　　　　　　　　　　　　（2）
2) エリクソン，E.／草野栄三良訳：幼年期と社会，日本教文社，1974　　　（2）
3) 岡本夏木他編：児童心理学講座2巻 発達と学習，小学館，1969　　　　（2）
4) 柏木恵子：子どもの見ること 考えること，日本文化科学社，1970　　　（2）
5) 勝井　晃：図形知覚における発達曲線の比較的考察 II，－図形の特質と知能の分析－，心理学研究，30，264-269，1959　　　　　　　　　　　　　　　（2）
6) 勝部篤美：幼児体育の理論と実際，9-17，杏林書院，1971　　　　　　（2）
7) 上武正二：発達心理学総説，金子書房，1974　　　　　　　　　　　　（2）
8) 教育問題研究会編：資料幼児教育，高陵社書店，1971　　　　　　　（2,3）
9) 久世好子他：発達心理学入門，有斐閣，1978　　　　　　　　　　　　（2）
10) ゲゼル／山下俊郎訳：乳幼児の心理学，家政教育社，1968　　　　　　（2）
11) 厚生省児童家庭局：乳幼児身体発育調査結果報告書　　　　　　　　　（2）
12) 近藤充夫：動きを育てる運動遊び，世界文化社，1978　　　　　　　　（3）
13) 近藤充夫編：運動あそびカード，鈴木出版，1969　　　　　　　　　　（3）
14) 近藤充夫他：指導カード第一巻 健康，葵書房，1972　　　　　　　　（3）
15) 近藤充夫：幼児のボール遊び，学習研究社，1978　　　　　　　　　　（3）
16) 近藤充夫編：領域・健康の指導 I 基礎理論編，ひかりのくにKK，1976　（1,2）
17) 坂元彦太郎他：幼児の生理，心理，知能，小学館，1968　　　　　　　（2）
18) 重田定正他編：幼児健康教育法，東京書籍，1976　　　　　　　　　（1,2）
19) 祐宗省三・今泉信人編：乳幼児心理学，福村出版，1976　　　　　　　（2）
20) 角尾　稔：乳幼児保育心理学，川島書店，1974　　　　　　　　　　　（2）
21) 高杉白子他編：鬼あそび，リズミカルな集団あそび，チャイルド社，1978　（3）
22) 鷹野健次他編：体育心理学研究，杏林書院，1972　　　　　　　　　　（2）
23) 田中熊次郎：児童集団心理学，明治図書，1958　　　　　　　　　　　（2）
24) 津守　真他：乳幼児精神発達診断法 0～3歳まで（1961），3～7歳まで（1970），大日本図書　　　　　　　　　　　　　　　　　　　　　　　　　　（2）
25) 日本保育学会：日本の幼児の精神発達，フレーベル館，1972　　　　　（2）
26) ハーロック／小林芳郎他訳：児童の発達心理学，誠信書房，1971　　　（2）
27) 平井信義他編：幼児の健康指導事典，ひかりのくにKK，1969　　　　　（2）
28) 藤永　保編：児童心理学，有斐閣，1973　　　　　　　　　　　　　　（2）
29) 藤永　保・高野清純編：幼児心理学講座 第3巻 パーソナリティの発達，日本文化科学社，1975　　　　　　　　　　　　　　　　　　　　　　　　（2）
30) マッセン／今田　恵訳：児童心理学，岩波書店，1966　　　　　　　　（2）
31) 正木健雄：からだづくりと保育，全国社会福祉協議会，1977　　　　　（2）
32) 村上勝美他監修：最新乳幼児の理論と実際，同文書院，1978　　　　（2,3）
33) 文部省：幼稚園教育要領，1989　　　　　　　　　　　　　　　　　　（1）
34) 山下俊郎：幼児の生活指導，フレーベル館，1970　　　　　　　　　　（2）
35) 幼少年教育研究所：健康，協同出版，1970　　　　　　　　　　　　（2,3）
36) 藤永　保監修：人間発達の心理学，サイエンス社，1990　　　　　　　（2）

領域・健康
索　引

あ
アトピー性皮膚炎　63
安全能力の発達　46

い
衣服の清潔　68
色の知覚　31
色水遊び　115

う
うがい　66
浮き輪くぐり　121
運動遊び　14
運動会　125,126,127
運動会の計画　126
運動会の種目　130,132
運動会のもち方　127
運動感覚　102
運動技能　23
運動技能の発達　21
運動知覚　149
運動的活動　14
運動能力　9,26
運動の指導　69

え
永久歯　19

お
大型積木　80
大型遊具　80
狼さん今なん時　134
鬼遊び　101
鬼ごっこ　75,101
おべんとうの指導　59
親の参加　129
泳ぎに関心をもたせるために　121

泳ぐ　115,116

か
カウプ指数　19
化骨現象　20
片足立ち　27
学級閉鎖　64
学校保健法　61
合宿保育　151,152,156,157
合宿保育の指導組織と役割の分担　157
家庭環境　41
家庭連絡　61
髪や身体の清潔　67
感覚運動的段階　32
環境の要因　41
関節　20

き
危険な行動　143
危険な行動を起こしやすいタイプの幼児　144
危険なもの・場所と事故防止　146
気質　36,40
機能の発達　19
基本運動の技能　23
基本的生活習慣　6,8,10,54
基本的な習慣　3
教育的環境　6
共感覚　30
協調的な行動　34
協同的な行動　36
記録　156
筋持久力　25
筋力　20

け
ゲーム　36

けんか　35
健康　2
健康管理　161
健康診断　60
健康生活調査カード　156
健康の習慣　3
言語面　103

こ
巧技台　80,90
交通安全施設　142
交通安全指導の実際　138
交通安全の指導　137
交通事故　48,52,137
交通事故死傷者率　138
交通ルール　138
交通ルールの練習　141
行動　4
呼吸数　20
固定遊具　50,73,143
固定遊具の遊び　79
コンビネーション遊具　79

さ
最大筋力　25
挫傷　50
挫創　50
サッカー遊び　98

し
自我の発達　41
時間知覚　31
持久性　26
事故死　52
自己主張　34
自己中心的な行動　34
姿勢　5
自然学習　151
事前指導　154

165

索　引

下敷　51
視知覚　32
実地踏査　154
島鬼　106
自立　54
社会性　101
社会性の発達　34
社会的・文化的要因　41
社会面　102
シャボン玉　115
シャワー作り　115
ジャングルジム　75,79
柔軟性　26
重量知覚　32
瞬発力　25
じょうずに立てるかな　123
象徴的思考段階　33
情緒の発達　36
情緒の分化　36
情緒表出　37
情緒面　103
食事　42,55
食事習慣　5
嘱託園医　61
食欲　5
じん帯　20
身体的能力　9,102
身体的要因　41
身体の清潔　65
診断結果　63
診断場所の設営　62
診断票　62
身長　18

す

水中活動　109
水中サッカー　118
水中ジャンケン　120
水痘　64
睡眠　44
睡眠時間　21
砂遊び　110
すべり台　71

せ

生活習慣　54
生活習慣の発達　42
生活のリズム　10
精神的能力　9
清潔　47
世界保健機構の定義　2
前操作的段階　33
洗たくごっこ　115
全体対部分知覚　31

そ

相貌的知覚　30

た

第1反抗期　41
体温　20
体格の発達　18
太鼓橋　76
体支持持続時間　27
体質　40
体重　18
体力　4,9
体力・運動能力の発達　24
宝さがし　119
立ち幅とび　26

ち

知覚の発達　30,32
知覚発達の諸相　31
窒息死　49
知的な面　102
着衣　44
直観的思考段階　33

つ

墜落　49,50
爪を切る　66

て

手洗い　55,65
定期診断　61

低鉄棒　73
溺死　48
鉄棒　79
電気器具類　147
伝染病　64
転落　50

と

トイレの指導　58
動植物観察　151
頭長と身長の比　19
登山　77,151
どっちが早いか　119
跳び箱　82
ドロボウとケイサツ　103

な

内容　7

に

乳歯　19
認知　32
認知の発達過程　32

ね

ネズミとネコ　134
ねらい　6

の

のこぎり　147

は

排泄　44,55
排尿　21
はさみ　147
はしか　64
パーソナリティ形成　40
パーソナリティの発達　39
バタ足の練習　121
鼻をかむ　65
歯みがき　67
反省　156
班編成　155

索　引

ひ

微細胞損傷　41
比体重　19
肥満児　19
病気　5
病気の予防　11
表現遊び　117
表現面　103
表情　4
敏捷性　25

ふ

船遊び　111
ぶらんこ　50,77,148
不慮の事故　46
プール活動　109,117
プール施設を使っての水遊び　115
プログラム　159
プログラムの点検　154
プログラム立案　152

へ

平均台　80,88
平衡性　25
平行的遊び　34

ほ

棒くぐり　120
方向知覚　31
ホース遊び　115
骨の発育　19
ボール遊び　93,96
ボール送り　117

ま

マット　80,86

み

水遊び　108,109,110,115,151
水鉄砲遊び　112
水に馴れ親しむために　117
身近な場所の清潔　68
脈拍数　20

も

もぐる活動　116
モデリング　54
模倣遊び　35

や

野外活動の指導　150
ヤカンやジョーロ遊び　115

よ

養育態度　41
幼児に対する交通ルール指導　139
幼児の運動能力　141

り

領域　6
領域「健康」　7
流行性耳下腺炎　64

ろ

ローレル指数　19

領域　健康

1990年3月12日	第一版第1刷発行
1999年2月20日	第一版第12刷発行
2000年2月15日	第二版第1刷発行
2002年4月1日	第二版第3刷発行
2003年4月1日	第三版第1刷発行
2005年4月1日	第三版第3刷発行

編　集　近藤充夫
発行者　宇野文博
発行所　株式会社　同文書院
　　　　〒112-0002
　　　　東京都文京区小石川 5-24-3
　　　　TEL (03)3812-7777
　　　　FAX (03)3812-7792
　　　　振替　00100-4-1316
印刷所　図書印刷株式会社
製本所　図書印刷株式会社

© Printed in Japan　ISBN978-4-8103-1158-7
●乱丁・落丁本はお取り替えいたします

《 幼稚園教育要領 改訂
　　保育所保育指針 改定
　幼保連携型認定こども園教育・保育要領 改訂 》について

無藤　隆　監修

同文書院

========= 目　次 =========

第 1 章　幼稚園教育要領の改訂について　3
　1.　はじめに　3
　2.　幼稚園教育要領改訂のポイント　6
　3.　新しい幼稚園教育要領の概要　8

第 2 章　保育所保育指針の改定について　12
　1.　はじめに　12
　2.　保育所保育指針改定のポイント　14
　3.　新しい保育所保育指針の概要　17

第 3 章　幼保連携型認定こども園教育・保育要領の改訂について　19
　1.　はじめに　19
　2.　幼保連携型認定こども園教育・保育要領改訂のポイント　20
　3.　新しい幼保連携型認定こども園教育・保育要領の概要　22

資料　幼稚園教育要領　27
資料　保育所保育指針　36
資料　幼保連携型認定こども園教育・保育要領　53

第1章　幼稚園教育要領の改訂について

1．はじめに

　新幼稚園教育要領（以下，新教育要領とも）は，2016（平成28）年12月の中央教育審議会による答申「幼稚園，小学校，中学校，高等学校及び特別支援学校の学習指導要領等の改善及び必要な方策等について」を踏まえ，幼稚園の教育課程の基準の改正を図ったものである。2017（平成29）年3月31日告示され，1年間の周知期間を経た後，2018（平成30）年4月1日から施行されることになる。

(1) 中央教育審議会による答申

　今回の中央教育審議会による答申のポイントは，現行の学習指導要領で謳われている知（確かな学力）・徳（豊かな人間性）・体（健康・体力）にわたる「生きる力」を，将来子どもたちがより一層確実に育むためには何が必要かということにある。

　今後，人工知能（AI）のさらなる進化によって，現在，小・中学校に通う子どもたちが成人となる2030年以降の世界では，現在ある仕事の半数近くが自動化される可能性があるといわれている。また子どもたちの65％が今は存在しない職業に就くであろうと予測されている。インターネットが地球の隅々まで普及した現代において，さまざまな情報が国境や地域を越えて共有化され，グローバル化の流れはとどまるところを知らない。今後，社会の変化はさらに速度を増し，今まで以上に予測困難なものとなっていくであろう。

　こうした予測困難な未来社会において求められるのは，人類社会，日本社会，さらに個人としてどのような未来を創っていくのか，どのように社会や自らの人生をよりよいものにするのかという目的意識を主体的に持とうとすることである。そして，複雑に入り混じった環境の中でも状況を理解し，その目的に必要な情報を選択・理解し，自分の考えをまとめ，多様な他者と協働しながら，主体的に社会や世界と関わっていくこと，こうした資質・能力が求められている。

　また近年，国際的にも忍耐力や自己制御，自尊心といった社会情動的スキル，いわゆる非認知的能力を幼児期に身につけることが，大人になってからの生活に大きな差を生じさせるといった研究成果が発表されている。非認知的能力とは，「学びに向かう力や姿勢」と呼ばれることもあり，「粘り強く取り組んでいくこと，難しい課題にチャレンジする姿勢」などの力をさす。従来はその子どもの気質，性格と考えられていたが，現在では適切な環境を与えることでどの子どもでも伸ばすことが可能な能力（スキル）として捉えられるようになっている。

　そのため，今回の答申では，こうした資質・能力を育むための「主体的・対話的で深い学び」（アクティブ・ラーニング）の実現の重要性を強調している。その上で「何のために学ぶのか」という学習の意義を共有しながら，授業の創意工夫や教科書等の教材の改善を引き出していけるよう，すべての教科等また幼児教育について，①知識及び技能，②思考力，判断力，表現力等，③学びに向かう力，人間性等，の3つの柱に再整理している（図1-1）。

(2) 幼稚園を取り巻く環境

　わが国の幼稚園児数は，1978（昭和53）年の249万7,895人をピークに減少し続けており，2009（平成21）年163万336人，2013（平成25）年158万3,610人，2016年133万9,761人，2017年

幼児教育において育みたい資質・能力の整理

| 小学校以上 | 知識・技能 | 思考力・判断力・表現力等 | 学びに向かう力・人間性等 |

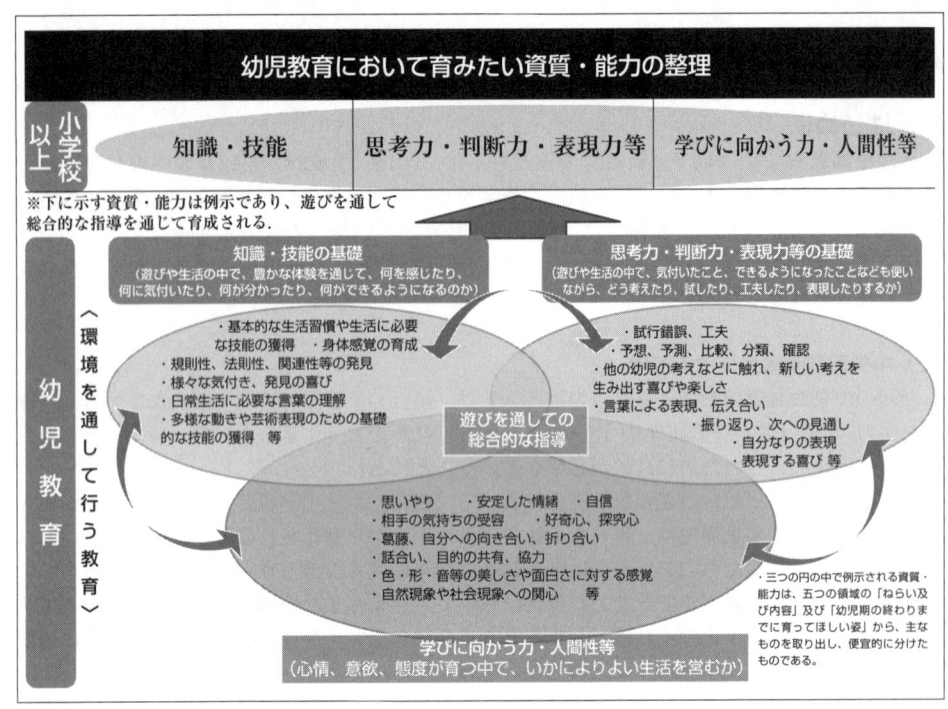

※下に示す資質・能力は例示であり、遊びを通して総合的な指導を通じて育成される。

〈環境を通して行う教育〉

幼児教育

知識・技能の基礎
（遊びや生活の中で、豊かな体験を通じて、何を感じたり、何に気付いたり、何が分かったり、何ができるようになるのか）

- 基本的な生活習慣や生活に必要な技能の獲得　・身体感覚の育成
- 規則性、法則性、関連性等の発見
- 様々な気付き、発見の喜び
- 日常生活に必要な言葉の理解
- 多様な動きや芸術表現のための基礎的な技能の獲得　等

思考力・判断力・表現力等の基礎
（遊びや生活の中で、気付いたこと、できるようになったことなども使いながら、どう考えたり、試したり、工夫したり、表現したりするか）

- 試行錯誤、工夫
- 予想、予測、比較、分類、確認
- 他の幼児の考えなどに触れ、新しい考えを生み出す喜びや楽しさ
- 言葉による表現、伝え合い
- 振り返り、次への見通し
- 自分なりの表現
- 表現する喜び　等

遊びを通しての総合的な指導

- 思いやり　・安定した情緒　・自信
- 相手の気持ちの受容　・好奇心、探究心
- 葛藤、自分への向き合い、折り合い
- 話合い、目的の共有、協力
- 色・形・音等の美しさや面白さに対する感覚
- 自然現象や社会現象への関心　等

学びに向かう力・人間性等
（心情、意欲、態度が育つ中で、いかによりよい生活を営むか）

・三つの円の中で例示される資質・能力は、五つの領域の「ねらい及び内容」及び「幼児期の終わりまでに育ってほしい姿」から、主なものを取り出し、便宜的に分けたものである。

図1－1　幼児教育において育みたい資質・能力

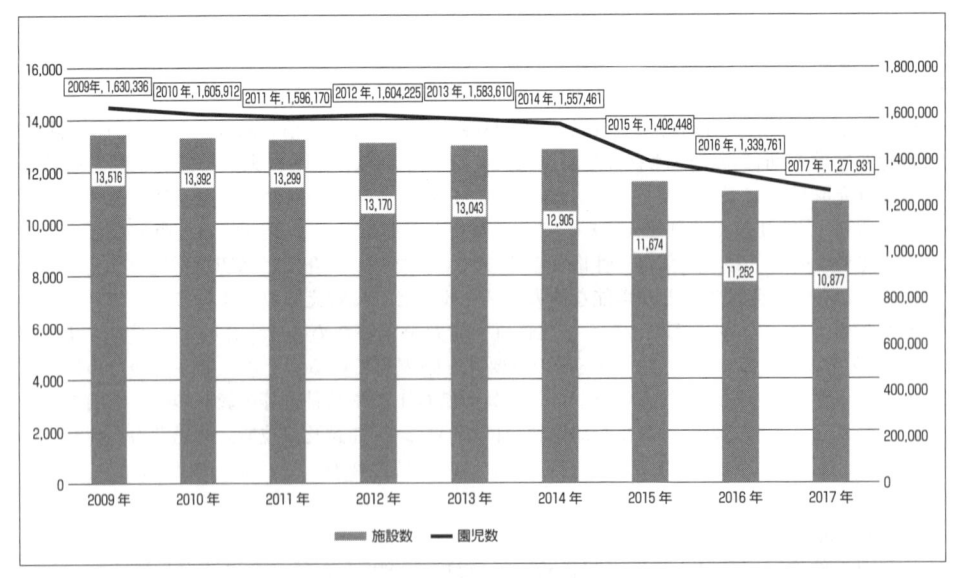

図1－2　幼稚園数と園児数の推移

施設数・園児数：
- 2009年: 13,516 / 1,630,336
- 2010年: 13,392 / 1,605,912
- 2011年: 13,299 / 1,596,170
- 2012年: 13,170 / 1,604,225
- 2013年: 13,043 / 1,583,610
- 2014年: 12,905 / 1,557,461
- 2015年: 11,674 / 1,402,448
- 2016年: 11,252 / 1,339,761
- 2017年: 10,877 / 1,271,931

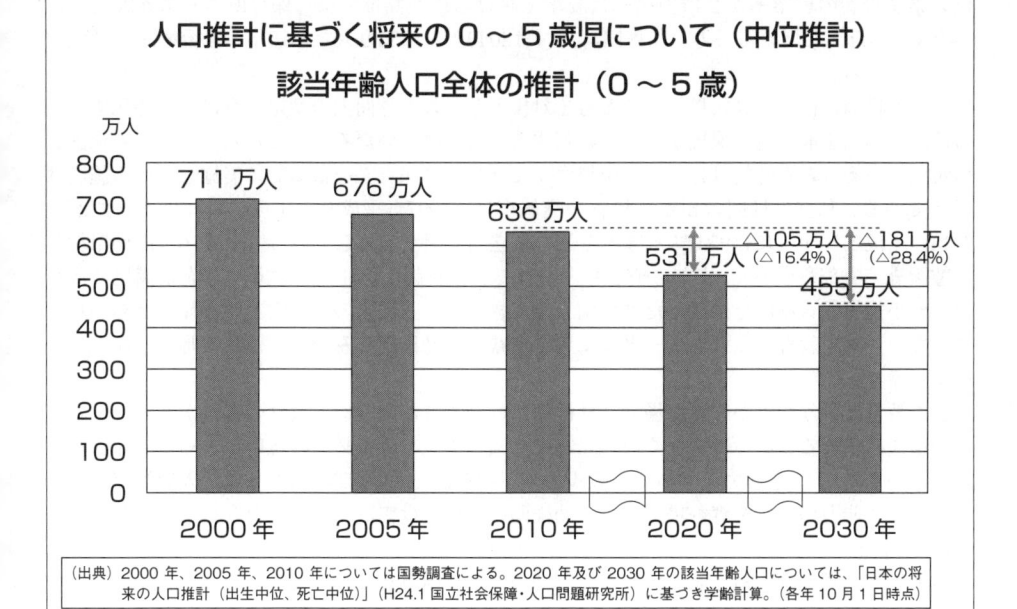

人口推計に基づく将来の0～5歳児について（中位推計）
該当年齢人口全体の推計（0～5歳）

（万人）

- 2000年：711万人
- 2005年：676万人
- 2010年：636万人
- 2020年：531万人（△105万人、△16.4%）
- 2030年：455万人（△181万人、△28.4%）

（出典）2000年、2005年、2010年については国勢調査による。2020年及び2030年の該当年齢人口については、「日本の将来の人口推計（出生中位、死亡中位）」（H24.1 国立社会保障・人口問題研究所）に基づき学齢計算。（各年10月1日時点）

図1－3　0～5歳児の人口推移

では127万1,931人となった。また幼稚園の設置数も、1985（昭和60）年の1万5,220園をピークに減少し、2009年1万3,516園、2013年1万3,043園、2016年1万1,252園、2017年では1万877園となっている（図1－2）（なお、2015年から2017年に認定こども園に移行した幼稚園は1,454園。詳細は『第3章　幼保連携型認定こども園教育・保育要領について』を参照）。一方、保育所等の入所児数は1980（昭和55）年まで増加し続け（1978年191万3,140人）その後一旦減少したが、1996（平成8）年から再び増加し、2009年には204万934人、2013年221万9,581人、さらに子ども・子育て支援新制度がスタートした2015年には237万3,614人、2017年は254万6,669人となっている（2015年からの数値は幼保連携型認定こども園、幼稚園型認定こども園等、特定地域型保育事業を含む、第2章図2－1参照）。

このように保育所利用児童の増加の一方で、わが国の0～5歳児の人口は2000（平成12）年の711万人から2030年には455万人まで減少すると予想されており、少子化傾向に歯止めが掛かる兆しは見えていない（図1－3）。全国的に幼稚園児数が減少し続けるのに対し、保育所等のニーズが増え続ける背景には、女性の社会進出に伴い乳幼児を持つ母親の就業が増えていること、長期化する景気の低迷から共働き家庭の増加や長時間労働の蔓延などがあげられている。なかでも3歳未満の待機児童数は毎年2万人前後で推移しており、この年齢層の保育ニーズはさらに増えていくものと見られている（第2章図2－3参照）。

日本総合研究所の調査によると、出生率が現状のまま推移し、乳幼児を持つ母親の就業率が過去10年間と同じペースで上昇する出生中位・就業中位の場合、保育所ニーズは2015年の233万人から2020年には254万人に増え、その後2040年までほぼ横ばいとなるとしている。一方、幼稚園ニーズは2015年の151万人から2040年には64万人に減少すると見ている。また、出生中

位のまま母親の就業率が2倍のペースで増え続ける就業高位では、保育所ニーズが2040年に1.4倍の334万人と増える一方、幼稚園ニーズは2040年には35万人と2015年の4分の1に激減するとしている。

もし幼稚園が従来の3歳以上の子どもを対象とした教育時間内の幼児教育にのみ特化するならば、幼稚園を取り巻く環境が今後、好転することは難しいだろう。しかし、共働きの保護者の希望に応え、教育時間外に子どもを保育する「預かり保育」を積極的に実施している施設は増えている。私立幼稚園の預かり保育の実施率は、1997（平成9）年度には46％だったが、2014（平成26）年度には95.0％とほとんどの私立幼稚園で実施している（平成26年度幼児教育実態調査、文部科学省）。また、子ども・子育て支援新制度の開始により、3歳未満児の保育を行う小規模保育施設を併設した幼稚園も出てきている。従来の幼稚園という枠にとらわれることなく、幼児教育・保育をトータルに考え実践する幼稚園のみが生き残れる時代になったといえよう。

また教育という観点から見た場合、幼稚園には長年にわたる幼児教育の蓄積があり、保護者が幼稚園に求めるところは少なくない。特に今回の中央教育審議会の答申が求める①知識及び技能（の基礎）、②思考力、判断力、表現力等（の基礎）、③学びに向かう力、人間性等、の3つの資質・能力の基礎を育む場として、幼稚園の果たす役割はさらに重要度を増すものと考えられる。

本章では、新教育要領に記載されている今後の幼稚園教育に求められる「幼児教育において育みたい資質・能力」「幼児期の終わりまでに育ってほしい姿」などの具体的な内容について概説する。

2．幼稚園教育要領改訂のポイント
(1) 学校教育における幼稚園教育の位置付けの強化

新教育要領において重要なことは、前回の改訂よりもさらに踏み込んで、幼稚園を学校教育の始まりとすることを強調している点である。現在の教育要領では、2008（平成20）年の学校教育法の改正により、幼稚園が学校教育の始まりとしてその存在が明確化され、幼児教育が公的な教育として捉えられている。さらに新教育要領ではその旨を新設した前文に明記している。

この背景には、幼児教育がその後の学校教育の基礎を培う時期として重視され、さらに今回、幼稚園・保育所・幼保連携型認定こども園がともに幼児教育を実践する共通の施設として、その基礎を形成する場として強調されたということがある。なかでも幼稚園はその幼児教育のあり方を先導してきた施設なのであり、今後もそうであることが期待される。

新教育要領で新設された「前文」には、「これからの幼稚園には、学校教育の始まりとして、こうした教育の目的及び目標の達成を目指しつつ、一人一人の幼児が、将来、自分のよさや可能性を認識するとともに、（中略）持続可能な社会の創り手となることができるようにするための基礎を培うことが求められる」とし、「幼稚園教育要領が果たす役割の一つは、公の性質を有する幼稚園における教育水準を全国的に確保することである」と記載されている。これは取りも直さず、より質の高い幼児教育の重要性の強調にほかならず、幼稚園教育（ひいては幼児教育）と小学校教育との円滑な接続が求められている。

(2) 幼稚園教育において育みたい資質・能力および「幼児期の終わりまでに育ってほしい姿」

　では，ここで述べられている「幼稚園における教育水準」とは何を意味するのであろうか。それは小学校以降で行われる文字の読み書き，計算といった小学校教育の先取りではない。本来の意味は，幼児の自発的な活動である遊びや生活を通して，「幼稚園教育で育みたい３つの資質・能力」を育成し，その具体的な現れとして「幼児期の終わりまでに育ってほしい10の姿」を実現していくことにある。

　なお，この３つの資質・能力は，これまでの幼稚園教育要領で規定されてきた５領域（「健康」「人間関係」「環境」「言語」「表現」）に基づく遊びを中心とした活動全体を通じて育まれていくものである。

① 豊かな体験を通じて，感じたり，気付いたり，分かったり，できるようになったりする「知識及び技能の基礎」
② 気付いたことや，できるようになったことなどを使い，考えたり，試したり，工夫したり，表現したりする「思考力，判断力，表現力等の基礎」
③ 心情，意欲，態度が育つ中で，よりよい生活を営もうとする「学びに向かう力，人間性等」

　つまり，気付くこと，考えること，試し，工夫すること，また心動かし，やりたいことを見出し，それに向けて粘り強く取り組むことなどを指している。それらは相互に結びついて一体的に育成されていく。

　そして，この３つの資質・能力が育まれている幼児の幼稚園修了時の具体的な姿「幼児期の終わりまでに育ってほしい10の姿」が以下の10項目である（詳細は「新教育要領」第１章 第２を参照）。ここで，実際の指導ではこれらが到達すべき目標を示したものではないことや，個別に取り出されて指導されるものではないことに十分留意する必要がある。

① 健康な心と体
② 自立心
③ 協同性
④ 道徳性・規範意識の芽生え
⑤ 社会生活との関わり
⑥ 思考力の芽生え
⑦ 自然との関わり・生命尊重
⑧ 数量や図形，標識や文字などへの関心・感覚
⑨ 言葉による伝え合い
⑩ 豊かな感性と表現

(3) カリキュラム・マネジメント

　幼稚園では，教育基本法および学校教育法その他の法令ならびに幼稚園教育要領に基づき，それぞれの園の運営方針，指導方針の基礎となる教育課程を編成することが義務付けられている。教育課程や預かり保育の計画等を合わせて，全体的な計画と呼んでいる。新教育要領では，「幼児期の終わりまでに育ってほしい姿」を踏まえて教育課程を編成し，この教育課程を実施，評価し，改善を図っていくこと（PDCAサイクル），また教育課程の実施に必要な人的または物的な体制を，家庭や地域の外部資源も含めて活用しながら，各幼稚園の教育活動の質の向上を図っていくカリキュラム・マネジメントの考え方が導入されている。幼稚園等では，教科書のような教材を用いずに，環境を通した教育を基本としており，また幼児の家庭との関係の緊密度が他校種と比べて高いこと，ならびに預かり保育・子育ての支援などの教育課程以外の活動が多くの幼稚園で実施されていることなどから，カリキュラム・マネジメントはきわめて重要とされている。

(4)「主体的・対話的で深い学び」(アクティブ・ラーニング) の実現

新教育要領では,「指導計画の作成上の留意事項」に「主体的・対話的で深い学び」(アクティブ・ラーニング) の考えが加わった。

中央教育審議会の答申で述べられているように,これからの予測困難な未来を切り開いていくためには,学ぶことに興味・関心を持ち,見通しを持って粘り強く取り組み,自己の学習活動を振り返って次につなげる「主体的な学び」,子ども同士の協働・教職員や地域の人との対話・先哲の考え方を手がかりに考えるなどを通じて,自己の考えを広め深める「対話的な学び」,そして得られた知識を相互に関連付けてより深く理解したり,情報を精査して考えを形成したり,問題を見出し解決策を思考したり,自分の思い・考えを基に創造へと向かう「深い学び」のアクティブ・ラーニングの実現が求められている。教育要領では,従来から重視されてきた,体験の多様性と関連性を進める中で,この3つの学びを実現していく。様々な心動かされる体験をして,そこから次にしたい活動が生まれ,さらに体験を重ねていき,それらの体験がつながりながら,学びを作り出す。その際,振り返ったり見通しを立てたり,考え工夫して様々に表現し対話を行い,さらに身近な環境への関わりから意味を見出していくのである。

幼児教育における重要な学習である「遊び」においても,この主体的・対話的で深い学びの視点,すなわちアクティブ・ラーニングの視点に基づいた指導計画の作成が必要となる。

(5) 言語活動の充実

新教育要領の「指導計画の作成上の留意事項」では「主体的・対話的で深い学び」とともに,「言語活動の充実」が新たに加えられた。これは「幼児期の終わりまでに育ってほしい10の姿」の9番目にある「言葉による伝え合い」および第2章「ねらい及び内容」の5領域の「言葉」とも関連する項目であるが,言語能力の発達が思考力等のさまざまな能力の発達に関連していることを踏まえ,絵本や物語,言葉遊びなどを通して,言葉や表現を豊かにすることで,自分の経験・考えを言葉にする思考力やそれを相手に伝えるコミュニケーション能力の発達を促していこうとの狙いが読み取れる。

(6) 地域における幼児教育の中心的役割の強化

前回の改訂から幼稚園の地域における保護者の幼児教育のセンターとしての役割が求められるようになった。さらにこの10年間では貧困家庭,外国籍家庭や海外から帰国した幼児など特別な配慮を必要とする家庭・子どもの増加,また児童虐待の相談件数の増加など,子どもと保護者を取り巻く状況も大きく変化している。このため新教育要領では,「心理や保健の専門家,地域の子育て経験者等と連携・協働しながら取り組むよう配慮する」との記載を追加することで,その役割のさらなる専門化を図っている。

3. 新しい幼稚園教育要領の概要 (中央説明会資料による)
(1) 前文の趣旨及び要点

今回の改訂では,新たに前文を設け,次の事項を示した。
① 教育基本法に規定する教育の目的や目標の明記とこれからの学校に求められること
②「社会に開かれた教育課程」の実現を目指すこと

教育課程を通して,これからの時代に求められる教育を実現していくためには,よりよい学校教育を通してよりよい社会を創るという理念を学校と社会とが共有することが求められ

る。
　そのため，それぞれの幼稚園において，幼児期にふさわしい生活をどのように展開し，どのような資質・能力を育むようにするのかを教育課程において明確にしながら，社会との連携及び協働によりその実現を図っていく，「社会に開かれた教育課程」の実現が重要となることを示した。
③ 幼稚園教育要領を踏まえた創意工夫に基づく教育活動の充実
　幼稚園教育要領は，公の性質を有する幼稚園における教育水準を全国的に確保することを目的に，教育課程の基準を大綱的に定めるものであり，それぞれの幼稚園は，幼稚園教育要領を踏まえ，各幼稚園の特色を生かして創意工夫を重ね，長年にわたり積み重ねられてきた教育実践や学術研究の蓄積を生かしながら，幼児や地域の現状や課題を捉え，家庭や地域社会と協力して，教育活動の更なる充実を図っていくことが重要であることを示した。

(2)「総則」の改訂の要点

　総則については，幼稚園，家庭，地域の関係者で幅広く共有し活用できる「学びの地図」としての役割を果たすことができるよう，構成を抜本的に改善するとともに，以下のような改訂を行った。
① 幼稚園教育の基本
　幼児期の教育における見方・考え方を新たに示すとともに，計画的な環境の構成に関連して教材を工夫することを新たに示した。
② 幼稚園教育において育みたい資質・能力及び「幼児期の終わりまでに育ってほしい姿」
　幼稚園教育において育みたい資質・能力と「幼児期の終わりまでに育ってほしい姿」を新たに示すとともに，これらと第2章の「ねらい及び内容」との関係について新たに示した。
③ 教育課程の役割と編成等
　次のことを新たに示した。
・各幼稚園においてカリキュラム・マネジメントの充実に努めること
・各幼稚園の教育目標を明確にし，教育課程の編成についての基本的な方針が家庭や地域とも共有されるよう努めること
・満3歳児が学年の途中から入園することを考慮し，安心して幼稚園生活を過ごすことができるよう配慮すること
・幼稚園生活が安全なものとなるよう，教職員による協力体制の下，園庭や園舎などの環境の配慮や指導の工夫を行うこと
・「幼児期の終わりまでに育ってほしい姿」を共有するなど連携を図り，幼稚園教育と小学校教育との円滑な接続を図るよう努めること
・教育課程を中心に，幼稚園の様々な計画を関連させ，一体的に教育活動が展開されるよう全体的な計画を作成すること
④ 指導計画の作成と幼児理解に基づいた評価
　次のことを新たに示した。
・多様な体験に関連して，幼児の発達に即して主体的・対話的で深い学びが実現するようにすること
・幼児の発達を踏まえた言語環境を整え，言語活動の充実を図ること
・幼児の実態を踏まえながら，教師や他の幼児と共に遊びや生活の中で見通しをもった

り，振り返ったりするよう工夫すること
  - 幼児期は直接的な体験が重要であることを踏まえ，視聴覚教材やコンピュータなど情報機器を活用する際には，幼稚園生活では得難い体験を補完するなど，幼児の体験との関連を考慮すること
  - 幼児一人一人のよさや可能性を把握するなど幼児理解に基づいた評価を実施すること
  - 評価の実施に当たっては，指導の過程を振り返りながら幼児の理解を進め，幼児一人一人のよさや可能性などを把握し，指導の改善に生かすようにすることに留意すること
⑤ 特別な配慮を必要とする幼児への指導
  次のことを新たに示した。
  - 障害のある幼児などへの指導に当たっては，長期的な視点で幼児への教育的支援を行うための個別の教育支援計画と，個別の指導計画を作成し活用することに努めること
  - 海外から帰国した幼児や生活に必要な日本語の習得に困難のある幼児については，個々の幼児の実態に応じ，指導内容等の工夫を組織的かつ計画的に行うこと
⑥ 幼稚園運営上の留意事項
  次のことを新たに示した。
  - 園長の方針の下に，教職員が適切に役割を分担，連携しつつ，教育課程や指導の改善を図るとともに，学校評価については，カリキュラム・マネジメントと関連付けながら実施するよう留意すること
  - 幼稚園間に加え，小学校等との間の連携や交流を図るとともに，障害のある幼児児童生徒との交流及び共同学習の機会を設け，協働して生活していく態度を育むよう努めること

(3)「ねらい及び内容」の改訂の要点

「ねらい」を幼稚園教育において育みたい資質・能力を幼児の生活する姿から捉えたもの，「内容の取扱い」を幼児の発達を踏まえた指導を行うに当たって留意すべき事項として新たに示すとともに，指導を行う際に「幼児期の終わりまでに育ってほしい姿」を考慮することを新たに示した。

① 領域「健康」

見通しをもって行動することを「ねらい」に新たに示した。また，食べ物への興味や関心をもつことを「内容」に示すとともに，「幼児期運動指針」（平成24年3月文部科学省）などを踏まえ，多様な動きを経験する中で，体の働きを調整するようにすることを「内容の取扱い」に新たに示した。さらに，これまで第3章指導計画作成に当たっての留意事項に示されていた安全に関する記述を，安全に関する指導の重要性の観点等から「内容の取扱い」に示した。

② 領域「人間関係」

工夫したり，協力したりして一緒に活動する楽しさを味わうことを「ねらい」に新たに示した。また，諦めずにやり遂げることの達成感や，前向きな見通しをもつことなどを「内容の取扱い」に新たに示した。

③ 領域「環境」

日常生活の中で，我が国や地域社会における様々な文化や伝統に親しむことなどを「内容」に新たに示した。また，文化や伝統に親しむ際には，正月や節句など我が国の伝統的な行

事，国歌，唱歌，わらべうたや伝統的な遊びに親しんだり，異なる文化に触れる活動に親しんだりすることを通じて，社会とのつながりの意識や国際理解の意識の芽生えなどが養われるようにすることなどを「内容の取扱い」に新たに示した。
④ 領域「言葉」
　言葉に対する感覚を豊かにすることを「ねらい」に新たに示した。また，生活の中で，言葉の響きやリズム，新しい言葉や表現などに触れ，これらを使う楽しさを味わえるようにすることを「内容の取扱い」に新たに示した。
⑤ 領域「表現」
　豊かな感性を養う際に，風の音や雨の音，身近にある草や花の形や色など自然の中にある音，形，色などに気付くようにすることを「内容の取扱い」に新たに示した。

(4)「教育課程に係る教育時間の終了後等に行う教育活動などの留意事項」の改訂の要点
① 教育課程に係る教育時間の終了後等に行う教育活動などの留意事項
　教育課程に係る教育時間終了後等に行う教育活動の計画を作成する際に，地域の人々と連携するなど，地域の様々な資源を活用しつつ，多様な体験ができるようにすることを新たに示した。
② 子育ての支援
　幼稚園が地域における幼児期の教育のセンターとしての役割を果たす際に，心理や保健の専門家，地域の子育て経験者等と連携・協働しながら取り組むことを新たに示した。

＜参考文献＞

文部科学省『幼稚園教育要領』2017.3.31
厚生労働省『保育所保育指針』2017.3.31
内閣府・文部科学省・厚生労働省『幼保連携型認定こども園教育・保育要領』2017.3.31
中央教育審議会『幼稚園，小学校，中学校，高等学校及び特別支援学校の学習指導要領等の改善及び必要な方策等について（答申）』2016.12.21
文部科学省『学校基本調査』
無藤　隆『今後の幼児教育とは　幼稚園教育要領，保育所保育指針，幼保連携型認定こども園教育・保育要領，小学校学習指導要領の改訂を受けて』2017.1.16 国立教育政策研究所　幼児教育研究センター発足記念 平成28年度教育研究公開シンポジウム
淵上　孝『私立幼稚園を取り巻く現状と課題について』2016.1.28 全日本私立幼稚園連合会 平成27年度第2回都道府県政策担当者会議
池本美香，立岡健二郎『保育ニーズの将来展望と対応の在り方』JRIレビュー Vol.3，No.42 ㈱日本総合研究所
文部科学省『平成26年度幼児教育実態調査』2015.10
東京都教育委員会『小1問題・中1ギャップの予防・解決のための「教員加配に関わる効果検証」に関する調査　最終報告書について』2013.4.25

第2章　保育所保育指針の改定について

1．はじめに
(1) 中央教育審議会の答申と保育所保育指針
　2017（平成29）年3月31日，新保育所保育指針（以下，「新指針」とも）が告示され，これに続き，新指針の解説書『保育所保育指針解説書』の発行が通知された。

　今回改定された新指針は，1965（昭和40）年に保育所保育指針が策定されてから4回目の改定となる。なかでも2008（平成20）年の前回の改定からは，それまでの局長通知から厚生労働大臣による告示となり，遵守すべき法令となっている。

　今回の改定の特徴は，「第1章　幼稚園教育要領の改訂について」でも述べた2016（平成28）年12月の中央教育審議会による答申「幼稚園，小学校，中学校，高等学校及び特別支援学校の学習指導要領等の改善及び必要な方策等について」を踏まえ，新たな保育所保育指針においても「幼児教育を行う施設として共有すべき事項」として，3つの「育みたい資質・能力」ならびに10の「幼児期の終わりまでに育ってほしい姿」が記載されていることである。また，0歳から2歳児を中心とした3歳未満児の保育所利用児童数の増加といった保育所等における独自の問題への取り組みの積極的な対応も図られている。

(2) 保育所等を取り囲む環境
　図2－1に示すように，保育所等の利用児童数および設置数は，2009（平成21）年から2017年までの間いずれも増加している。特に子ども・子育て支援新制度がスタートした2015（平成27）年からは幼保連携型認定こども園，幼稚園型認定こども園等，特定地域型保育事業（小規模保育事業，家庭的保育事業，事業所内保育事業，居宅訪問型保育事業）が加わったことで，2017年には利用児童数254万6,669人，施設数では3万2,793施設と大きく拡大した。これは女性の社会進出に伴い乳幼児を持つ母親の就業が増えていること，また長期化する景気の低迷から共働き家庭の増加，長時間労働の蔓延など，小学校入学前の乳幼児の保育ニーズが高まっていることによる。

　なかでも3歳未満の乳幼児の利用数は多く，少子化が進んでいるにもかかわらず，2017年の保育所等を利用する3歳未満児数は103万1,486人と2009年の70万9,399人に比べ45.4％増，30万人近い増加となっている（図2－2）。また，3歳未満児の保育所等の待機児童数を見てみると，2009年から2017年にいたるまで毎年ほぼ2万人前後で推移している（図2－3）。これは保育所等の施設が近隣に新設されたことで，それまで出産を機に就業をあきらめていた女性たちが就業を目的に乳幼児の入所を希望するという，これまで表にあらわれなかった保育ニーズが顕在化しているためといわれている。産前産後休業後の職場復帰を考えている女性たちが子どもを預けるための保育所探しに奔走する「保活」という言葉が一般化しているように，3歳未満の乳幼児の保育ニーズが解消する兆しは見えていない。

　このため新指針では，乳児，1歳以上3歳未満児の保育についての記載の充実を図ることで，今後さらに増えていくであろう3歳未満児の保育の質的向上を目指している。また，2016年12月の中央教育審議会による答申「幼稚園，小学校，中学校，高等学校及び特別支援学校の学習指導要領等の改善及び必要な方策等について」を踏まえ，新幼稚園教育要領との整合性を図ったより質の高い幼児教育の提供，食育の推進・安全な保育環境の確保などを訴えて

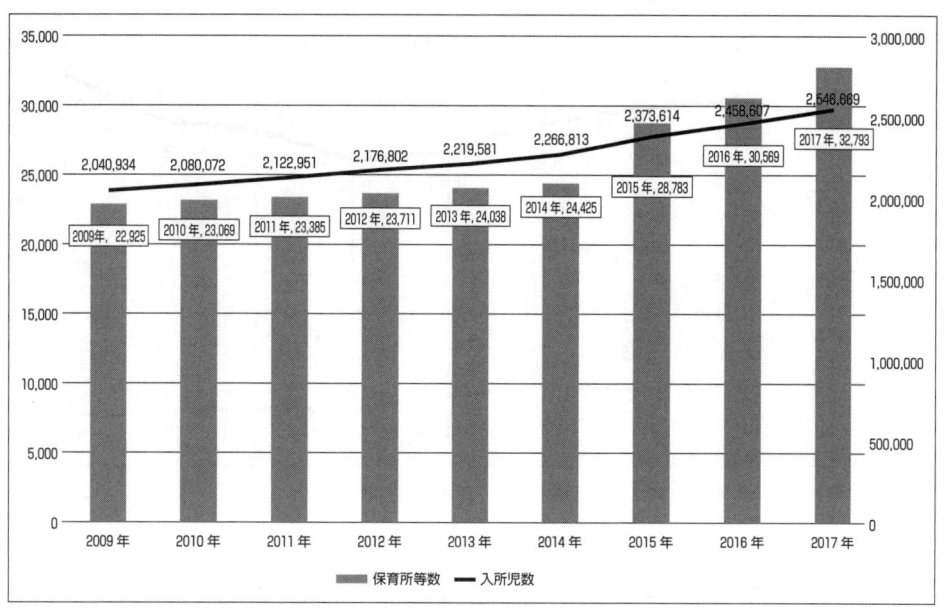

図2－1　保育所等施設数と入所児数の推移

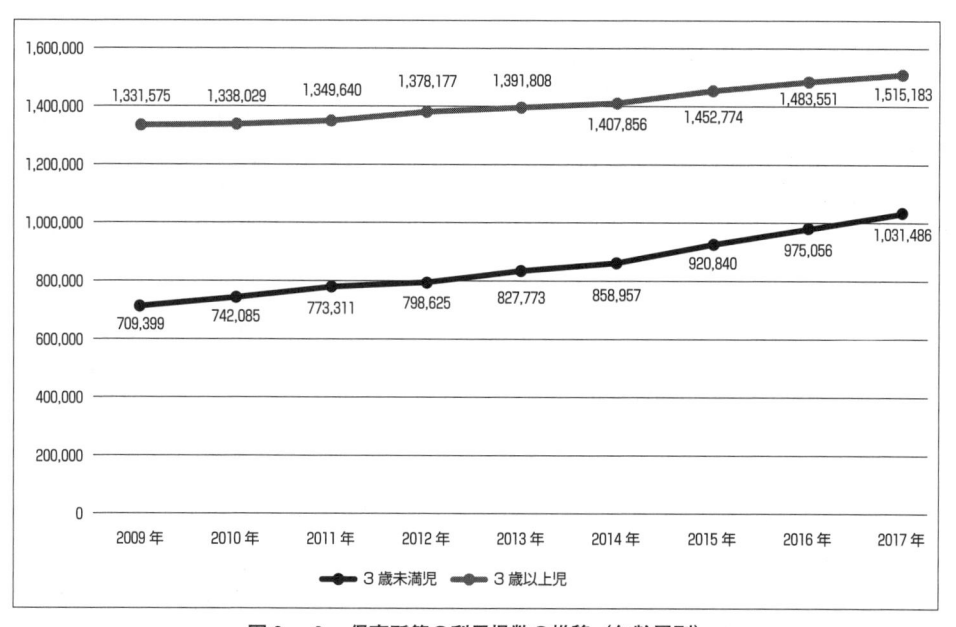

図2－2　保育所等の利用児数の推移（年齢層別）

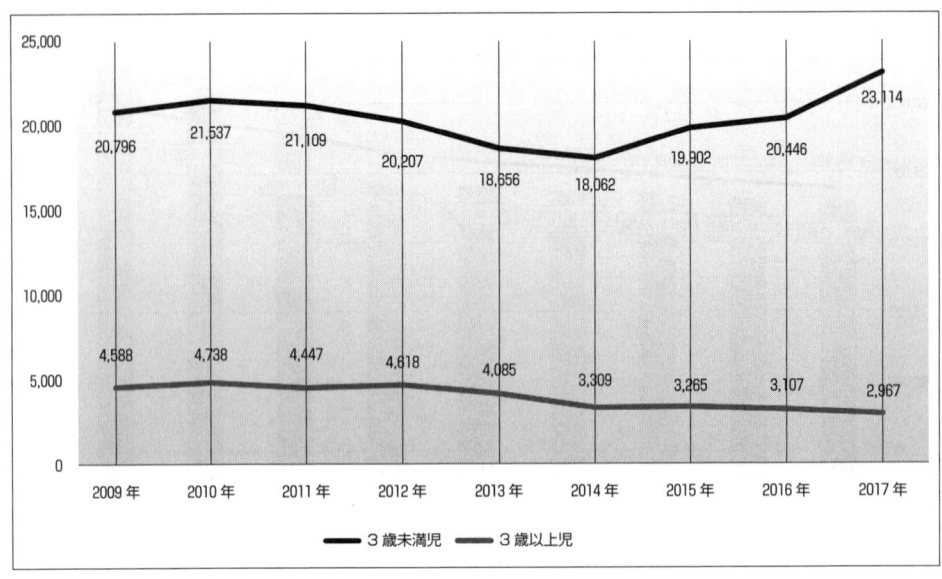

図2－3　保育所等待機児童数の推移（年齢層別）

いる。さらに、子育て世帯における子育ての負担や不安・孤立感の高まり・児童虐待相談件数の増加など子育てをめぐる地域や社会、家庭の状況の変化に対応し得る保育士としての専門性の向上など、今日的な施策を見据えた改定がなされている。

2．保育所保育指針改定のポイント
(1) 乳児・1歳以上3歳未満児の保育の重要性

　2017年の就学前児童のうち保育所等利用率は42.4％で、このうち3歳未満児は35.1％、さらに1・2歳児は45.7％を占めるまでになっている（2017年4月1日時点）。これに対し、2008年の全体の保育所等利用率は30.7％、このうち1・2歳児の利用率が27.6％であった。また前述したように、2017年の3歳未満児の保育所等の利用児童数は、2008年の前回の改定時に比べ52.5％増の103万1,486人となっている。このことから前回の改定から幼児保育を取り巻く環境、特に3歳未満児の保育所保育の重要性が大きくなっていることがわかる。なかでも乳児から2歳児までの時期は、保護者や保育士など特定のおとなとの間での愛着関係が形成されると同時に、周囲の人やもの、自然などとの関わりから自我が形成されていく、子どもの心身の発達にとって非常に重要な時期である。

　そのため、新指針では「第2章　保育の内容」を大きく変更している。前回の改定では、発達過程を8つの年齢に区分し、すべての年齢を通じた共通の記載となっていたが、新指針では「乳児」「1歳以上3歳未満児」「3歳以上児」の3年齢に区分している。そして各年齢における保育内容を5領域に則り、それぞれの年齢区分における成長の特徴を詳細に記載する内容となった（乳児に関しては、「健やかに伸び伸びと育つ」（健康の領域へ発展する）、「身近な人と気持ちが通じ合う」（人間関係の領域へ発展する）、「身近なものと関わり感性が育つ」（環境の領域へ発展する）の3つの関わりの視点）。なお「3歳以上児」については幼稚園教育要領の

「第 2 章 ねらい及び内容」に準拠している。

(2) 幼児教育の積極的な位置づけ

　2016年12月の中央教育審議会による答申「幼稚園, 小学校, 中学校, 高等学校及び特別支援学校の学習指導要領等の改善及び必要な方策等について」では, 現行の学習指導要領で謳われている知（確かな学力）・徳（豊かな人間性）・体（健康・体力）にわたる「生きる力」を, 将来子どもたちがより一層確実に育むためには何が必要かということをポイントに記載されている。特に今後, 人工知能（AI）の技術が進み, 社会環境・構造の大きな変化が予測される未来において, その変化を前向きに受け止め, 主体的によりよい将来を創り出していこうとする姿勢がより重要となってくる。

　そのため, 新指針でも「幼児教育を行う施設として共有すべき事項」として, 幼稚園教育要領および幼保連携型認定こども園教育・保育要領の改訂との整合性を図った「保育活動全体を通して育みたい」3 つの「資質・能力」を記載している。

① 豊かな体験を通じて, 感じたり, 気付いたり, 分かったり, できるようになったりする「知識及び技能の基礎」
② 気付いたことや, できるようになったことなどを使い, 考えたり, 試したり, 工夫したり, 表現したりする「思考力, 判断力, 表現力等の基礎」
③ 心情, 意欲, 態度が育つ中で, よりよい生活を営もうとする「学びに向かう力, 人間性等」

そして以下の10項目が, この 3 つの資質・能力が育まれている幼児において「幼児期の終わりまでに育ってほしい具体的な姿」である。

① 健康な心と体　　　　　　　⑥ 思考力の芽生え
② 自立心　　　　　　　　　　⑦ 自然との関わり・生命尊重
③ 協同性　　　　　　　　　　⑧ 数量や図形, 標識や文字などへの関心・感覚
④ 道徳性・規範意識の芽生え　⑨ 言葉による伝え合い
⑤ 社会生活との関わり　　　　⑩ 豊かな感性と表現

　保育所等における 3 歳以上の利用児童数は, 前回の保育所保育指針の改定から増加傾向にあり, 2015年からは子ども・子育て支援新制度の開始もあって幼稚園の園児数を上回るようになった（図 1 － 2, 図 2 － 1 参照）。こうした状況から, 保育所等における幼児教育の重要性はさらに高まっていくものと考えられる。

　なお幼稚園教育要領, 幼保連携型認定こども園教育・保育要領に記載されている「主体的・対話的で深い学び」（アクティブ・ラーニング），「カリキュラム・マネジメント」については, 新指針でそれらの用語を使っては触れていない。しかし, 子どもの主体的な活動を促すために, 全体的な計画などを子どもの実態や子どもを取り巻く状況の変化などに即して手直ししていく, PDCA の重要性について述べている（「主体的・対話的で深い学び」および「カリキュラム・マネジメント」については第 1 章参照）。

(3) 小学校教育との円滑なつながり

　従来, 小学校教育はいわばゼロからスタートするものと考えられてきた。そのため, ほとんどの子どもが幼稚園, 保育所, 認定こども園などに通い, 小学校教育に求められる幼児として

の資質・能力はある程度育成されており，既に多くを学んでいることが見逃されていた。そこで，幼児教育が保育所での教育を含め，小学校以降の学習や生活の基盤の育成につながる重要な機会であるとの認識から，保育所保育でも小学校とのつながりを一層図るべきことが強調されるようになった。

　このため新指針では，前回以上に「小学校との連携」の項の充実を図っている。具体的には「幼児期にふさわしい生活を通じて，創造的な思考や主体的な生活態度などの基礎を培うようにする」などの幼児教育の「見方・考え方」に通ずる表現を盛り込むとともに，「保育所保育において育まれた資質・能力を踏まえ（中略），小学校教師との意見交換や合同の研究の機会などを設け（中略）『幼児期の終わりまでに育ってほしい姿』を共有するなど連携を図り」など，幼児期に育ってほしい資質・能力とその具体的な姿を幼保小で連携し円滑な接続に向けていくことの重要性が明記されている。

(4) 健康および安全な保育環境の確保

　子どもの育ちをめぐる環境の変化を踏まえ，食育の推進，安全な保育環境の確保等の記載内容を変更している。食育に関しては，前回の改定以降，2回にわたる食育推進基本計画の策定を反映させ，保育所における食育のさらなる浸透を目指し，記述内容の充実を図っている。また，保育所における食物アレルギー有病率が4.9％（平成21年度日本保育園保健協議会調査（現：日本保健保育協議会））と高率であることから，食物アレルギーに対する職員全員の共通理解を高める内容となった。

　さらに2011（平成23）年3月11日の東日本大震災や2016年の熊本地震の経験を踏まえて，行政機関や地域の関係機関と連携しながら，日頃からの備えや危機管理体制づくり等を進めるとともに，災害発生時の保護者との連絡，子どもの引渡しの円滑化などが記載された。

(5) 子育て支援の充実

　前回の改定から保育所に入所する子どもの保護者の支援が加わった（「保護者支援」）が，新指針では「保護者支援」の章を「子育て支援」に改め，保護者・家庭と連携した，質の高い子育てのための記述内容の充実を図っている。また，貧困家庭，外国籍家庭など特別な配慮を必要とする家庭の増加，児童虐待の相談件数の増加に対応した記述内容となっている。

(6) 職員の資質・専門性の向上

　子育て環境をめぐる地域・家庭の状況が変化（核家族化により子育て支援・協力が困難，共働き家庭の増加，父親の長時間労働，兄弟姉妹の減少から乳幼児と触れ合う機会のないまま親となった保護者の増加等）から，保育士は今まで以上にその専門性を高めることが求められるようなった。こうした時代背景から，専門職としての保育士等の資質の向上を目指した記述内容の充実と，そのためのキャリアパス（career path）の明確化，研修計画の体系化について新たに記載された。

　なお2015年度から実施されている「子ども・子育て支援新制度」では，より質の高い幼児教育提供のために，さまざまな支援が行われるようになった。その中で「幼稚園，保育所，認定こども園などの職員の処遇改善」が謳われており，具体的には職員の給与の改善，研修の充実など，キャリアップの取り組みに対する支援が掲げられている。

3．新しい保育所保育指針の概要（中央説明会資料による）

改定の方向性を踏まえて，前回の改定における大綱化の方針を維持しつつ，必要な章立ての見直しと記載内容の変更・追記等を行った。主な変更点及び新たな記載内容は，以下の通りである。

(1) 総則

保育所の役割や保育の目標など保育所保育に関する基本原則を示した上で，養護は保育所保育の基盤であり，保育所保育指針全体にとって重要なものであることから，「養護に関する基本的事項」（「生命の保持」と「情緒の安定」）を総則において記載することとした。

また，「保育の計画及び評価」についても総則で示すとともに，改定前の保育所保育指針における「保育課程の編成」については，「全体的な計画の作成」とし，幼保連携型認定こども園教育・保育要領，幼稚園教育要領との構成的な整合性を図った。

さらに，「幼児教育を行う施設として共有すべき事項」として，「育みたい資質・能力」3項目及び「幼児期の終わりまでに育ってほしい姿」10項目を，新たに示した。

(2) 保育の内容

保育所における教育については，幼保連携型認定こども園及び幼稚園と構成の共通化を図り，「健康・人間関係・環境・言葉・表現」の各領域における「ねらい」「内容」「内容の取扱い」を記載した。その際，保育所においては発達による変化が著しい乳幼児期の子どもが長期にわたって在籍することを踏まえ，乳児・1歳以上3歳未満・3歳以上児に分けて記載するとともに，改定前の保育所保育指針第2章において示した「子どもの発達」に関する内容を，「基本的な事項」として，各時期のねらいや内容等とあわせて記述することとした。

乳児保育については，この時期の発達の特性を踏まえ，生活や遊びが充実することを通して，子どもたちの身体的・社会的精神的発達の基盤を培うという基本的な考え方の下，乳児を主体に，「健やかに伸び伸びと育つ」（健康な心と体を育て，自ら健康で安全な生活をつくり出す力の基盤を培う），「身近な人と気持ちが通じ合う」（受容的・応答的な関わりの下で，何かを伝えようとする意欲や身近な大人との信頼関係を育て，人と関わる力の基盤を培う），「身近なものと関わり感性が育つ」（身近な環境に興味や好奇心をもって関わり，感じたことや考えたことを表現する力の基盤を培う）という3つの視点から，保育の内容等を記載した。1歳以上3歳未満児については言葉と表現活動が生まれることに応じて，3歳以上と同様の5つの領域を構成している。

さらに，年齢別に記述するのみでは十分ではない項目については，別途配慮事項として示した。

(3) 健康及び安全

子どもの育ちをめぐる環境の変化や様々な研究，調査等による知見を踏まえ，アレルギー疾患を有する子どもの保育及び重大事故の発生しやすい保育の場面を具体的に提示しての事故防止の取組について，新たに記載した。

また，食育の推進に関する項目について，記述内容の充実を図った。さらに，子どもの生命を守るため，施設・設備等の安全確保や災害発生時の対応体制及び避難への備え，地域の関係機関との連携など，保育所における災害への備えに関する節を新たに設けた。

(4) 子育て支援

　改定前の保育所保育指針と同様に，子育て家庭に対する支援についての基本的事項を示した上で，保育所を利用している保護者に対する子育て支援と，地域の保護者等に対する子育て支援について述べる構成となっている。

　基本的事項については，改定前の保育所保育指針の考え方や留意事項を踏襲しつつ，記述内容を整理するとともに，「保護者が子どもの成長に気付き子育ての喜びを感じられるよう努める」ことを明記した。

　また，保育所を利用している保護者に対する子育て支援については，保護者の子育てを自ら実践する力の向上に寄与する取組として，保育の活動に対する保護者の積極的な参加について記載するとともに，外国籍家庭など特別なニーズを有する家庭への個別的な支援に関する事項を新たに示した。

　地域の保護者等に対する子育て支援に関しても，改定前の保育所保育指針において示された関係機関との連携や協働，要保護児童への対応等とともに，保育所保育の専門性を生かすことや一時預かり事業等における日常の保育との関連への配慮など，保育所がその環境や特性を生かして地域に開かれた子育て支援を行うことをより明示的に記載した。

(5) 職員の資質向上

　職員の資質・専門性とその向上について，各々の自己研鑽とともに，保育所が組織として職員のキャリアパスを見据えた研修機会の確保や充実を図ることを重視し，施設長の責務や体系的・計画的な研修の実施体制の構築，保育士等の役割分担や職員の勤務体制の工夫等，取組の内容や方法を具体的に示した。

<参考文献>

厚生労働省『保育所保育指針』2017.3.31
文部科学省『幼稚園教育要領』2017.3.31
内閣府・文部科学省・厚生労働省『幼保連携型認定こども園教育・保育要領』2017.3.31
中央教育審議会『幼稚園，小学校，中学校，高等学校及び特別支援学校の学習指導要領等の改善及び必要な方策等について（答申）』2016.12.21
無藤　隆『今後の幼児教育とは　幼稚園教育要領，保育所保育指針，幼保連携型認定こども園教育・保育要領，小学校学習指導要領の改訂を受けて』2017.1.16 国立教育政策研究所 幼児教育研究センター発足記念 平成28年度教育研究公開シンポジウム
淵上　孝『私立幼稚園を取り巻く現状と課題について』2016.1.28 全日本私立幼稚園連合会 平成27年度第2回都道府県政策担当者会議
厚生労働省『保育所等関連状況取りまとめ（平成29年4月1日）』2017.9.2
池本美香，立岡健二郎『保育ニーズの将来展望と対応の在り方』JRIレビュー Vol.3, No.42 ㈱日本総合研究所
東京都教育委員会『小1問題・中1ギャップの予防・解決のための「教員加配に関わる効果検証」に関する調査　最終報告書について』2013.4.25
日本保育園保健協議会（現：日本保育保健協議会）『保育所における食物アレルギーにかかわる調査研究』2010.3

第3章　幼保連携型認定こども園教育・保育要領の改訂について

1．はじめに
(1) これまでの流れ

　認定こども園は，小学校入学前の子どもに対する幼児教育・保育，ならびに保護者に対する子育ての支援を総合的に提供する施設として，2006（平成18）年に「就学前の子どもに関する教育，保育等の総合的な提供の推進に関する法律」（認定こども園法）の成立により，同年10月から開始された。周知のように認定こども園は，幼保連携型，幼稚園型，保育所型，地方裁量型の4タイプに分けられており，制度発足の当初は，幼稚園型が学校教育法に基づく認可，保育所型が児童福祉法に基づく認可，また幼保連携型が学校教育法および児童福祉法に基づくそれぞれの認可が必要であった。そのため2014（平成26）年に認定こども園法を改正し，幼保連携型認定こども園は認定こども園法に基づく単一の認可（教育基本法第6条の法律で定める学校）とし，管轄省庁も内閣府に一本化した。また同年には「幼保連携型認定こども園教育・保育要領」（以下，教育・保育要領）が策定され，0歳から小学校就学前までの子どもの一貫した保育・教育が実施されるようになった（幼保連携型認定こども園以外の認定こども園においても教育・保育要領を踏まえることとしている）。それらに基づき，2015年（平成27年）4月より，子ども・子育て支援新制度の開始とともに，新しい形の単一認可による幼保連携型認定こども園が発足した。

(2) 認定こども園を取り巻く環境

　2017（平成29）年3月31日に告示された新しい教育・保育要領は，2014年の策定に続くもので，『幼稚園教育要領』『保育所保育指針』の改訂（改定）との整合性を図ったものとなっている。認定こども園の施設数は，2014年までは緩やかな増加となっていたが，2014年に幼保連携型の認可が一元化されたこと，また2015年から子ども・子育て支援新制度がスタートし施設給付型に変わったことなどから，幼保連携型施設が大幅に増加し，2016（平成28）年には認定こども園全体で4,001施設，2017（平成29）年では5,081施設となった（図3－1）。このうち幼稚園，保育所等の既存の施設から認定こども園に移行した施設は，幼稚園377か所（2015年639か所，2016年438か所），認可保育所715か所（2015年1,047か所，2016年786か所），その他の保育施設35か所と，既存の施設からの移行が9割以上を占めている（なお認定こども園から認定こども園以外の施設に移行した施設は2015年128か所，2016年4か所，2017年4か所となっている）。一方，新規開設した施設は比較的少ないが（2015年16か所，2016年37か所），2017年は60施設が新規開設となっており年々増加傾向にある。

　認定こども園制度の一番の目的は，「待機児童ゼロ」政策の一環として，保護者の就労の有無に関わらず，小学校就学前の児童に対し幼稚園・保育所の制度の枠組みを超えた幼児教育・保育を提供することであった。しかし，待機児童数が減る兆しは一向にみえておらず，子ども・子育て支援新制度がスタートし保育所等の施設数・定員が増えた2015年，2016年においても，その数は減っていない。なかでも産前産後休業あるいは育児休業後の職場復帰を考えている共働き家庭で保育ニーズの高い3歳未満児の待機児童数は，若干の減少はみられても，ほぼ毎年2万人前後で推移している（図2－3参照）。これは，それまで保育所に入ることができずに母親の就労をあきらめていた家庭が保育施設の増設に伴い，幼児の保育所への入所を希

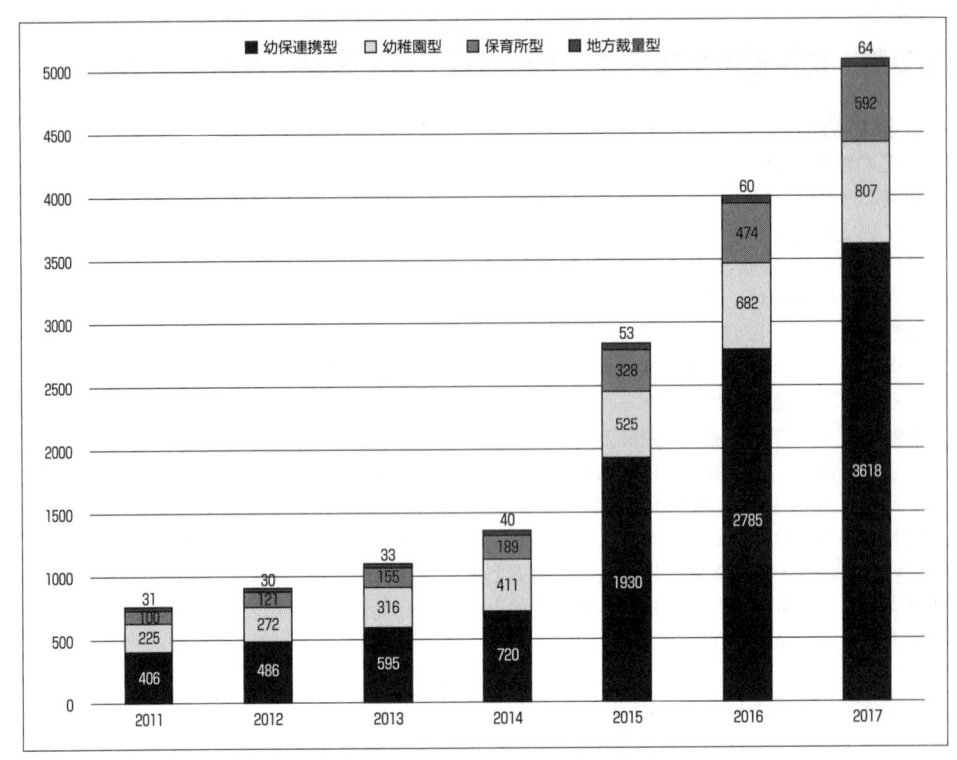

図3－1　認定こども園施設数の推移

望するようになったという隠れ需要が出てきていることによるといわれている。

　今後も少子化の流れに変わりはないと思われるが，女性の社会進出がより進むことで5歳以下の幼児保育のニーズは増えていくと予想されている。また，第1章でも述べたように，中央教育審議会の求める「質の高い幼児教育」の提供という観点から幼児教育を担う幼稚園の存在意義はさらに大きくなるものと考えられる。こうしたことから幼稚園機能と保育所機能の両方を併せ持つ幼保連携型をはじめとする認定こども園の重要性はこれからさらに増していくものと思われる。

2．幼保連携型認定こども園教育・保育要領改訂のポイント

　今回の改訂では，基本的には幼稚園教育要領での改訂，および保育所保育指針の改定に準拠したものとなっている。そのため，幼稚園教育要領および保育所保育指針の改訂（改定）のポイントなっている，幼児教育（保育）を通じて「育みたい資質・能力」および「幼児期の終わりまでに育ってほしい姿」が，新しい教育・保育要領の改訂版でも強調されている。なお，以下の(1)から(4)は幼稚園教育要領に準拠，また(5)から(7)は保育所保育指針に準拠した内容となっている。

(1) 幼保連携型認定こども園の教育および保育において育みたい資質・能力および「幼児期の終わりまでに育ってほしい姿」
　現行の中央教育審議会の答申で述べられている「生きる力」の基礎を育むために子どもたちに以下の3つの資質・能力を育むことを明記している。
　① 豊かな体験を通じて，感じたり，気付いたり，分かったり，できるようになったりする「知識及び技能の基礎」
　② 気付いたことや，できるようになったことなどを使い，考えたり，試したり，工夫したり，表現したりする「思考力，判断力，表現力等の基礎」
　③ 心情，意欲，態度が育つ中で，よりよい生活を営もうとする「学びに向かう力，人間性等」
　そして，この3つの資質・能力が育まれている幼児の幼保連携型認定こども園修了時の具体的な姿が以下の10の姿である。
　① 健康な心と体　　　　　　　⑥ 思考力の芽生え
　② 自立心　　　　　　　　　　⑦ 自然との関わり・生命尊重
　③ 協同性　　　　　　　　　　⑧ 数量や図形，標識や文字などへの関心・感覚
　④ 道徳性・規範意識の芽生え　⑨ 言葉による伝え合い
　⑤ 社会生活との関わり　　　　⑩ 豊かな感性と表現

(2) カリキュラム・マネジメント
　新教育・保育要領では，この「幼児期の終わりまでに育ってほしい姿」を踏まえて教育および保育の内容ならびに子育ての支援などに関する全体的な計画を作成し，その実施状況を評価して改善していくこと，また実施に必要な人的・物的な体制を確保し改善することで，幼保連携型認定こども園における教育および保育の質を高めていくカリキュラム・マネジメントの考え方が導入されている。

(3) 小学校教育との接続
　幼保連携型認定こども園における教育および保育と小学校教育との円滑な接続の一層の強化を図ることを目的に，小学校教育との接続に関する記載が設けられた。ここでは幼保連携型認定こども園で育みたい3つの資質・能力を踏まえ，小学校の教諭との意見交換や合同研究の機会，また「幼児期の終わりまでに育ってほしい姿」を共有するなどの連携と接続の重要性が述べられている。

(4) 「主体的・対話的で深い学び」（アクティブ・ラーニング）の実現
　中央教育審議会の答申で述べられている，学ぶことに興味・関心を持ち，見通しを持って粘り強く取り組み，自己の学習活動を振り返って次につなげる「主体的な学び」，子ども同士の協働・教職員や地域の人との対話・先哲の考え方を手がかりに考えるなどを通じて，自己の考えを広め深める「対話的な学び」，そして得られた知識を相互に関連付けてより深く理解したり，情報を精査して考えを形成したり，問題を見出し解決策を思考したり，自分の思い・考えを基に創造へと向かう「深い学び」の実現を謳っている。幼保連携型認定こども園においては，子どもたちがさまざまな人やものとの関わりを通して，多様な体験をし，心身の調和の取れた発達を促す際に，この「主体的・対話的で深い学び」が実現されることを求めている。

(5) 乳児・1歳以上3才未満児の保育の記載を充実

新保育所保育指針との整合性を取り，「第2章　ねらい及び内容並びに配慮事項」では，乳児，1歳以上3才未満，満3歳以上の3つの年齢に分けている。そして各年齢における保育内容を原則として5領域に則り，それぞれの年齢区分における成長の特徴を詳細に記載する内容となっている。乳児に関しては，「健やかに伸び伸びと育つ」（健康な心と体を育て，自ら健康で安全な生活をつくりだす力の基盤を培う），「身近な人と気持ちが通じ合う」（受容的・応答的な関わりの下で，何かを伝えようとする意欲や身近な大人との信頼関係を育て，人と関わる力の基盤を培う），「身近なものと関わり感性が育つ」（身近な環境に興味や好奇心をもって関わり，感じたことや考えたことを表現する力の基盤を培う）という3つの関わりの視点とした。1歳以上3歳未満児については，言葉が生まれ，表現活動が始まることに応じて，3歳以上と同様の5つの領域を構成する。なお「3歳以上児」については，保育所保育指針と同じく，幼稚園教育要領の「第2章　ねらい及び内容」に準拠した内容となっている。

(6) 健康及び安全

新しい教育・保育要領では，これまで「幼保連携型認定こども園として特に配慮すべき事項」に含まれていた「健康支援」「食育の推進」「環境及び衛生管理並びに安全管理」の3項目に，新たに「災害の備え」を付け加えた「第3章　健康及び安全」を新設している。内容としては，新しい保育所保育指針に準拠することで，保育における子どもの健康，安全性の確保の重要性を明記している。

(7) 子育ての支援の充実

現行の教育・保育要領では「子育ての支援」は「幼保連携型認定こども園として特に配慮すべき事項」に含まれていたが，新しい教育・保育要領では「第4章　子育ての支援」として独立した章立てとし，園児の保護者ならびに地域の子育て家庭の保護者に向けた総合的な支援の提供を謳っている。内容としては，保育所保育指針との整合性を図っているほか，認定こども園独自の問題として，園に幼稚園機能を求める保護者と保育所機能を求める保護者との意識の違いの解消を目的とした記載もみられる。

3．新しい幼保連携型認定こども園教育・保育要領の概要（中央説明会資料による）

(1) 総則

① 幼保連携型認定こども園における教育及び保育の基本及び目標等

幼保連携型認定こども園における教育及び保育の基本の中で，幼児期の物事を捉える視点や考え方である幼児期における見方・考え方を新たに示すとともに，計画的な環境の構成に関連して，教材を工夫すること，また，教育及び保育は，園児が入園してから修了するまでの在園期間全体を通して行われるものであることを新たに示した。

さらに，幼保連携型認定こども園の教育及び保育において育みたい資質・能力と園児の幼保連携型認定こども園修了時の具体的な姿である「幼児期の終わりまでに育ってほしい姿」を新たに示すとともに，これらと第2章の「ねらい」及び「内容」との関係について新たに示した。

② 教育及び保育の内容並びに子育ての支援等に関する全体的な計画等
ア 教育及び保育の内容並びに子育ての支援等に関する全体的な計画の作成等
　幼稚園教育要領等を踏まえて，次のことを新たに示した。
　・教育及び保育の内容並びに子育ての支援等に関する全体的な計画（全体的な計画）は，どのような計画か
　・各幼保連携型認定こども園においてカリキュラム・マネジメントに努めること
　・各幼保連携型認定こども園の教育及び保育の目標を明確化及び全体的な計画の作成についての基本的な方針が共有されるよう努めること
　・園長の方針の下，保育教諭等職員が適切に役割を分担，連携しつつ，全体的な計画や指導の改善を図るとともに，教育及び保育等に係る評価について，カリキュラム・マネジメントと関連を図りながら実施するよう留意すること
　・「幼児期の終わりまでに育ってほしい姿」を共有するなど連携を図り，幼保連携型認定こども園における教育及び保育と小学校教育との円滑な接続を図るよう努めること
イ 指導計画の作成と園児の理解に基づいた評価
　幼稚園教育要領を踏まえて，次のことを新たに示した。
　・多様な体験に関連して，園児の発達に即して主体的・対話的で深い学びが実現するようにすること
　・園児の発達を踏まえた言語環境を整え，言語活動の充実を図ること
　・保育教諭等や他の園児と共に遊びや生活の中で見通しをもったり振り返ったりするよう工夫すること
　・直接体験の重要性を踏まえ，視聴覚教材やコンピュータなど情報機器を活用する際には，園生活では得難い体験を補完するなど，園児の体験との関連を考慮すること
　・幼保連携型認定こども園間に加え，小学校等との間の連携や交流を図るとともに，障害のある園児等との交流及び共同学習の機会を設け，協働して生活していく態度を育むよう努めること
　・園児一人一人のよさや可能性を把握するなど園児の理解に基づいた評価を実施すること
　・評価の実施の際には，他の園児との比較や一定の基準に対する達成度についての評定によって捉えるものではないことに留意すること
ウ 特別な配慮を必要とする園児への指導
　幼稚園教育要領を踏まえて次のことを新たに示した。
　・障害のある園児への指導に当たって，長期的な視点で園児への教育的支援を行うため，個別の教育及び保育支援計画や個別の指導計画を作成し活用することに努めること
　・海外から帰国した園児や生活に必要な日本語の習得に困難のある園児については，個々の園児の実態に応じ，指導内容等の工夫を組織的かつ計画的に行うこと
③ 幼保連携型認定こども園として特に配慮すべき事項
　前回の幼保連携型認定こども園教育・保育要領の策定，施行後の実践を踏まえた知見等を基に，次のことなどを新たに示した。
・満3歳以上の園児の入園時や移行時等の情報共有や，環境の工夫等について
・環境を通して行う教育及び保育の活動の充実を図るため，教育及び保育の環境の構成に当たっては，多様な経験を有する園児同士が学び合い，豊かな経験を積み重ねられるよう，工夫をすること

・長期的な休業中の多様な生活経験が長期的な休業などの終了後等の園生活に生かされるよう工夫をすること

(2) ねらい及び内容並びに配慮事項

　満3歳未満の園児の保育に関するねらい及び内容並びに配慮事項等に関しては保育所保育指針の保育の内容の新たな記載を踏まえ，また，満3歳以上の園児の教育及び保育に関するねらい及び内容に関しては幼稚園教育要領のねらい及び内容の改善・充実を踏まえて，それぞれ新たに示した。

・「ねらい」は幼保連携型認定こども園の教育及び保育において育みたい資質・能力を園児の生活する姿から捉えたものであること
・「内容の取扱い」は園児の発達を踏まえた指導を行うに当たって留意すべき事項であること
・「幼児期の終わりまでに育ってほしい姿」は指導を行う際に考慮するものであること
・各視点や領域は，この時期の発達の特徴を踏まえ，乳幼児の発達の側面からまとめ示したものであること

　また，幼保連携型認定こども園においては，長期にわたって在籍する園児もいることを踏まえ，乳児期・満1歳以上満3歳未満の園児・満3歳以上の園児に分けて記載するとともに，「子どもの発達」に関する内容を，「基本的な事項」として各時期のねらいや内容等とあわせて新たに示した。

① 乳児期の園児の保育に関するねらい及び内容
　乳児期の発達の特徴を示すとともに，それらを踏まえ，ねらい及び内容について身体的発達に関する視点「健やかに伸び伸びと育つ」，社会的発達に関する視点「身近な人と気持ちが通じ合う」，精神的発達に関する視点「身近なものと関わり感性が育つ」としてまとめ，新たに示した。

② 満1歳以上満3歳未満の園児の保育に関するねらい及び内容
　この時期の発達の特徴を示すとともに，それらを踏まえ，ねらい及び内容について心身の健康に関する領域「健康」，人との関わりに関する領域「人間関係」，身近な環境との関わりに関する領域「環境」，言葉の獲得に関する領域「言葉」及び感性と表現に関する領域「表現」としてまとめ，新たに示した。

③ 満3歳以上の園児の教育及び保育に関するねらい及び内容
　この時期の発達の特徴を示すとともに，それらを踏まえ，ねらい及び内容について心身の健康に関する領域「健康」，人との関わりに関する領域「人間関係」，身近な環境との関わりに関する領域「環境」，言葉の獲得に関する領域「言葉」及び感性と表現に関する領域「表現」としてまとめ，内容の改善を図り，充実させた。

④ 教育及び保育の実施に関する配慮事項
　保育所保育指針を踏まえて，次のことなどを新たに示した。
　・心身の発達や個人差，個々の気持ち等を踏まえ，援助すること
　・心と体の健康等に留意すること
　・園児が自ら周囲へ働き掛け自ら行う活動を見守り，援助すること
　・入園時の個別対応や周りの園児への留意等
　・国籍や文化の違い等への留意等

・性差や個人差等への留意等

(3) 健康及び安全
　現代的な諸課題を踏まえ，特に，以下の事項の改善・充実を図った。
　また，全職員が相互に連携し，それぞれの専門性を生かしながら，組織的かつ適切な対応を行うことができるような体制整備や研修を行うことを新たに示した。
- アレルギー疾患を有する園児への対応や環境の整備等
- 食育の推進における，保護者や地域，関係機関等との連携や協働
- 環境及び衛生管理等における職員の衛生知識の向上
- 重大事故防止の対策等
- 災害への備えとして，施設・設備等の安全確保，災害発生時の対応や体制等，地域の関係機関との連携

(4) 子育ての支援
　子育ての支援に関して，特に以下の事項の内容の改善・充実を図った。
　○ 子育ての全般に関わる事項について
- 保護者の自己決定の尊重や幼保連携型認定こども園の特性を生かすこと
- 園全体の体制構築に努めることや地域の関係機関との連携構築，子どものプライバシーの保護・秘密保持

　○ 幼保連携型認定こども園の園児の保護者に対する事項について
- 多様な生活形態の保護者に対する教育及び保育の活動等への参加の工夫
- 保護者同士の相互理解や気付き合い等への工夫や配慮
- 保護者の多様化した教育及び保育の需要への対応等

　○ 地域における子育て家庭の保護者に対する事項について
- 地域の子どもに対する一時預かり事業などと教育及び保育との関連への考慮
- 幼保連携型認定こども園の地域における役割等

＜参考文献＞
内閣府・文部科学省・厚生労働省『幼保連携型認定こども園教育・保育要領』2017.3.31
文部科学省『幼稚園教育要領』2017.3.31
厚生労働省『保育所保育指針』2017.3.31
中央教育審議会『幼稚園，小学校，中学校，高等学校及び特別支援学校の学習指導要領等の改善及び必要な方策等について（答申）』2016.12.21
無藤　隆『今後の幼児教育とは　幼稚園教育要領，保育所保育指針，幼保連携型認定こども園教育・保育要領，小学校学習指導要領の改訂を受けて』2017.1.16 国立教育政策研究所　幼児教育研究センター発足記念 平成28年度教育研究公開シンポジウム
淵上　孝『私立幼稚園を取り巻く現状と課題について』2016.1.28 全日本私立幼稚園連合会 平成27年度第2回都道府県政策担当者会議
池本美香，立岡健二郎『保育ニーズの将来展望と対応の在り方』JRI レビュー Vol.3. No. 42 ㈱日本総合研究所

内閣府『認定こども園に関する状況について（平成29年4月1日）』2017.9.8
文部科学省『平成26年度幼児教育実態調査』2015.10
厚生労働省『保育所等関連状況取りまとめ（平成29年4月1日）』2017.9.1
東京都教育委員会『小1問題・中1ギャップの予防・解決のための「教員加配に関わる効果検証」に
　関する調査　最終報告書について』2013.4.25

資料　幼稚園教育要領

(平成 29 年 3 月 31 日文部科学省告示第 62 号)
(平成 30 年 4 月 1 日から施行)

　教育は，教育基本法第 1 条に定めるとおり，人格の完成を目指し，平和で民主的な国家及び社会の形成者として必要な資質を備えた心身ともに健康な国民の育成を期すという目的のもと，同法第 2 条に掲げる次の目標を達成するよう行われなければならない。
1　幅広い知識と教養を身に付け，真理を求める態度を養い，豊かな情操と道徳心を培うとともに，健やかな身体を養うこと。
2　個人の価値を尊重して，その能力を伸ばし，創造性を培い，自主及び自律の精神を養うとともに，職業及び生活との関連を重視し，勤労を重んずる態度を養うこと。
3　正義と責任，男女の平等，自他の敬愛と協力を重んずるとともに，公共の精神に基づき，主体的に社会の形成に参画し，その発展に寄与する態度を養うこと。
4　生命を尊び，自然を大切にし，環境の保全に寄与する態度を養うこと。
5　伝統と文化を尊重し，それらをはぐくんできた我が国と郷土を愛するとともに，他国を尊重し，国際社会の平和と発展に寄与する態度を養うこと。

　また，幼児期の教育については，同法第 11 条に掲げるとおり，生涯にわたる人格形成の基礎を培う重要なものであることにかんがみ，国及び地方公共団体は，幼児の健やかな成長に資する良好な環境の整備その他適当な方法によって，その振興に努めなければならないこととされている。

　これからの幼稚園には，学校教育の始まりとして，こうした教育の目的及び目標の達成を目指しつつ，一人一人の幼児が，将来，自分のよさや可能性を認識するとともに，あらゆる他者を価値のある存在として尊重し，多様な人々と協働しながら様々な社会的変化を乗り越え，豊かな人生を切り拓き，持続可能な社会の創り手となることができるようにするための基礎を培うことが求められる。このために必要な教育の在り方を具体化するのが，各幼稚園において教育の内容等を組織的かつ計画的に組み立てた教育課程である。

　教育課程を通して，これからの時代に求められる教育を実現していくためには，よりよい学校教育を通してよりよい社会を創るという理念を学校と社会とが共有し，それぞれの幼稚園において，幼児期にふさわしい生活をどのように展開し，どのような資質・能力を育むようにするのかを教育課程において明確にしながら，社会との連携及び協働によりその実現を図っていくという，社会に開かれた教育課程の実現が重要となる。

　幼稚園教育要領とは，こうした理念の実現に向けて必要となる教育課程の基準を大綱的に定めるものである。幼稚園教育要領が果たす役割の一つは，公の性質を有する幼稚園における教育水準を全国的に確保することである。また，各幼稚園がその特色を生かして創意工夫を重ね，長年にわたり積み重ねられてきた教育実践や学術研究の蓄積を生かしながら，幼児や地域の現状や課題を捉え，家庭や地域社会と協力して，幼稚園教育要領を踏まえた教育活動の更なる充実を図っていくことも重要である。

　幼児の自発的な活動としての遊びを生み出すために必要な環境を整え，一人一人の資質・能力を育んでいくことは，教職員をはじめとする幼稚園関係者はもとより，家庭や地域の人々も含め，様々な立場から幼児や幼稚園に関わる全ての大人に期待される役割である。家庭との緊密な連携の下，小学校以降の教育や生涯にわたる学習とのつながりを見通しながら，幼児の自発的な活動としての遊びを通しての総合的な指導をする際に広く活用されるものとなることを期待して，ここに幼稚園教育要領を定める。

　　　　　第 1 章　総　則

第 1　幼稚園教育の基本
　幼児期の教育は，生涯にわたる人格形成の基礎を培う重要なものであり，幼稚園教育は，学校教育法に規定する目的及び目標を達成するため，幼児期の特性を踏まえ，環境を通して行うものであることを基本とする。
　このため教師は，幼児との信頼関係を十分に築き，幼児が身近な環境に主体的に関わり，環境との関わり方や意味に気付き，これらを取り込もうとして，試行錯誤したり，考えたりするようになる幼児期の教育における見方・考え方を生かし，幼児と共によりよい教育環境を創造するように努めるものとする。これらを踏まえ，次に示す事項を重視して教育を行わなければならない。
1　幼児は安定した情緒の下で自己を十分に発揮することにより発達に必要な体験を得ていくものであることを考慮して，幼児の主体的な活動を促し，幼児期にふさわしい生活が展開されるようにすること。
2　幼児の自発的な活動としての遊びは，心身の調和のとれた発達の基礎を培う重要な学習であることを考慮して，遊びを通しての指導を中心として第 2 章に示すねらいが総合的に達成されるようにすること。
3　幼児の発達は，心身の諸側面が相互に関連し合い，多様な経過をたどって成し遂げられていくものであること，また，幼児の生活経験がそれぞれ異なることなどを考慮して，幼児一人一人の特性に応じ，発達の課

題に即した指導を行うようにすること。

　その際，教師は，幼児の主体的な活動が確保されるよう幼児一人一人の行動の理解と予想に基づき，計画的に環境を構成しなければならない。この場合において，教師は，幼児と人やものとの関わりが重要であることを踏まえ，教材を工夫し，物的・空間的環境を構成しなければならない。また，幼児一人一人の活動の場面に応じて，様々な役割を果たし，その活動を豊かにしなければならない。

第2　幼稚園教育において育みたい資質・能力及び「幼児期の終わりまでに育ってほしい姿」
1　幼稚園においては，生きる力の基礎を育むため，この章の第1に示す幼稚園教育の基本を踏まえ，次に掲げる資質・能力を一体的に育むよう努めるものとする。
　(1) 豊かな体験を通じて，感じたり，気付いたり，分かったり，できるようになったりする「知識及び技能の基礎」
　(2) 気付いたことや，できるようになったことなどを使い，考えたり，試したり，工夫したり，表現したりする「思考力，判断力，表現力等の基礎」
　(3) 心情，意欲，態度が育つ中で，よりよい生活を営もうとする「学びに向かう力，人間性等」
2　1に示す資質・能力は，第2章に示すねらい及び内容に基づく活動全体によって育むものである。
3　次に示す「幼児期の終わりまでに育ってほしい姿」は，第2章に示すねらい及び内容に基づく活動全体を通して資質・能力が育まれている幼児の幼稚園修了時の具体的な姿であり，教師が指導を行う際に考慮するものである。
　(1) 健康な心と体
　　幼稚園生活の中で，充実感をもって自分のやりたいことに向かって心と体を十分に働かせ，見通しをもって行動し，自ら健康で安全な生活をつくり出すようになる。
　(2) 自立心
　　身近な環境に主体的に関わり様々な活動を楽しむ中で，しなければならないことを自覚し，自分の力で行うために考えたり，工夫したりしながら，諦めずにやり遂げることで達成感を味わい，自信をもって行動するようになる。
　(3) 協同性
　　友達と関わる中で，互いの思いや考えなどを共有し，共通の目的の実現に向けて，考えたり，工夫したり，協力したりし，充実感をもってやり遂げるようになる。
　(4) 道徳性・規範意識の芽生え
　　友達と様々な体験を重ねる中で，してよいことや悪いことが分かり，自分の行動を振り返ったり，友達の気持ちに共感したりし，相手の立場に立って行動するようになる。また，きまりを守る必要性が分かり，自分の気持ちを調整し，友達と折り合いを付けながら，きまりをつくったり，守ったりするようになる。
　(5) 社会生活との関わり
　　家族を大切にしようとする気持ちをもつとともに，地域の身近な人と触れ合う中で，人との様々な関わり方に気付き，相手の気持ちを考えて関わり，自分が役に立つ喜びを感じ，地域に親しみをもつようになる。また，幼稚園内外の様々な環境に関わる中で，遊びや生活に必要な情報を取り入れ，情報に基づき判断したり，情報を伝え合ったり，活用したりするなど，情報を役立てながら活動するようになるとともに，公共の施設を大切に利用するなどして，社会とのつながりなどを意識するようになる。
　(6) 思考力の芽生え
　　身近な事象に積極的に関わる中で，物の性質や仕組みなどを感じ取ったり，気付いたりし，考えたり，予想したり，工夫したりするなど，多様な関わりを楽しむようになる。また，友達の様々な考えに触れる中で，自分と異なる考えがあることに気付き，自ら判断したり，考え直したりするなど，新しい考えを生み出す喜びを味わいながら，自分の考えをよりよいものにするようになる。
　(7) 自然との関わり・生命尊重
　　自然に触れて感動する体験を通して，自然の変化などを感じ取り，好奇心や探究心をもって考え言葉などで表現しながら，身近な事象への関心が高まるとともに，自然への愛情や畏敬の念をもつようになる。また，身近な動植物に心を動かされる中で，生命の不思議さや尊さに気付き，身近な動植物への接し方を考え，命あるものとしていたわり，大切にする気持ちをもって関わるようになる。
　(8) 数量や図形，標識や文字などへの関心・感覚
　　遊びや生活の中で，数量や図形，標識や文字などに親しむ体験を重ねたり，標識や文字の役割に気付いたりし，自らの必要感に基づきこれらを活用し，興味や関心，感覚をもつようになる。
　(9) 言葉による伝え合い
　　先生や友達と心を通わせる中で，絵本や物語などに親しみながら，豊かな言葉や表現を身に付け，経験したことや考えたことなどを言葉で伝えたり，相手の話を注意して聞いたりし，言葉による伝え合い

を楽しむようになる。
(10) 豊かな感性と表現
　　心を動かす出来事などに触れ感性を働かせる中で，様々な素材の特徴や表現の仕方などに気付き，感じたことや考えたことを自分で表現したり，友達同士で表現する過程を楽しんだりし，表現する喜びを味わい，意欲をもつようになる。

第3　教育課程の役割と編成等
　1　教育課程の役割
　　　各幼稚園においては，教育基本法及び学校教育法その他の法令並びにこの幼稚園教育要領の示すところに従い，創意工夫を生かし，幼児の心身の発達と幼稚園及び地域の実態に即応した適切な教育課程を編成するものとする。
　　　また，各幼稚園においては，6に示す全体的な計画にも留意しながら，「幼児期の終わりまでに育ってほしい姿」を踏まえ教育課程を編成すること，教育課程の実施状況を評価してその改善を図っていくこと，教育課程の実施に必要な人的又は物的な体制を確保するとともにその改善を図っていくことなどを通して，教育課程に基づき組織的かつ計画的に各幼稚園の教育活動の質の向上を図っていくこと（以下「カリキュラム・マネジメント」という。）に努めるものとする。
　2　各幼稚園の教育目標と教育課程の編成
　　　教育課程の編成に当たっては，幼稚園教育において育みたい資質・能力を踏まえつつ，各幼稚園の教育目標を明確にするとともに，教育課程の編成についての基本的な方針が家庭や地域とも共有されるよう努めるものとする。
　3　教育課程の編成上の基本的事項
　　(1) 幼稚園生活の全体を通して第2章に示すねらいが総合的に達成されるよう，教育課程に係る教育期間や幼児の生活経験や発達の過程などを考慮して具体的なねらいと内容を組織するものとする。この場合においては，特に，自我が芽生え，他者の存在を意識し，自己を抑制しようとする気持ちが生まれる幼児期の発達の特性を踏まえ，入園から修了に至るまでの長期的な視野をもって充実した生活が展開できるように配慮するものとする。
　　(2) 幼稚園の毎学年の教育課程に係る教育週数は，特別の事情のある場合を除き，39週を下ってはならない。
　　(3) 幼稚園の1日の教育課程に係る教育時間は，4時間を標準とする。ただし，幼児の心身の発達の程度や季節などに適切に配慮するものとする。
　4　教育課程の編成上の留意事項

教育課程の編成に当たっては，次の事項に留意するものとする。
　(1) 幼児の生活は，入園当初の一人一人の遊びや教師との触れ合いを通して幼稚園生活に親しみ，安定していく時期から，他の幼児との関わりの中で幼児の主体的な活動が深まり，幼児が互いに必要な存在であることを認識するようになり，やがて幼児同士や学級全体で目的をもって協同して幼稚園生活を展開し，深めていく時期などに至るまでの過程を様々に経ながら広げられていくものであることを考慮し，活動がそれぞれの時期にふさわしく展開されるようにすること。
　(2) 入園当初，特に，3歳児の入園については，家庭との連携を緊密にし，生活のリズムや安全面に十分配慮すること。また，満3歳児については，学年の途中から入園することを考慮し，幼児が安心して幼稚園生活を過ごすことができるよう配慮すること。
　(3) 幼稚園生活が幼児にとって安全なものとなるよう，教職員による協力体制の下，幼児の主体的な活動を大切にしつつ，園庭や園舎などの環境の配慮や指導の工夫を行うこと。
5　小学校教育との接続に当たっての留意事項
　(1) 幼稚園においては，幼稚園教育が，小学校以降の生活や学習の基盤の育成につながることに配慮し，幼児期にふさわしい生活を通して，創造的な思考や主体的な生活態度などの基礎を培うようにするものとする。
　(2) 幼稚園教育において育まれた資質・能力を踏まえ，小学校教育が円滑に行われるよう，小学校の教師との意見交換や合同の研究の機会などを設け，「幼児期の終わりまでに育ってほしい姿」を共有するなど連携を図り，幼稚園教育と小学校教育との円滑な接続を図るよう努めるものとする。
6　全体的な計画の作成
　　各幼稚園においては，教育課程を中心に，第3章に示す教育課程に係る教育時間の終了後等に行う教育活動の計画，学校保健計画，学校安全計画などとを関連させ，一体的に教育活動が展開されるよう全体的な計画を作成するものとする。

第4　指導計画の作成と幼児理解に基づいた評価
　1　指導計画の考え方
　　　幼稚園教育は，幼児が自ら意欲をもって環境と関わることによりつくり出される具体的な活動を通して，その目標の達成を図るものである。
　　　幼稚園においてはこのことを踏まえ，幼児期にふさわしい生活が展開され，適切な指導が行われるよう，

それぞれの幼稚園の教育課程に基づき，調和のとれた組織的，発展的な指導計画を作成し，幼児の活動に沿った柔軟な指導を行わなければならない。
2　指導計画の作成上の基本的事項
 (1) 指導計画は，幼児の発達に即して一人一人の幼児が幼児期にふさわしい生活を展開し，必要な体験を得られるようにするために，具体的に作成するものとする。
 (2) 指導計画の作成に当たっては，次に示すところにより，具体的なねらい及び内容を明確に設定し，適切な環境を構成することなどにより活動が選択・展開されるようにするものとする。
　ア　具体的なねらい及び内容は，幼稚園生活における幼児の発達の過程を見通し，幼児の生活の連続性，季節の変化などを考慮して，幼児の興味や関心，発達の実情などに応じて設定すること。
　イ　環境は，具体的なねらいを達成するために適切なものとなるように構成し，幼児が自らその環境に関わることにより様々な活動を展開しつつ必要な体験を得られるようにすること。その際，幼児の生活する姿や発想を大切にし，常にその環境が適切なものとなるようにすること。
　ウ　幼児の行う具体的な活動は，生活の流れの中で様々に変化するものであることに留意し，幼児が望ましい方向に向かって自ら活動を展開していくことができるよう必要な援助をすること。
　　その際，幼児の実態及び幼児を取り巻く状況の変化などに即して指導の過程についての評価を適切に行い，常に指導計画の改善を図るものとする。
3　指導計画の作成上の留意事項
　指導計画の作成に当たっては，次の事項に留意するものとする。
 (1) 長期的に発達を見通した年，学期，月などにわたる長期の指導計画やこれとの関連を保ちながらより具体的な幼児の生活に即した週，日などの短期の指導計画を作成し，適切な指導が行われるようにすること。特に，週，日などの短期の指導計画については，幼児の生活のリズムに配慮し，幼児の意識や興味の連続性のある活動が相互に関連して幼稚園生活の自然な流れの中に組み込まれるようにすること。
 (2) 幼児が様々な人やものとの関わりを通して，多様な体験をし，心身の調和のとれた発達を促すようにしていくこと。その際，幼児の発達に即して主体的・対話的で深い学びが実現するようにするとともに，心を動かされる体験が次の活動を生み出すことを考慮し，一つ一つの体験が相互に結び付き，幼稚園生活が充実するようにすること。

 (3) 言語に関する能力の発達と思考力等の発達が関連していることを踏まえ，幼稚園生活全体を通して，幼児の発達を踏まえた言語環境を整え，言語活動の充実を図ること。
 (4) 幼児が次の活動への期待や意欲をもつことができるよう，幼児の実態を踏まえながら，教師や他の幼児と共に遊びや生活の中で見通しをもったり，振り返ったりするよう工夫すること。
 (5) 行事の指導に当たっては，幼稚園生活の自然の流れの中で生活に変化や潤いを与え，幼児が主体的に楽しく活動できるようにすること。なお，それぞれの行事についてはその教育的価値を十分検討し，適切なものを精選し，幼児の負担にならないようにすること。
 (6) 幼児期は直接的な体験が重要であることを踏まえ，視聴覚教材やコンピュータなど情報機器を活用する際には，幼稚園生活では得難い体験を補完するなど，幼児の体験との関連を考慮すること。
 (7) 幼児の主体的な活動を促すためには，教師が多様な関わりをもつことが重要であることを踏まえ，教師は，理解者，共同作業者など様々な役割を果たし，幼児の発達に必要な豊かな体験が得られるよう，活動の場面に応じて，適切な指導を行うようにすること。
 (8) 幼児の行う活動は，個人，グループ，学級全体などで多様に展開されるものであることを踏まえ，幼稚園全体の教師による協力体制を作りながら，一人一人の幼児が興味や欲求を十分に満足させるよう適切な援助を行うようにすること。
4　幼児理解に基づいた評価の実施
　幼児一人一人の発達の理解に基づいた評価の実施に当たっては，次の事項に配慮するものとする。
 (1) 指導の過程を振り返りながら幼児の理解を進め，幼児一人一人のよさや可能性などを把握し，指導の改善に生かすようにすること。その際，他の幼児との比較や一定の基準に対する達成度についての評定によって捉えるものではないことに留意すること。
 (2) 評価の妥当性や信頼性が高められるよう創意工夫を行い，組織的かつ計画的な取組を推進するとともに，次年度又は小学校等にその内容が適切に引き継がれるようにすること。

第5　特別な配慮を必要とする幼児への指導
1　障害のある幼児などへの指導
　障害のある幼児などへの指導に当たっては，集団の中で生活することを通して全体的な発達を促していくことに配慮し，特別支援学校などの助言又は援助を活

用しつつ，個々の幼児の障害の状態などに応じた指導内容や指導方法の工夫を組織的かつ計画的に行うものとする。また，家庭，地域及び医療や福祉，保健等の業務を行う関係機関との連携を図り，長期的な視点で幼児への教育的支援を行うために，個別の教育支援計画を作成し活用することに努めるとともに，個々の幼児の実態を的確に把握し，個別の指導計画を作成し活用することに努めるものとする。
2 海外から帰国した幼児や生活に必要な日本語の習得に困難のある幼児の幼稚園生活への適応
　　海外から帰国した幼児や生活に必要な日本語の習得に困難のある幼児については，安心して自己を発揮できるよう配慮するなど個々の幼児の実態に応じ，指導内容や指導方法の工夫を組織的かつ計画的に行うものとする。

第6 幼稚園運営上の留意事項
1　各幼稚園においては，園長の方針の下に，園務分掌に基づき教職員が適切に役割を分担しつつ，相互に連携しながら，教育課程や指導の改善を図るものとする。また，各幼稚園が行う学校評価については，教育課程の編成，実施，改善が教育活動や幼稚園運営の中核となることを踏まえ，カリキュラム・マネジメントと関連付けながら実施するよう留意するものとする。
2　幼児の生活は，家庭を基盤として地域社会を通じて次第に広がりをもつものであることに留意し，家庭との連携を十分に図るなど，幼稚園における生活が家庭や地域社会と連続性を保ちつつ展開されるようにするものとする。その際，地域の自然，高齢者や異年齢の子供などを含む人材，行事や公共施設などの地域の資源を積極的に活用し，幼児が豊かな生活体験を得られるように工夫するものとする。また，家庭との連携に当たっては，保護者との情報交換の機会を設けたり，保護者と幼児との活動の機会を設けたりなどすることを通じて，保護者の幼児期の教育に関する理解が深まるよう配慮するものとする。
3　地域や幼稚園の実態等により，幼稚園間に加え，保育所，幼保連携型認定こども園，小学校，中学校，高等学校及び特別支援学校などとの間の連携や交流を図るものとする。特に，幼稚園教育と小学校教育の円滑な接続のため，幼稚園の幼児と小学校の児童との交流の機会を積極的に設けるようにするものとする。また，障害のある幼児児童生徒との交流及び共同学習の機会を設け，共に尊重し合いながら協働して生活していく態度を育むよう努めるものとする。

第7 教育課程に係る教育時間終了後等に行う教育活動など
　　幼稚園は，第3章に示す教育課程に係る教育時間の終了後等に行う教育活動について，学校教育法に規定する目的及び目標並びにこの章の第1に示す幼稚園教育の基本を踏まえ実施するものとする。また，幼稚園の目的の達成に資するため，幼児の生活全体が豊かなものとなるよう家庭や地域における幼児期の教育の支援に努めるものとする。

　　　　　第2章　ねらい及び内容

　　この章に示すねらいは，幼稚園教育において育みたい資質・能力を幼児の生活する姿から捉えたものであり，内容は，ねらいを達成するために指導する事項である。各領域は，これらを幼児の発達の側面から，心身の健康に関する領域「健康」，人との関わりに関する領域「人間関係」，身近な環境との関わりに関する領域「環境」，言葉の獲得に関する領域「言葉」及び感性と表現に関する領域「表現」としてまとめ，示したものである。内容の取扱いは，幼児の発達を踏まえた指導を行うに当たって留意すべき事項である。
　　各領域に示すねらいは，幼稚園における生活の全体を通じ，幼児が様々な体験を積み重ねる中で相互に関連をもちながら次第に達成に向かうものであること，内容は，幼児が環境に関わって展開する具体的な活動を通して総合的に指導されるものであることに留意しなければならない。
　　また，「幼児期の終わりまでに育ってほしい姿」が，ねらい及び内容に基づく活動全体を通して資質・能力が育まれている幼児の幼稚園修了時の具体的な姿であることを踏まえ，指導を行う際に考慮するものとする。
　　なお，特に必要な場合には，各領域に示すねらいの趣旨に基づいて適切な，具体的な内容を工夫し，それを加えても差し支えないが，その場合には，それが第1章の第1に示す幼稚園教育の基本を逸脱しないよう慎重に配慮する必要がある。

健康
〔健康な心と体を育て，自ら健康で安全な生活をつくり出す力を養う。〕
1　ねらい
(1) 明るく伸び伸びと行動し，充実感を味わう。
(2) 自分の体を十分に動かし，進んで運動しようとする。
(3) 健康，安全な生活に必要な習慣や態度を身に付け，見通しをもって行動する。
2　内容
(1) 先生や友達と触れ合い，安定感をもって行動する。
(2) いろいろな遊びの中で十分に体を動かす。

(3) 進んで戸外で遊ぶ。
(4) 様々な活動に親しみ，楽しんで取り組む。
(5) 先生や友達と食べることを楽しみ，食べ物への興味や関心をもつ。
(6) 健康な生活のリズムを身に付ける。
(7) 身の回りを清潔にし，衣服の着脱，食事，排泄などの生活に必要な活動を自分でする。
(8) 幼稚園における生活の仕方を知り，自分たちで生活の場を整えながら見通しをもって行動する。
(9) 自分の健康に関心をもち，病気の予防などに必要な活動を進んで行う。
(10) 危険な場所，危険な遊び方，災害時などの行動の仕方が分かり，安全に気を付けて行動する。
3 内容の取扱い
　上記の取扱いに当たっては，次の事項に留意する必要がある。
(1) 心と体の健康は，相互に密接な関連があるものであることを踏まえ，幼児が教師や他の幼児との温かい触れ合いの中で自己の存在感や充実感を味わうことなどを基盤として，しなやかな心と体の発達を促すこと。特に，十分に体を動かす気持ちよさを体験し，自ら体を動かそうとする意欲が育つようにすること。
(2) 様々な遊びの中で，幼児が興味や関心，能力に応じて全身を使って活動することにより，体を動かす楽しさを味わい，自分の体を大切にしようとする気持ちが育つようにすること。その際，多様な動きを経験する中で，体の動きを調整するようにすること。
(3) 自然の中で伸び伸びと体を動かして遊ぶことにより，体の諸機能の発達が促されることに留意し，幼児の興味や関心が戸外にも向くようにすること。その際，幼児の動線に配慮した園庭や遊具の配置などを工夫すること。
(4) 健康な心と体を育てるためには食育を通じた望ましい食習慣の形成が大切であることを踏まえ，幼児の食生活の実情に配慮し，和やかな雰囲気の中で教師や他の幼児と食べる喜びや楽しさを味わったり，様々な食べ物への興味や関心をもったりするなどし，食の大切さに気付き，進んで食べようとする気持ちが育つようにすること。
(5) 基本的な生活習慣の形成に当たっては，家庭での生活経験に配慮し，幼児の自立心を育て，幼児が他の幼児と関わりながら主体的な活動を展開する中で，生活に必要な習慣を身に付け，次第に見通しをもって行動できるようにすること。
(6) 安全に関する指導に当たっては，情緒の安定を図り，遊びを通して安全についての構えを身に付け，危険な場所や事物などについての理解を深めるようにすること。また，交通安全の習慣を身に付けるようにするとともに，避難訓練などを通して，災害などの緊急時に適切な行動がとれるようにすること。

人間関係
〔他の人々と親しみ，支え合って生活するために，自立心を育て，人と関わる力を養う。〕
1 ねらい
(1) 幼稚園生活を楽しみ，自分の力で行動することの充実感を味わう。
(2) 身近な人と親しみ，関わりを深め，工夫したり，協力したりして一緒に活動する楽しさを味わい，愛情や信頼感をもつ。
(3) 社会生活における望ましい習慣や態度を身に付ける。
2 内容
(1) 先生や友達と共に過ごすことの喜びを味わう。
(2) 自分で考え，自分で行動する。
(3) 自分でできることは自分でする。
(4) いろいろな遊びを楽しみながら物事をやり遂げようとする気持ちをもつ。
(5) 友達と積極的に関わりながら喜びや悲しみを共感し合う。
(6) 自分の思ったことを相手に伝え，相手の思っていることに気付く。
(7) 友達のよさに気付き，一緒に活動する楽しさを味わう。
(8) 友達と楽しく活動する中で，共通の目的を見いだし，工夫したり，協力したりなどする。
(9) よいことや悪いことがあることに気付き，考えながら行動する。
(10) 友達との関わりを深め，思いやりをもつ。
(11) 友達と楽しく生活する中できまりの大切さに気付き，守ろうとする。
(12) 共同の遊具や用具を大切にし，皆で使う。
(13) 高齢者をはじめ地域の人々などの自分の生活に関係の深いいろいろな人に親しみをもつ。
3 内容の取扱い
　上記の取扱いに当たっては，次の事項に留意する必要がある。
(1) 教師との信頼関係に支えられて自分自身の生活を確立していくことが人と関わる基盤となることを考慮し，幼児が自ら周囲に働き掛けることにより多様な感情を体験し，試行錯誤しながら諦めずにやり遂げることの達成感や，前向きな見通しをもって自分の力で行うことの充実感を味わうことができるよう，幼児の行

動を見守りながら適切な援助を行うようにすること。
(2) 一人一人を生かした集団を形成しながら人と関わる力を育てていくようにすること。その際，集団の生活の中で，幼児が自己を発揮し，教師や他の幼児に認められる体験をし，自分のよさや特徴に気付き，自信をもって行動できるようにすること。
(3) 幼児が互いに関わりを深め，協同して遊ぶようになるため，自ら行動する力を育てるようにするとともに，他の幼児と試行錯誤しながら活動を展開する楽しさや共通の目的が実現する喜びを味わうことができるようにすること。
(4) 道徳性の芽生えを培うに当たっては，基本的な生活習慣の形成を図るとともに，幼児が他の幼児との関わりの中で他人の存在に気付き，相手を尊重する気持ちをもって行動できるようにし，また，自然や身近な動植物に親しむことなどを通して豊かな心情が育つようにすること。特に，人に対する信頼感や思いやりの気持ちは，葛藤やつまずきをも体験し，それらを乗り越えることにより次第に芽生えてくることに配慮すること。
(5) 集団の生活を通して，幼児が人との関わりを深め，規範意識の芽生えが培われることを考慮し，幼児が教師との信頼関係に支えられて自己を発揮する中で，互いに思いを主張し，折り合いを付ける体験をし，きまりの必要性などに気付き，自分の気持ちを調整する力が育つようにすること。
(6) 高齢者をはじめ地域の人々などの自分の生活に関係の深いいろいろな人と触れ合い，自分の感情や意志を表現しながら共に楽しみ，共感し合う体験を通して，これらの人々などに親しみをもち，人と関わることの楽しさや人の役に立つ喜びを味わうことができるようにすること。また，生活を通して親や祖父母などの家族の愛情に気付き，家族を大切にしようとする気持ちが育つようにすること。

環境
〔周囲の様々な環境に好奇心や探究心をもって関わり，それらを生活に取り入れていこうとする力を養う。〕
1 ねらい
  (1) 身近な環境に親しみ，自然と触れ合う中で様々な事象に興味や関心をもつ。
  (2) 身近な環境に自分から関わり，発見を楽しんだり，考えたりし，それを生活に取り入れようとする。
  (3) 身近な事象を見たり，考えたり，扱ったりする中で，物の性質や数量，文字などに対する感覚を豊かにする。
2 内容
  (1) 自然に触れて生活し，その大きさ，美しさ，不思議さなどに気付く。
  (2) 生活の中で，様々な物に触れ，その性質や仕組みに興味や関心をもつ。
  (3) 季節により自然や人間の生活に変化のあることに気付く。
  (4) 自然などの身近な事象に関心をもち，取り入れて遊ぶ。
  (5) 身近な動植物に親しみをもって接し，生命の尊さに気付き，いたわったり，大切にしたりする。
  (6) 日常生活の中で，我が国や地域社会における様々な文化や伝統に親しむ。
  (7) 身近な物を大切にする。
  (8) 身近な物や遊具に興味をもって関わり，自分なりに比べたり，関連付けたりしながら考えたり，試したりして工夫して遊ぶ。
  (9) 日常生活の中で数量や図形などに関心をもつ。
  (10) 日常生活の中で簡単な標識や文字などに関心をもつ。
  (11) 生活に関係の深い情報や施設などに興味や関心をもつ。
  (12) 幼稚園内外の行事において国旗に親しむ。
3 内容の取扱い
上記の取扱いに当たっては，次の事項に留意する必要がある。
  (1) 幼児が，遊びの中で周囲の環境と関わり，次第に周囲の世界に好奇心を抱き，その意味や操作の仕方に関心をもち，物事の法則性に気付き，自分なりに考えることができるようになる過程を大切にすること。また，他の幼児の考えなどに触れて新しい考えを生み出す喜びや楽しさを味わい，自分の考えをよりよいものにしようとする気持ちが育つようにすること。
  (2) 幼児期において自然のもつ意味は大きく，自然の大きさ，美しさ，不思議さなどに直接触れる体験を通して，幼児の心が安らぎ，豊かな感情，好奇心，思考力，表現力の基礎が培われることを踏まえ，幼児が自然との関わりを深めることができるよう工夫すること。
  (3) 身近な事象や動植物に対する感動を伝え合い，共感し合うことなどを通して自分から関わろうとする意欲を育てるとともに，様々な関わり方を通してそれらに対する親しみや畏敬の念，生命を大切にする気持ち，公共心，探究心などが養われるようにすること。
  (4) 文化や伝統に親しむ際には，正月や節句など我が国の伝統的な行事，国歌，唱歌，わらべうたや我が国の伝統的な遊びに親しんだり，異なる文化に触れる活動に親しんだりすることを通じて，社会とのつながりの

意識や国際理解の意識の芽生えなどが養われるようにすること。
　(5)　数量や文字などに関しては，日常生活の中で幼児自身の必要感に基づく体験を大切にし，数量や文字などに関する興味や関心，感覚が養われるようにすること。

言葉
〔経験したことや考えたことなどを自分なりの言葉で表現し，相手の話す言葉を聞こうとする意欲や態度を育て，言葉に対する感覚や言葉で表現する力を養う。〕
1　ねらい
　(1)　自分の気持ちを言葉で表現する楽しさを味わう。
　(2)　人の言葉や話などをよく聞き，自分の経験したことや考えたことを話し，伝え合う喜びを味わう。
　(3)　日常生活に必要な言葉が分かるようになるとともに，絵本や物語などに親しみ，言葉に対する感覚を豊かにし，先生や友達と心を通わせる。
2　内容
　(1)　先生や友達の言葉や話に興味や関心をもち，親しみをもって聞いたり，話したりする。
　(2)　したり，見たり，聞いたり，感じたり，考えたりなどしたことを自分なりに言葉で表現する。
　(3)　したいこと，してほしいことを言葉で表現したり，分からないことを尋ねたりする。
　(4)　人の話を注意して聞き，相手に分かるように話す。
　(5)　生活の中で必要な言葉が分かり，使う。
　(6)　親しみをもって日常の挨拶をする。
　(7)　生活の中で言葉の楽しさや美しさに気付く。
　(8)　いろいろな体験を通じてイメージや言葉を豊かにする。
　(9)　絵本や物語などに親しみ，興味をもって聞き，想像をする楽しさを味わう。
　(10)　日常生活の中で，文字などで伝える楽しさを味わう。
3　内容の取扱い
　上記の取扱いに当たっては，次の事項に留意する必要がある。
　(1)　言葉は，身近な人に親しみをもって接し，自分の感情や意志などを伝え，それに相手が応答し，その言葉を聞くことを通して次第に獲得されていくものであることを考慮して，幼児が教師や他の幼児と関わることにより心を動かされるような体験をし，言葉を交わす喜びを味わえるようにすること。
　(2)　幼児が自分の思いを言葉で伝えるとともに，教師や他の幼児などの話を興味をもって注意して聞くことを通して次第に話を理解するようになっていき，言葉による伝え合いができるようにすること。
　(3)　絵本や物語などで，その内容と自分の経験とを結び付けたり，想像を巡らせたりするなど，楽しみを十分に味わうことによって，次第に豊かなイメージをもち，言葉に対する感覚が養われるようにすること。
　(4)　幼児が生活の中で，言葉の響きやリズム，新しい言葉や表現などに触れ，これらを使う楽しさを味わえるようにすること。その際，絵本や物語に親しんだり，言葉遊びなどをしたりすることを通して，言葉が豊かになるようにすること。
　(5)　幼児が日常生活の中で，文字などを使いながら思ったことや考えたことを伝える喜びや楽しさを味わい，文字に対する興味や関心をもつようにすること。

表現
〔感じたことや考えたことを自分なりに表現することを通して，豊かな感性や表現する力を養い，創造性を豊かにする。〕
1　ねらい
　(1)　いろいろなものの美しさなどに対する豊かな感性をもつ。
　(2)　感じたことや考えたことを自分なりに表現して楽しむ。
　(3)　生活の中でイメージを豊かにし，様々な表現を楽しむ。
2　内容
　(1)　生活の中で様々な音，形，色，手触り，動きなどに気付いたり，感じたりするなどして楽しむ。
　(2)　生活の中で美しいものや心を動かす出来事に触れ，イメージを豊かにする。
　(3)　様々な出来事の中で，感動したことを伝え合う楽しさを味わう。
　(4)　感じたこと，考えたことなどを音や動きなどで表現したり，自由にかいたり，つくったりなどする。
　(5)　いろいろな素材に親しみ，工夫して遊ぶ。
　(6)　音楽に親しみ，歌を歌ったり，簡単なリズム楽器を使ったりなどする楽しさを味わう。
　(7)　かいたり，つくったりすることを楽しみ，遊びに使ったり，飾ったりなどする。
　(8)　自分のイメージを動きや言葉などで表現したり，演じて遊んだりするなどの楽しさを味わう。
3　内容の取扱い
　上記の取扱いに当たっては，次の事項に留意する必要がある。
　(1)　豊かな感性は，身近な環境と十分に関わる中で美しいもの，優れたもの，心を動かす出来事などに出会い，そこから得た感動を他の幼児や教師と共有し，

様々に表現することなどを通して養われるようにすること。その際，風の音や雨の音，身近にある草や花の形や色など自然の中にある音，形，色などに気付くようにすること。
(2) 幼児の自己表現は素朴な形で行われることが多いので，教師はそのような表現を受容し，幼児自身の表現しようとする意欲を受け止めて，幼児が生活の中で幼児らしい様々な表現を楽しむことができるようにすること。
(3) 生活経験や発達に応じ，自ら様々な表現を楽しみ，表現する意欲を十分に発揮させることができるように，遊具や用具などを整えたり，様々な素材や表現の仕方に親しんだり，他の幼児の表現に触れられるよう配慮したりし，表現する過程を大切にして自己表現を楽しめるように工夫すること。

第3章　教育課程に係る教育時間の終了後等に行う教育活動などの留意事項

1　地域の実態や保護者の要請により，教育課程に係る教育時間の終了後等に希望する者を対象に行う教育活動については，幼児の心身の負担に配慮するものとする。また，次の点にも留意するものとする。
(1) 教育課程に基づく活動を考慮し，幼児期にふさわしい無理のないものとなるようにすること。その際，教育課程に基づく活動を担当する教師と緊密な連携を図るようにすること。
(2) 家庭や地域での幼児の生活も考慮し，教育課程に係る教育時間の終了後等に行う教育活動の計画を作成するようにすること。その際，地域の人々と連携するなど，地域の様々な資源を活用しつつ，多様な体験ができるようにすること。
(3) 家庭との緊密な連携を図るようにすること。その際，情報交換の機会を設けたりするなど，保護者が，幼稚園と共に幼児を育てるという意識が高まるようにすること。
(4) 地域の実態や保護者の事情とともに幼児の生活のリズムを踏まえつつ，例えば実施日数や時間などについて，弾力的な運用に配慮すること。
(5) 適切な責任体制と指導体制を整備した上で行うようにすること。
2　幼稚園の運営に当たっては，子育ての支援のために保護者や地域の人々に機能や施設を開放して，園内体制の整備や関係機関との連携及び協力に配慮しつつ，幼児期の教育に関する相談に応じたり，情報を提供したり，幼児と保護者との登園を受け入れたり，保護者同士の交流の機会を提供したりするなど，幼稚園と家庭が一体となって幼児と関わる取組を進め，地域における幼児期の教育のセンターとしての役割を果たすよう努めるものとする。その際，心理や保健の専門家，地域の子育て経験者等と連携・協働しながら取り組むよう配慮するものとする。

| 資料　保育所保育指針 |

(平成29年3月31日厚生労働省告示第117号)
(平成30年4月1日から施行)

　　　第1章　総則

　この指針は、児童福祉施設の設備及び運営に関する基準(昭和23年厚生省令第63号。以下「設備運営基準」という。)第35条の規定に基づき、保育所における保育の内容に関する事項及びこれに関連する運営に関する事項を定めるものである。各保育所は、この指針において規定される保育の内容に係る基本原則に関する事項等を踏まえ、各保育所の実情に応じて創意工夫を図り、保育所の機能及び質の向上に努めなければならない。

1　保育所保育に関する基本原則
　(1)　保育所の役割
　　ア　保育所は、児童福祉法(昭和22年法律第164号)第39条の規定に基づき、保育を必要とする子どもの保育を行い、その健全な心身の発達を図ることを目的とする児童福祉施設であり、入所する子どもの最善の利益を考慮し、その福祉を積極的に増進することに最もふさわしい生活の場でなければならない。
　　イ　保育所は、その目的を達成するために、保育に関する専門性を有する職員が、家庭との緊密な連携の下に、子どもの状況や発達過程を踏まえ、保育所における環境を通して、養護及び教育を一体的に行うことを特性としている。
　　ウ　保育所は、入所する子どもを保育するとともに、家庭や地域の様々な社会資源との連携を図りながら、入所する子どもの保護者に対する支援及び地域の子育て家庭に対する支援等を行う役割を担うものである。
　　エ　保育所における保育士は、児童福祉法第18条の4の規定を踏まえ、保育所の役割及び機能が適切に発揮されるように、倫理観に裏付けられた専門的知識、技術及び判断をもって、子どもを保育するとともに、子どもの保護者に対する保育に関する指導を行うものであり、その職責を遂行するための専門性の向上に絶えず努めなければならない。
　(2)　保育の目標
　　ア　保育所は、子どもが生涯にわたる人間形成にとって極めて重要な時期に、その生活時間の大半を過ごす場である。このため、保育所の保育は、子どもが現在を最も良く生き、望ましい未来をつくり出す力の基礎を培うために、次の目標を目指して行わなければならない。

　　　(ア)　十分に養護の行き届いた環境の下に、くつろいだ雰囲気の中で子どもの様々な欲求を満たし、生命の保持及び情緒の安定を図ること。
　　　(イ)　健康、安全など生活に必要な基本的な習慣や態度を養い、心身の健康の基礎を培うこと。
　　　(ウ)　人との関わりの中で、人に対する愛情と信頼感、そして人権を大切にする心を育てるとともに、自主、自立及び協調の態度を養い、道徳性の芽生えを培うこと。
　　　(エ)　生命、自然及び社会の事象についての興味や関心を育て、それらに対する豊かな心情や思考力の芽生えを培うこと。
　　　(オ)　生活の中で、言葉への興味や関心を育て、話したり、聞いたり、相手の話を理解しようとするなど、言葉の豊かさを養うこと。
　　　(カ)　様々な体験を通して、豊かな感性や表現力を育み、創造性の芽生えを培うこと。
　　イ　保育所は、入所する子どもの保護者に対し、その意向を受け止め、子どもと保護者の安定した関係に配慮し、保育所の特性や保育士等の専門性を生かして、その援助に当たらなければならない。
　(3)　保育の方法
　　保育の目標を達成するために、保育士等は、次の事項に留意して保育しなければならない。
　　ア　一人一人の子どもの状況や家庭及び地域社会での生活の実態を把握するとともに、子どもが安心感と信頼感をもって活動できるよう、子どもの主体としての思いや願いを受け止めること。
　　イ　子どもの生活のリズムを大切にし、健康、安全で情緒の安定した生活ができる環境や、自己を十分に発揮できる環境を整えること。
　　ウ　子どもの発達について理解し、一人一人の発達過程に応じて保育すること。その際、子どもの個人差に十分配慮すること。
　　エ　子ども相互の関係づくりや互いに尊重する心を大切にし、集団における活動を効果あるものにするよう援助すること。
　　オ　子どもが自発的・意欲的に関われるような環境を構成し、子どもの主体的な活動や子ども相互の関わりを大切にすること。特に、乳幼児期にふさわしい体験が得られるように、生活や遊びを通して総合的に保育すること。
　　カ　一人一人の保護者の状況やその意向を理解、受容し、それぞれの親子関係や家庭生活等に配慮しながら、様々な機会をとらえ、適切に援助すること。
　(4)　保育の環境
　　保育の環境には、保育士等や子どもなどの人的環

境，施設や遊具などの物的環境，更には自然や社会の事象などがある。保育所は，こうした人，物，場などの環境が相互に関連し合い，子どもの生活が豊かなものとなるよう，次の事項に留意しつつ，計画的に環境を構成し，工夫して保育しなければならない。
　　ア　子ども自らが環境に関わり，自発的に活動し，様々な経験を積んでいくことができるよう配慮すること。
　　イ　子どもの活動が豊かに展開されるよう，保育所の設備や環境を整え，保育所の保健的環境や安全の確保などに努めること。
　　ウ　保育室は，温かな親しみとくつろぎの場となるとともに，生き生きと活動できる場となるように配慮すること。
　　エ　子どもが人と関わる力を育てていくため，子ども自らが周囲の子どもや大人と関わっていくことができる環境を整えること。
　(5)　保育所の社会的責任
　　ア　保育所は，子どもの人権に十分配慮するとともに，子ども一人一人の人格を尊重して保育を行わなければならない。
　　イ　保育所は，地域社会との交流や連携を図り，保護者や地域社会に，当該保育所が行う保育の内容を適切に説明するよう努めなければならない。
　　ウ　保育所は，入所する子ども等の個人情報を適切に取り扱うとともに，保護者の苦情などに対し，その解決を図るよう努めなければならない。
2　養護に関する基本的事項
　(1)　養護の理念
　　　保育における養護とは，子どもの生命の保持及び情緒の安定を図るために保育士等が行う援助や関わりであり，保育所における保育は，養護及び教育を一体的に行うことをその特性とするものである。保育所における保育全体を通じて，養護に関するねらい及び内容を踏まえた保育が展開されなければならない。
　(2)　養護に関わるねらい及び内容
　　ア　生命の保持
　　　(ア)　ねらい
　　　　①　一人一人の子どもが，快適に生活できるようにする。
　　　　②　一人一人の子どもが，健康で安全に過ごせるようにする。
　　　　③　一人一人の子どもの生理的欲求が，十分に満たされるようにする。
　　　　④　一人一人の子どもの健康増進が，積極的に図られるようにする。
　　　(イ)　内容

　　　　①　一人一人の子どもの平常の健康状態や発育及び発達状態を的確に把握し，異常を感じる場合は，速やかに適切に対応する。
　　　　②　家庭との連携を密にし，嘱託医等との連携を図りながら，子どもの疾病や事故防止に関する認識を深め，保健的で安全な保育環境の維持及び向上に努める。
　　　　③　清潔で安全な環境を整え，適切な援助や応答的な関わりを通して子どもの生理的欲求を満たしていく。また，家庭と協力しながら，子どもの発達過程等に応じた適切な生活のリズムがつくられていくようにする。
　　　　④　子どもの発達過程等に応じて，適度な運動や休息を取ることができるようにする。また，食事，排泄，衣類の着脱，身の回りを清潔にすることなどについて，子どもが意欲的に生活できるよう適切に援助する。
　　イ　情緒の安定
　　　(ア)　ねらい
　　　　①　一人一人の子どもが，安定感をもって過ごせるようにする。
　　　　②　一人一人の子どもが，自分の気持ちを安心して表すことができるようにする。
　　　　③　一人一人の子どもが，周囲から主体として受け止められ，主体として育ち，自分を肯定する気持ちが育まれていくようにする。
　　　　④　一人一人の子どもがくつろいで共に過ごし，心身の疲れが癒されるようにする。
　　　(イ)　内容
　　　　①　一人一人の子どもの置かれている状態や発達過程などを的確に把握し，子どもの欲求を適切に満たしながら，応答的な触れ合いや言葉がけを行う。
　　　　②　一人一人の子どもの気持ちを受容し，共感しながら，子どもとの継続的な信頼関係を築いていく。
　　　　③　保育士等との信頼関係を基盤に，一人一人の子どもが主体的に活動し，自発性や探索意欲などを高めるとともに，自分への自信をもつことができるよう成長の過程を見守り，適切に働きかける。
　　　　④　一人一人の子どもの生活のリズム，発達過程，保育時間などに応じて，活動内容のバランスや調和を図りながら，適切な食事や休息が取れるようにする。
3　保育の計画及び評価
　(1)　全体的な計画の作成

ア　保育所は、1の(2)に示した保育の目標を達成するために、各保育所の保育の方針や目標に基づき、子どもの発達過程を踏まえて、保育の内容が組織的・計画的に構成され、保育所の生活の全体を通して、総合的に展開されるよう、全体的な計画を作成しなければならない。

　イ　全体的な計画は、子どもや家庭の状況、地域の実態、保育時間などを考慮し、子どもの育ちに関する長期的見通しをもって適切に作成されなければならない。

　ウ　全体的な計画は、保育所保育の全体像を包括的に示すものとし、これに基づく指導計画、保健計画、食育計画等を通じて、各保育所が創意工夫して保育できるよう、作成されなければならない。

(2) 指導計画の作成

　ア　保育所は、全体的な計画に基づき、具体的な保育が適切に展開されるよう、子どもの生活や発達を見通した長期的な指導計画と、それに関連しながら、より具体的な子どもの日々の生活に即した短期的な指導計画を作成しなければならない。

　イ　指導計画の作成に当たっては、第2章及びその他の関連する章に示された事項のほか、子ども一人一人の発達過程や状況を十分に踏まえるとともに、次の事項に留意しなければならない。

　　(ア) 3歳未満児については、一人一人の子どもの生育歴、心身の発達、活動の実態等に即して、個別的な計画を作成すること。

　　(イ) 3歳以上児については、個の成長と、子ども相互の関係や協同的な活動が促されるよう配慮すること。

　　(ウ) 異年齢で構成される組やグループでの保育においては、一人一人の子どもの生活や経験、発達過程などを把握し、適切な援助や環境構成ができるよう配慮すること。

　ウ　指導計画においては、保育所の生活における子どもの発達過程を見通し、生活の連続性、季節の変化などを考慮し、子どもの実態に即した具体的なねらい及び内容を設定すること。また、具体的なねらいが達成されるよう、子どもの生活する姿や発想を大切にして適切な環境を構成し、子どもが主体的に活動できるようにすること。

　エ　一日の生活のリズムや在園時間が異なる子どもが共に過ごすことを踏まえ、活動と休息、緊張感と解放感等の調和を図るよう配慮すること。

　オ　午睡は生活のリズムを構成する重要な要素であり、安心して眠ることのできる安全な睡眠環境を確保するとともに、在園時間が異なることや、睡眠時間は子どもの発達の状況や個人によって差があることから、一律とならないよう配慮すること。

　カ　長時間にわたる保育については、子どもの発達過程、生活のリズム及び心身の状態に十分配慮して、保育の内容や方法、職員の協力体制、家庭との連携などを指導計画に位置付けること。

　キ　障害のある子どもの保育については、一人一人の子どもの発達過程や障害の状態を把握し、適切な環境の下で、障害のある子どもが他の子どもとの生活を通して共に成長できるよう、指導計画の中に位置付けること。また、子どもの状況に応じた保育を実施する観点から、家庭や関係機関と連携した支援のための計画を個別に作成するなど適切な対応を図ること。

(3) 指導計画の展開

　指導計画に基づく保育の実施に当たっては、次の事項に留意しなければならない。

　ア　施設長、保育士など、全職員による適切な役割分担と協力体制を整えること。

　イ　子どもが行う具体的な活動は、生活の中で様々に変化することに留意して、子どもが望ましい方向に向かって自ら活動を展開できるよう必要な援助を行うこと。

　ウ　子どもの主体的な活動を促すためには、保育士等が多様な関わりをもつことが重要であることを踏まえ、子どもの情緒の安定や発達に必要な豊かな体験が得られるよう援助すること。

　エ　保育士等は、子どもの実態や子どもを取り巻く状況の変化などに即して保育の過程を記録するとともに、これらを踏まえ、指導計画に基づく保育の内容の見直しを行い、改善を図ること。

(4) 保育内容等の評価

　ア　保育士等の自己評価

　　(ア) 保育士等は、保育の計画や保育の記録を通して、自らの保育実践を振り返り、自己評価することを通して、その専門性の向上や保育実践の改善に努めなければならない。

　　(イ) 保育士等による自己評価に当たっては、子どもの活動内容やその結果だけでなく、子どもの心の育ちや意欲、取り組む過程などにも十分配慮するよう留意すること。

　　(ウ) 保育士等は、自己評価における自らの保育実践の振り返りや職員相互の話し合い等を通じて、専門性の向上及び保育の質の向上のための課題を明確にするとともに、保育所全体の保育の内容に関する認識を深めること。

　イ　保育所の自己評価

(ア) 保育所は，保育の質の向上を図るため，保育の計画の展開や保育士等の自己評価を踏まえ，当該保育所の保育の内容等について，自ら評価を行い，その結果を公表するよう努めなければならない。
(イ) 保育所が自己評価を行うに当たっては，地域の実情や保育所の実態に即して，適切に評価の観点や項目等を設定し，全職員による共通理解をもって取り組むよう留意すること。
(ウ) 設備運営基準第36条の趣旨を踏まえ，保育の内容等の評価に関し，保護者及び地域住民等の意見を聴くことが望ましいこと。
(5) 評価を踏まえた計画の改善
ア 保育所は，評価の結果を踏まえ，当該保育所の保育の内容等の改善を図ること。
イ 保育の計画に基づく保育，保育の内容の評価及びこれに基づく改善という一連の取組により，保育の質の向上が図られるよう，全職員が共通理解をもって取り組むことに留意すること。
4 幼児教育を行う施設として共有すべき事項
(1) 育みたい資質・能力
ア 保育所においては，生涯にわたる生きる力の基礎を培うため，1の(2)に示す保育の目標を踏まえ，次に掲げる資質・能力を一体的に育むよう努めるものとする。
(ア) 豊かな体験を通じて，感じたり，気付いたり，分かったり，できるようになったりする「知識及び技能の基礎」
(イ) 気付いたことや，できるようになったことなどを使い，考えたり，試したり，工夫したり，表現したりする「思考力，判断力，表現力等の基礎」
(ウ) 心情，意欲，態度が育つ中で，よりよい生活を営もうとする「学びに向かう力，人間性等」
イ アに示す資質・能力は，第2章に示すねらい及び内容に基づく保育活動全体によって育むものである。
(2) 幼児期の終わりまでに育ってほしい姿
次に示す「幼児期の終わりまでに育ってほしい姿」は，第2章に示すねらい及び内容に基づく保育活動全体を通して資質・能力が育まれている子どもの小学校就学時の具体的な姿であり，保育士等が指導を行う際に考慮するものである。
ア 健康な心と体
保育所の生活の中で，充実感をもって自分のやりたいことに向かって心と体を十分に働かせ，見通しをもって行動し，自ら健康で安全な生活をつくり出すようになる。

イ 自立心
身近な環境に主体的に関わり様々な活動を楽しむ中で，しなければならないことを自覚し，自分の力で行うために考えたり，工夫したりしながら，諦めずにやり遂げることで達成感を味わい，自信をもって行動するようになる。
ウ 協同性
友達と関わる中で，互いの思いや考えなどを共有し，共通の目的の実現に向けて，考えたり，工夫したり，協力したりし，充実感をもってやり遂げるようになる。
エ 道徳性・規範意識の芽生え
友達と様々な体験を重ねる中で，してよいことや悪いことが分かり，自分の行動を振り返ったり，友達の気持ちに共感したりし，相手の立場に立って行動するようになる。また，きまりを守る必要性が分かり，自分の気持ちを調整し，友達と折り合いを付けながら，きまりをつくったり，守ったりするようになる。
オ 社会生活との関わり
家族を大切にしようとする気持ちをもつとともに，地域の身近な人と触れ合う中で，人との様々な関わり方に気付き，相手の気持ちを考えて関わり，自分が役に立つ喜びを感じ，地域に親しみをもつようになる。また，保育所内外の様々な環境に関わる中で，遊びや生活に必要な情報を取り入れ，情報に基づき判断したり，情報を伝え合ったり，活用したりするなど，情報を役立てながら活動するようになるとともに，公共の施設を大切に利用するなどして，社会とのつながりなどを意識するようになる。
カ 思考力の芽生え
身近な事象に積極的に関わる中で，物の性質や仕組みなどを感じ取ったり，気付いたりし，考えたり，予想したり，工夫したりするなど，多様な関わりを楽しむようになる。また，友達の様々な考えに触れる中で，自分と異なる考えがあることに気付き，自ら判断したり，考え直したりするなど，新しい考えを生み出す喜びを味わいながら，自分の考えをよりよいものにするようになる。
キ 自然との関わり・生命尊重
自然に触れて感動する体験を通して，自然の変化などを感じ取り，好奇心や探究心をもって考え言葉などで表現しながら，身近な事象への関心が高まるとともに，自然への愛情や畏敬の念をもつようになる。また，身近な動植物に心を動かされる中で，生命の不思議さや尊さに気付き，身近な動植物への接し方を考え，命あるものとしていたわり，大切にす

ク　数量や図形，標識や文字などへの関心・感覚
　　　　遊びや生活の中で，数量や図形，標識や文字などに親しむ体験を重ねたり，標識や文字の役割に気付いたりし，自らの必要感に基づきこれらを活用し，興味や関心，感覚をもつようになる。
　　ケ　言葉による伝え合い
　　　　保育士等や友達と心を通わせる中で，絵本や物語などに親しみながら，豊かな言葉や表現を身に付け，経験したことや考えたことなどを言葉で伝えたり，相手の話を注意して聞いたりし，言葉による伝え合いを楽しむようになる。
　　コ　豊かな感性と表現
　　　　心を動かす出来事などに触れ感性を働かせる中で，様々な素材の特徴や表現の仕方などに気付き，感じたことや考えたことを自分で表現したり，友達同士で表現する過程を楽しんだりし，表現する喜びを味わい，意欲をもつようになる。

　　　　第2章　保育の内容

　この章に示す「ねらい」は，第1章の1の(2)に示された保育の目標をより具体化したものであり，子どもが保育所において，安定した生活を送り，充実した活動ができるように，保育を通じて育みたい資質・能力を，子どもの生活する姿から捉えたものである。また，「内容」は，「ねらい」を達成するために，子どもの生活やその状況に応じて保育士等が適切に行う事項と，保育士等が援助して子どもが環境に関わって経験する事項を示したものである。
　保育における「養護」とは，子どもの生命の保持及び情緒の安定を図るために保育士等が行う援助や関わりであり，「教育」とは，子どもが健やかに成長し，その活動がより豊かに展開されるための発達の援助である。本章では，保育士等が，「ねらい」及び「内容」を具体的に把握するため，主に教育に関わる側面からの視点を示しているが，実際の保育においては，養護と教育が一体となって展開されることに留意する必要がある。
1　乳児保育に関わるねらい及び内容
　(1)　基本的事項
　　ア　乳児期の発達については，視覚，聴覚などの感覚や，座る，はう，歩くなどの運動機能が著しく発達し，特定の大人との応答的な関わりを通じて，情緒的な絆が形成されるといった特徴がある。これらの発達の特徴を踏まえて，乳児保育は，愛情豊かに，応答的に行われることが特に必要である。
　　イ　本項においては，この時期の発達の特徴を踏まえ，乳児保育の「ねらい」及び「内容」について

は，身体的発達に関する視点「健やかに伸び伸びと育つ」，社会的発達に関する視点「身近な人と気持ちが通じ合う」及び精神的発達に関する視点「身近なものと関わり感性が育つ」としてまとめ，示している。
　　ウ　本項の各視点において示す保育の内容は，第1章の2に示された養護における「生命の保持」及び「情緒の安定」に関わる保育の内容と，一体となって展開されるものであることに留意が必要である。
　(2)　ねらい及び内容
　　ア　健やかに伸び伸びと育つ
　　　　健康な心と体を育て，自ら健康で安全な生活をつくり出す力の基盤を培う。
　　(ア)　ねらい
　　　①　身体感覚が育ち，快適な環境に心地よさを感じる。
　　　②　伸び伸びと体を動かし，はう，歩くなどの運動をしようとする。
　　　③　食事，睡眠等の生活のリズムの感覚が芽生える。
　　(イ)　内容
　　　①　保育士等の愛情豊かな受容の下で，生理的・心理的欲求を満たし，心地よく生活をする。
　　　②　一人一人の発育に応じて，はう，立つ，歩くなど，十分に体を動かす。
　　　③　個人差に応じて授乳を行い，離乳を進めていく中で，様々な食品に少しずつ慣れ，食べることを楽しむ。
　　　④　一人一人の生活のリズムに応じて，安全な環境の下で十分に午睡をする。
　　　⑤　おむつ交換や衣服の着脱などを通じて，清潔になることの心地よさを感じる。
　　(ウ)　内容の取扱い
　　　　上記の取扱いに当たっては，次の事項に留意する必要がある。
　　　①　心と体の健康は，相互に密接な関連があるものであることを踏まえ，温かい触れ合いの中で，心と体の発達を促すこと。特に，寝返り，お座り，はいはい，つかまり立ち，伝い歩きなど，発育に応じて，遊びの中で体を動かす機会を十分に確保し，自ら体を動かそうとする意欲が育つようにすること。
　　　②　健康な心と体を育てるためには望ましい食習慣の形成が重要であることを踏まえ，離乳食が完了期へと徐々に移行する中で，様々な食品に慣れるようにするとともに，和やかな雰囲気の中で食べる喜びや楽しさを味わい，進んで食べ

ようとする気持ちが育つようにすること。なお，食物アレルギーのある子どもへの対応については，嘱託医等の指示や協力の下に適切に対応すること。
　イ　身近な人と気持ちが通じ合う
　　受容的・応答的な関わりの下で，何かを伝えようとする意欲や身近な大人との信頼関係を育て，人と関わる力の基盤を培う。
　　（ア）ねらい
　　　① 安心できる関係の下で，身近な人と共に過ごす喜びを感じる。
　　　② 体の動きや表情，発声等により，保育士等と気持ちを通わせようとする。
　　　③ 身近な人と親しみ，関わりを深め，愛情や信頼感が芽生える。
　　（イ）内容
　　　① 子どもからの働きかけを踏まえた，応答的な触れ合いや言葉がけによって，欲求が満たされ，安定感をもって過ごす。
　　　② 体の動きや表情，発声，喃語(なん)等を優しく受け止めてもらい，保育士等とのやり取りを楽しむ。
　　　③ 生活や遊びの中で，自分の身近な人の存在に気付き，親しみの気持ちを表す。
　　　④ 保育士等による語りかけや歌いかけ，発声や喃語(なん)等への応答を通じて，言葉の理解や発語の意欲が育つ。
　　　⑤ 温かく，受容的な関わりを通じて，自分を肯定する気持ちが芽生える。
　　（ウ）内容の取扱い
　　　上記の取扱いに当たっては，次の事項に留意する必要がある。
　　　① 保育士等との信頼関係に支えられて生活を確立していくことが人と関わる基盤となることを考慮して，子どもの多様な感情を受け止め，温かく受容的・応答的に関わり，一人一人に応じた適切な援助を行うようにすること。
　　　② 身近な人に親しみをもって接し，自分の感情などを表し，それに相手が応答する言葉を聞くことを通して，次第に言葉が獲得されていくことを考慮して，楽しい雰囲気の中での保育士等との関わり合いを大切にし，ゆっくりと優しく話しかけるなど，積極的に言葉のやり取りを楽しむことができるようにすること。
　ウ　身近なものと関わり感性が育つ
　　身近な環境に興味や好奇心をもって関わり，感じたことや考えたことを表現する力の基盤を培う。
　　（ア）ねらい
　　　① 身の回りのものに親しみ，様々なものに興味や関心をもつ。
　　　② 見る，触れる，探索するなど，身近な環境に自分から関わろうとする。
　　　③ 身体の諸感覚による認識が豊かになり，表情や手足，体の動き等で表現する。
　　（イ）内容
　　　① 身近な生活用具，玩具や絵本などが用意された中で，身の回りのものに対する興味や好奇心をもつ。
　　　② 生活や遊びの中で様々なものに触れ，音，形，色，手触りなどに気付き，感覚の働きを豊かにする。
　　　③ 保育士等と一緒に様々な色彩や形のものや絵本などを見る。
　　　④ 玩具や身の回りのものを，つまむ，つかむ，たたく，引っ張るなど，手や指を使って遊ぶ。
　　　⑤ 保育士等のあやし遊びに機嫌よく応じたり，歌やリズムに合わせて手足や体を動かして楽しんだりする。
　　（ウ）内容の取扱い
　　　上記の取扱いに当たっては，次の事項に留意する必要がある。
　　　① 玩具などは，音質，形，色，大きさなど子どもの発達状態に応じて適切なものを選び，その時々の子どもの興味や関心を踏まえるなど，遊びを通して感覚の発達が促されるものとなるように工夫すること。なお，安全な環境の下で，子どもが探索意欲を満たして自由に遊べるよう，身の回りのものについては，常に十分な点検を行うこと。
　　　② 乳児期においては，表情，発声，体の動きなどで，感情を表現することが多いことから，これらの表現しようとする意欲を積極的に受け止めて，子どもが様々な活動を楽しむことを通して表現が豊かになるようにすること。
（3）保育の実施に関わる配慮事項
　ア　乳児は疾病への抵抗力が弱く，心身の機能の未熟さに伴う疾病の発生が多いことから，一人一人の発育及び発達状態や健康状態についての適切な判断に基づく保健的な対応を行うこと。
　イ　一人一人の子どもの生育歴の違いに留意しつつ，欲求を適切に満たし，特定の保育士が応答的に関わるように努めること。
　ウ　乳児保育に関わる職員間の連携や嘱託医との連携を図り，第3章に示す事項を踏まえ，適切に対応す

ること。栄養士及び看護師等が配置されている場合は，その専門性を生かした対応を図ること。
エ　保護者との信頼関係を築きながら保育を進めるとともに，保護者からの相談に応じ，保護者への支援に努めていくこと。
オ　担当の保育士が替わる場合には，子どものそれまでの生育歴や発達過程に留意し，職員間で協力して対応すること。

2　1歳以上3歳未満児の保育に関わるねらい及び内容
(1) 基本的事項
　ア　この時期においては，歩き始めから，歩く，走る，跳ぶなどへと，基本的な運動機能が次第に発達し，排泄の自立のための身体的機能も整うようになる。つまむ，めくるなどの指先の機能も発達し，食事，衣類の着脱なども，保育士等の援助の下で自分で行うようになる。発声も明瞭になり，語彙も増加し，自分の意思や欲求を言葉で表出できるようになる。このように自分でできることが増えてくる時期であることから，保育士等は，子どもの生活の安定を図りながら，自分でしようとする気持ちを尊重し，温かく見守るとともに，愛情豊かに，応答的に関わることが必要である。
　イ　本項においては，この時期の発達の特徴を踏まえ，保育の「ねらい」及び「内容」について，心身の健康に関する領域「健康」，人との関わりに関する領域「人間関係」，身近な環境との関わりに関する領域「環境」，言葉の獲得に関する領域「言葉」及び感性と表現に関する領域「表現」としてまとめ，示している。
　ウ　本項の各領域において示す保育の内容は，第1章の2に示された養護における「生命の保持」及び「情緒の安定」に関わる保育の内容と，一体となって展開されるものであることに留意が必要である。
(2) ねらい及び内容
　ア　健康
　　健康な心と体を育て，自ら健康で安全な生活をつくり出す力を養う。
　　(ア) ねらい
　　　① 明るく伸び伸びと生活し，自分から体を動かすことを楽しむ。
　　　② 自分の体を十分に動かし，様々な動きをしようとする。
　　　③ 健康，安全な生活に必要な習慣に気付き，自分でしてみようとする気持ちが育つ。
　　(イ) 内容
　　　① 保育士等の愛情豊かな受容の下で，安定感をもって生活をする。

　　　② 食事や午睡，遊びと休息など，保育所における生活のリズムが形成される。
　　　③ 走る，跳ぶ，登る，押す，引っ張るなど全身を使う遊びを楽しむ。
　　　④ 様々な食品や調理形態に慣れ，ゆったりとした雰囲気の中で食事や間食を楽しむ。
　　　⑤ 身の回りを清潔に保つ心地よさを感じ，その習慣が少しずつ身に付く。
　　　⑥ 保育士等の助けを借りながら，衣類の着脱を自分でしようとする。
　　　⑦ 便器での排泄に慣れ，自分で排泄ができるようになる。
　　(ウ) 内容の取扱い
　　　上記の取扱いに当たっては，次の事項に留意する必要がある。
　　　① 心と体の健康は，相互に密接な関連があるものであることを踏まえ，子どもの気持ちに配慮した温かい触れ合いの中で，心と体の発達を促すこと。特に，一人一人の発育に応じて，体を動かす機会を十分に確保し，自ら体を動かそうとする意欲が育つようにすること。
　　　② 健康な心と体を育てるためには望ましい食習慣の形成が重要であることを踏まえ，ゆったりとした雰囲気の中で食べる喜びや楽しさを味わい，進んで食べようとする気持ちが育つようにすること。なお，食物アレルギーのある子どもへの対応については，嘱託医等の指示や協力の下に適切に対応すること。
　　　③ 排泄の習慣については，一人一人の排尿間隔等を踏まえ，おむつが汚れていないときに便器に座らせるなどにより，少しずつ慣れさせるようにすること。
　　　④ 食事，排泄，睡眠，衣類の着脱，身の回りを清潔にすることなど，生活に必要な基本的な習慣については，一人一人の状態に応じ，落ち着いた雰囲気の中で行うようにし，子どもが自分でしようとする気持ちを尊重すること。また，基本的な生活習慣の形成に当たっては，家庭での生活経験に配慮し，家庭との適切な連携の下で行うようにすること。
　イ　人間関係
　　他の人々と親しみ，支え合って生活するために，自立心を育て，人と関わる力を養う。
　　(ア) ねらい
　　　① 保育所での生活を楽しみ，身近な人と関わる心地よさを感じる。
　　　② 周囲の子ども等への興味や関心が高まり，関

わりをもとうとする。
　　③　保育所の生活の仕方に慣れ，きまりの大切さに気付く。
　（イ）内容
　　①　保育士等や周囲の子ども等との安定した関係の中で，共に過ごす心地よさを感じる。
　　②　保育士等の受容的・応答的な関わりの中で，欲求を適切に満たし，安定感をもって過ごす。
　　③　身の回りに様々な人がいることに気付き，徐々に他の子どもと関わりをもって遊ぶ。
　　④　保育士等の仲立ちにより，他の子どもとの関わり方を少しずつ身につける。
　　⑤　保育所の生活の仕方に慣れ，きまりがあることや，その大切さに気付く。
　　⑥　生活や遊びの中で，年長児や保育士等の真似をしたり，ごっこ遊びを楽しんだりする。
　（ウ）内容の取扱い
　　上記の取扱いに当たっては，次の事項に留意する必要がある。
　　①　保育士等との信頼関係に支えられて生活を確立するとともに，自分で何かをしようとする気持ちが旺盛になる時期であることに鑑み，そのような子どもの気持ちを尊重し，温かく見守るとともに，愛情豊かに，応答的に関わり，適切な援助を行うようにすること。
　　②　思い通りにいかない場合等の子どもの不安定な感情の表出については，保育士等が受容的に受け止めるとともに，そうした気持ちから立ち直る経験や感情をコントロールすることへの気付き等につなげていけるように援助すること。
　　③　この時期は自己と他者との違いの認識がまだ十分ではないことから，子どもの自我の育ちを見守るとともに，保育士等が仲立ちとなって，自分の気持ちを相手に伝えることや相手の気持ちに気付くことの大切さなど，友達の気持ちや友達との関わり方を丁寧に伝えていくこと。
　ウ　環境
　　周囲の様々な環境に好奇心や探究心をもって関わり，それらを生活に取り入れていこうとする力を養う。
　（ア）ねらい
　　①　身近な環境に親しみ，触れ合う中で，様々なものに興味や関心をもつ。
　　②　様々なものに関わる中で，発見を楽しんだり，考えたりしようとする。
　　③　見る，聞く，触るなどの経験を通して，感覚の働きを豊かにする。
　（イ）内容
　　①　安全で活動しやすい環境での探索活動等を通して，見る，聞く，触れる，嗅ぐ，味わうなどの感覚の働きを豊かにする。
　　②　玩具，絵本，遊具などに興味をもち，それらを使った遊びを楽しむ。
　　③　身の回りの物に触れる中で，形，色，大きさ，量などの物の性質や仕組みに気付く。
　　④　自分の物と人の物の区別や，場所的感覚など，環境を捉える感覚が育つ。
　　⑤　身近な生き物に気付き，親しみをもつ。
　　⑥　近隣の生活や季節の行事などに興味や関心をもつ。
　（ウ）内容の取扱い
　　上記の取扱いに当たっては，次の事項に留意する必要がある。
　　①　玩具などは，音質，形，色，大きさなど子どもの発達状態に応じて適切なものを選び，遊びを通して感覚の発達が促されるように工夫すること。
　　②　身近な生き物との関わりについては，子どもが命を感じ，生命の尊さに気付く経験へとつながるものであることから，そうした気付きを促すような関わりとなるようにすること。
　　③　地域の生活や季節の行事などに触れる際には，社会とのつながりや地域社会の文化への気付きにつながるものとなることが望ましいこと。その際，保育所内外の行事や地域の人々との触れ合いなどを通して行うこと等も考慮すること。
　エ　言葉
　　経験したことや考えたことなどを自分なりの言葉で表現し，相手の話す言葉を聞こうとする意欲や態度を育て，言葉に対する感覚や言葉で表現する力を養う。
　（ア）ねらい
　　①　言葉遊びや言葉で表現する楽しさを感じる。
　　②　人の言葉や話などを聞き，自分でも思ったことを伝えようとする。
　　③　絵本や物語等に親しむとともに，言葉のやり取りを通じて身近な人と気持ちを通わせる。
　（イ）内容
　　①　保育士等の応答的な関わりや話しかけにより，自ら言葉を使おうとする。
　　②　生活に必要な簡単な言葉に気付き，聞き分ける。
　　③　親しみをもって日常の挨拶に応じる。

④　絵本や紙芝居を楽しみ，簡単な言葉を繰り返したり，模倣をしたりして遊ぶ。
　　⑤　保育士等とごっこ遊びをする中で，言葉のやり取りを楽しむ。
　　⑥　保育士等を仲立ちとして，生活や遊びの中で友達との言葉のやり取りを楽しむ。
　　⑦　保育士等や友達の言葉や話に興味や関心をもって，聞いたり，話したりする。
　（ウ）内容の取扱い
　　　上記の取扱いに当たっては，次の事項に留意する必要がある。
　　①　身近な人に親しみをもって接し，自分の感情などを伝え，それに相手が応答し，その言葉を聞くことを通して，次第に言葉が獲得されていくものであることを考慮して，楽しい雰囲気の中で保育士等との言葉のやり取りができるようにすること。
　　②　子どもが自分の思いを言葉で伝えるとともに，他の子どもの話などを聞くことを通して，次第に話を理解し，言葉による伝え合いができるようになるよう，気持ちや経験等の言語化を行うことを援助するなど，子ども同士の関わりの仲立ちを行うようにすること。
　　③　この時期は，片言から，二語文，ごっこ遊びでのやり取りができる程度へと，大きく言葉の習得が進む時期であることから，それぞれの子どもの発達の状況に応じて，遊びや関わりの工夫など，保育の内容を適切に展開することが必要であること。
　オ　表現
　　　感じたことや考えたことを自分なりに表現することを通して，豊かな感性や表現する力を養い，創造性を豊かにする。
　（ア）ねらい
　　①　身体の諸感覚の経験を豊かにし，様々な感覚を味わう。
　　②　感じたことや考えたことなどを自分なりに表現しようとする。
　　③　生活や遊びの様々な体験を通して，イメージや感性が豊かになる。
　（イ）内容
　　①　水，砂，土，紙，粘土など様々な素材に触れて楽しむ。
　　②　音楽，リズムやそれに合わせた体の動きを楽しむ。
　　③　生活の中で様々な音，形，色，手触り，動き，味，香りなどに気付いたり，感じたりして楽しむ。
　　④　歌を歌ったり，簡単な手遊びや全身を使う遊びを楽しんだりする。
　　⑤　保育士等からの話や，生活や遊びの中での出来事を通して，イメージを豊かにする。
　　⑥　生活や遊びの中で，興味のあることや経験したことなどを自分なりに表現する。
　（ウ）内容の取扱い
　　　上記の取扱いに当たっては，次の事項に留意する必要がある。
　　①　子どもの表現は，遊びや生活の様々な場面で表出されているものであることから，それらを積極的に受け止め，様々な表現の仕方や感性を豊かにする経験となるようにすること。
　　②　子どもが試行錯誤しながら様々な表現を楽しむことや，自分の力でやり遂げる充実感などに気付くよう，温かく見守るとともに，適切に援助を行うようにすること。
　　③　様々な感情の表現等を通じて，子どもが自分の感情や気持ちに気付くようになる時期であることに鑑み，受容的な関わりの中で自信をもって表現をすることや，諦めずに続けた後の達成感等を感じられるような経験が蓄積されるようにすること。
　　④　身近な自然や身の回りの事物に関わる中で，発見や心が動く経験が得られるよう，諸感覚を働かせることを楽しむ遊びや素材を用意するなど保育の環境を整えること。
（3）保育の実施に関わる配慮事項
　ア　特に感染症にかかりやすい時期であるので，体の状態，機嫌，食欲などの日常の状態の観察を十分に行うとともに，適切な判断に基づく保健的な対応を心がけること。
　イ　探索活動が十分できるように，事故防止に努めながら活動しやすい環境を整え，全身を使う遊びなど様々な遊びを取り入れること。
　ウ　自我が形成され，子どもが自分の感情や気持ちに気付くようになる重要な時期であることに鑑み，情緒の安定を図りながら，子どもの自発的な活動を尊重するとともに促していくこと。
　エ　担当の保育士が替わる場合には，子どものそれまでの経験や発達過程に留意し，職員間で協力して対応すること。
3　3歳以上児の保育に関するねらい及び内容
（1）基本的事項
　ア　この時期においては，運動機能の発達により，基本的な動作が一通りできるようになるとともに，基

本的な生活習慣もほぼ自立できるようになる。理解する語彙数が急激に増加し，知的興味や関心も高まってくる。仲間と遊び，仲間の中の一人という自覚が生じ，集団的な遊びや協同的な活動も見られるようになる。これらの発達の特徴を踏まえて，この時期の保育においては，個の成長と集団としての活動の充実が図られるようにしなければならない。
　イ　本項においては，この時期の発達の特徴を踏まえ，保育の「ねらい」及び「内容」について，心身の健康に関する領域「健康」，人との関わりに関する領域「人間関係」，身近な環境との関わりに関する領域「環境」，言葉の獲得に関する領域「言葉」及び感性と表現に関する領域「表現」としてまとめ，示している。
　ウ　本項の各領域において示す保育の内容は，第1章の2に示された養護における「生命の保持」及び「情緒の安定」に関わる保育の内容と，一体となって展開されるものであることに留意が必要である。
(2) ねらい及び内容
　ア　健康
　　　健康な心と体を育て，自ら健康で安全な生活をつくり出す力を養う。
　　(ア) ねらい
　　　① 明るく伸び伸びと行動し，充実感を味わう。
　　　② 自分の体を十分に動かし，進んで運動しようとする。
　　　③ 健康，安全な生活に必要な習慣や態度を身に付け，見通しをもって行動する。
　　(イ) 内容
　　　① 保育士等や友達と触れ合い，安定感をもって行動する。
　　　② いろいろな遊びの中で十分に体を動かす。
　　　③ 進んで戸外で遊ぶ。
　　　④ 様々な活動に親しみ，楽しんで取り組む。
　　　⑤ 保育士等や友達と食べることを楽しみ，食べ物への興味や関心をもつ。
　　　⑥ 健康な生活のリズムを身に付ける。
　　　⑦ 身の回りを清潔にし，衣服の着脱，食事，排泄などの生活に必要な活動を自分でする。
　　　⑧ 保育所における生活の仕方を知り，自分たちで生活の場を整えながら見通しをもって行動する。
　　　⑨ 自分の健康に関心をもち，病気の予防などに必要な活動を進んで行う。
　　　⑩ 危険な場所，危険な遊び方，災害時などの行動の仕方が分かり，安全に気を付けて行動する。

　　(ウ) 内容の取扱い
　　　　上記の取扱いに当たっては，次の事項に留意する必要がある。
　　　① 心と体の健康は，相互に密接な関連があるものであることを踏まえ，子どもが保育士等や他の子どもとの温かい触れ合いの中で自己の存在感や充実感を味わうことなどを基盤として，しなやかな心と体の発達を促すこと。特に，十分に体を動かす気持ちよさを体験し，自ら体を動かそうとする意欲が育つようにすること。
　　　② 様々な遊びの中で，子どもが興味や関心，能力に応じて全身を使って活動することにより，体を動かす楽しさを味わい，自分の体を大切にしようとする気持ちが育つようにすること。その際，多様な動きを経験する中で，体の動きを調整するようにすること。
　　　③ 自然の中で伸び伸びと体を動かして遊ぶことにより，体の諸機能の発達が促されることに留意し，子どもの興味や関心が戸外にも向くようにすること。その際，子どもの動線に配慮した園庭や遊具の配置などを工夫すること。
　　　④ 健康な心と体を育てるためには食育を通じた望ましい食習慣の形成が大切であることを踏まえ，子どもの食生活の実情に配慮し，和やかな雰囲気の中で保育士等や他の子どもと食べる喜びや楽しさを味わったり，様々な食べ物への興味や関心をもったりするなどし，食の大切さに気付き，進んで食べようとする気持ちが育つようにすること。
　　　⑤ 基本的な生活習慣の形成に当たっては，家庭での生活経験に配慮し，子どもの自立心を育て，子どもが他の子どもと関わりながら主体的な活動を展開する中で，生活に必要な習慣を身に付け，次第に見通しをもって行動できるようにすること。
　　　⑥ 安全に関する指導に当たっては，情緒の安定を図り，遊びを通して安全についての構えを身に付け，危険な場所や事物などが分かり，安全についての理解を深めるようにすること。また，交通安全の習慣を身に付けるようにするとともに，避難訓練などを通して，災害などの緊急時に適切な行動がとれるようにすること。
　イ　人間関係
　　　他の人々と親しみ，支え合って生活するために，自立心を育て，人と関わる力を養う。
　　(ア) ねらい
　　　① 保育所の生活を楽しみ，自分の力で行動する

ことの充実感を味わう。
② 身近な人と親しみ、関わりを深め、工夫したり、協力したりして一緒に活動する楽しさを味わい、愛情や信頼感をもつ。
③ 社会生活における望ましい習慣や態度を身に付ける。
(イ) 内容
① 保育士等や友達と共に過ごすことの喜びを味わう。
② 自分で考え、自分で行動する。
③ 自分でできることは自分でする。
④ いろいろな遊びを楽しみながら物事をやり遂げようとする気持ちをもつ。
⑤ 友達と積極的に関わりながら喜びや悲しみを共感し合う。
⑥ 自分の思ったことを相手に伝え、相手の思っていることに気付く。
⑦ 友達のよさに気付き、一緒に活動する楽しさを味わう。
⑧ 友達と楽しく活動する中で、共通の目的を見いだし、工夫したり、協力したりなどする。
⑨ よいことや悪いことがあることに気付き、考えながら行動する。
⑩ 友達との関わりを深め、思いやりをもつ。
⑪ 友達と楽しく生活する中できまりの大切さに気付き、守ろうとする。
⑫ 共同の遊具や用具を大切にし、皆で使う。
⑬ 高齢者をはじめ地域の人々などの自分の生活に関係の深いいろいろな人に親しみをもつ。
(ウ) 内容の取扱い
上記の取扱いに当たっては、次の事項に留意する必要がある。
① 保育士等との信頼関係に支えられて自分自身の生活を確立していくことが人と関わる基盤となることを考慮し、子どもが自ら周囲に働き掛けることにより多様な感情を体験し、試行錯誤しながら諦めずにやり遂げることの達成感や、前向きな見通しをもって自分の力で行うことの充実感を味わうことができるよう、子どもの行動を見守りながら適切な援助を行うようにすること。
② 一人一人を生かした集団を形成しながら人と関わる力を育てていくようにすること。その際、集団の生活の中で、子どもが自己を発揮し、保育士等や他の子どもに認められる体験をし、自分のよさや特徴に気付き、自信をもって行動できるようにすること。
③ 子どもが互いに関わりを深め、協同して遊ぶようになるため、自ら行動する力を育てるとともに、他の子どもと試行錯誤しながら活動を展開する楽しさや共通の目的が実現する喜びを味わうことができるようにすること。
④ 道徳性の芽生えを培うに当たっては、基本的な生活習慣の形成を図るとともに、子どもが他の子どもとの関わりの中で他人の存在に気付き、相手を尊重する気持ちをもって行動できるようにし、また、自然や身近な動植物に親しむことなどを通して豊かな心情が育つようにすること。特に、人に対する信頼感や思いやりの気持ちは、葛藤やつまずきをも体験し、それらを乗り越えることにより次第に芽生えてくることに配慮すること。
⑤ 集団の生活を通して、子どもが人との関わりを深め、規範意識の芽生えが培われることを考慮し、子どもが保育士等との信頼関係に支えられて自己を発揮する中で、互いに思いを主張し、折り合いを付ける体験をし、きまりの必要性などに気付き、自分の気持ちを調整する力が育つようにすること。
⑥ 高齢者をはじめ地域の人々などの自分の生活に関係の深いいろいろな人と触れ合い、自分の感情や意志を表現しながら共に楽しみ、共感し合う体験を通して、これらの人々などに親しみをもち、人と関わることの楽しさや人の役に立つ喜びを味わうことができるようにすること。また、生活を通して親や祖父母などの家族の愛情に気付き、家族を大切にしようとする気持ちが育つようにすること。

ウ 環境
周囲の様々な環境に好奇心や探究心をもって関わり、それらを生活に取り入れていこうとする力を養う。
(ア) ねらい
① 身近な環境に親しみ、自然と触れ合う中で様々な事象に興味や関心をもつ。
② 身近な環境に自分から関わり、発見を楽しんだり、考えたりし、それを生活に取り入れようとする。
③ 身近な事象を見たり、考えたり、扱ったりする中で、物の性質や数量、文字などに対する感覚を豊かにする。
(イ) 内容
① 自然に触れて生活し、その大きさ、美しさ、不思議さなどに気付く。

② 生活の中で，様々な物に触れ，その性質や仕組みに興味や関心をもつ。
③ 季節により自然や人間の生活に変化のあることに気付く。
④ 自然などの身近な事象に関心をもち，取り入れて遊ぶ。
⑤ 身近な動植物に親しみをもって接し，生命の尊さに気付き，いたわったり，大切にしたりする。
⑥ 日常生活の中で，我が国や地域社会における様々な文化や伝統に親しむ。
⑦ 身近な物を大切にする。
⑧ 身近な物や遊具に興味をもって関わり，自分なりに比べたり，関連付けたりしながら考えたり，試したりして工夫して遊ぶ。
⑨ 日常生活の中で数量や図形などに関心をもつ。
⑩ 日常生活の中で簡単な標識や文字などに関心をもつ。
⑪ 生活に関係の深い情報や施設などに興味や関心をもつ。
⑫ 保育所内外の行事において国旗に親しむ。

(ウ) 内容の取扱い

上記の取扱いに当たっては，次の事項に留意する必要がある。

① 子どもが，遊びの中で周囲の環境と関わり，次第に周囲の世界に好奇心を抱き，その意味や操作の仕方に関心をもち，物事の法則性に気付き，自分なりに考えることができるようになる過程を大切にすること。また，他の子どもの考えなどに触れて新しい考えを生み出す喜びや楽しさを味わい，自分の考えをよりよいものにしようとする気持ちが育つようにすること。
② 幼児期において自然のもつ意味は大きく，自然の大きさ，美しさ，不思議さなどに直接触れる体験を通して，子どもの心が安らぎ，豊かな感情，好奇心，思考力，表現力の基礎が培われることを踏まえ，子どもが自然との関わりを深めることができるよう工夫すること。
③ 身近な事象や動植物に対する感動を伝え合い，共感し合うことなどを通して自分から関わろうとする意欲を育てるとともに，様々な関わり方を通してそれらに対する親しみや畏敬の念，生命を大切にする気持ち，公共心，探究心などが養われるようにすること。
④ 文化や伝統に親しむ際には，正月や節句など我が国の伝統的な行事，国歌，唱歌，わらべうたや我が国の伝統的な遊びに親しんだり，異なる文化に触れる活動に親しんだりすることを通じて，社会とのつながりの意識や国際理解の意識の芽生えなどが養われるようにすること。
⑤ 数量や文字などに関しては，日常生活の中で子ども自身の必要感に基づく体験を大切にし，数量や文字などに関する興味や関心，感覚が養われるようにすること。

エ 言葉

経験したことや考えたことなどを自分なりの言葉で表現し，相手の話す言葉を聞こうとする意欲や態度を育て，言葉に対する感覚や言葉で表現する力を養う。

(ア) ねらい

① 自分の気持ちを言葉で表現する楽しさを味わう。
② 人の言葉や話などをよく聞き，自分の経験したことや考えたことを話し，伝え合う喜びを味わう。
③ 日常生活に必要な言葉が分かるようになるとともに，絵本や物語などに親しみ，言葉に対する感覚を豊かにし，保育士等や友達と心を通わせる。

(イ) 内容

① 保育士等や友達の言葉や話に興味や関心をもち，親しみをもって聞いたり，話したりする。
② したり，見たり，聞いたり，感じたり，考えたりなどしたことを自分なりに言葉で表現する。
③ したいこと，してほしいことを言葉で表現したり，分からないことを尋ねたりする。
④ 人の話を注意して聞き，相手に分かるように話す。
⑤ 生活の中で必要な言葉が分かり，使う。
⑥ 親しみをもって日常の挨拶をする。
⑦ 生活の中で言葉の楽しさや美しさに気付く。
⑧ いろいろな体験を通じてイメージや言葉を豊かにする。
⑨ 絵本や物語などに親しみ，興味をもって聞き，想像をする楽しさを味わう。
⑩ 日常生活の中で，文字などで伝える楽しさを味わう。

(ウ) 内容の取扱い

上記の取扱いに当たっては，次の事項に留意する必要がある。

① 言葉は，身近な人に親しみをもって接し，自分の感情や意志などを伝え，それに相手が応答

し，その言葉を聞くことを通して次第に獲得されていくものであることを考慮して，子どもが保育士等や他の子どもと関わることにより心を動かされるような体験をし，言葉を交わす喜びを味わえるようにすること。
② 子どもが自分の思いを言葉で伝えるとともに，保育士等や他の子どもなどの話を興味をもって注意して聞くことを通して次第に話を理解するようになっていき，言葉による伝え合いができるようにすること。
③ 絵本や物語などで，その内容と自分の経験とを結び付けたり，想像を巡らせたりするなど，楽しみを十分に味わうことによって，次第に豊かなイメージをもち，言葉に対する感覚が養われるようにすること。
④ 子どもが生活の中で，言葉の響きやリズム，新しい言葉や表現などに触れ，これらを使う楽しさを味わえるようにすること。その際，絵本や物語に親しんだり，言葉遊びなどをしたりすることを通して，言葉が豊かになるようにすること。
⑤ 子どもが日常生活の中で，文字などを使いながら思ったことや考えたことを伝える喜びや楽しさを味わい，文字に対する興味や関心をもつようにすること。

オ 表現
感じたことや考えたことを自分なりに表現することを通して，豊かな感性や表現する力を養い，創造性を豊かにする。
(ア) ねらい
① いろいろなものの美しさなどに対する豊かな感性をもつ。
② 感じたことや考えたことを自分なりに表現して楽しむ。
③ 生活の中でイメージを豊かにし，様々な表現を楽しむ。
(イ) 内容
① 生活の中で様々な音，形，色，手触り，動きなどに気付いたり，感じたりするなどして楽しむ。
② 生活の中で美しいものや心を動かす出来事に触れ，イメージを豊かにする。
③ 様々な出来事の中で，感動したことを伝え合う楽しさを味わう。
④ 感じたこと，考えたことなどを音や動きなどで表現したり，自由にかいたり，つくったりなどする。
⑤ いろいろな素材に親しみ，工夫して遊ぶ。
⑥ 音楽に親しみ，歌を歌ったり，簡単なリズム楽器を使ったりなどする楽しさを味わう。
⑦ かいたり，つくったりすることを楽しみ，遊びに使ったり，飾ったりなどする。
⑧ 自分のイメージを動きや言葉などで表現したり，演じて遊んだりするなどの楽しさを味わう。
(ウ) 内容の取扱い
上記の取扱いに当たっては，次の事項に留意する必要がある。
① 豊かな感性は，身近な環境と十分に関わる中で美しいもの，優れたもの，心を動かす出来事などに出会い，そこから得た感動を他の子どもや保育士等と共有し，様々に表現することなどを通して養われるようにすること。その際，風の音や雨の音，身近にある草や花の形や色など自然の中にある音，形，色などに気付くようにすること。
② 子どもの自己表現は素朴な形で行われることが多いので，保育士等はそのような表現を受容し，子ども自身の表現しようとする意欲を受け止めて，子どもが生活の中で子どもらしい様々な表現を楽しむことができるようにすること。
③ 生活経験や発達に応じ，自ら様々な表現を楽しみ，表現する意欲を十分に発揮させることができるように，遊具や用具などを整えたり，様々な素材や表現の仕方に親しんだり，他の子どもの表現に触れられるよう配慮したりし，表現する過程を大切にして自己表現を楽しめるように工夫すること。

(3) 保育の実施に関わる配慮事項
ア 第1章の4の(2)に示す「幼児期の終わりまでに育ってほしい姿」が，ねらい及び内容に基づく活動全体を通して資質・能力が育まれている子どもの小学校就学時の具体的な姿であることを踏まえ，指導を行う際には適宜考慮すること。
イ 子どもの発達や成長の援助をねらいとした活動の時間については，意識的に保育の計画等において位置付けて，実施することが重要であること。なお，そのような活動の時間については，保護者の就労状況等に応じて子どもが保育所で過ごす時間がそれぞれ異なることに留意して設定すること。
ウ 特に必要な場合には，各領域に示すねらいの趣旨に基づいて，具体的な内容を工夫し，それを加えても差し支えないが，その場合には，それが第1章の1に示す保育所保育に関する基本原則を逸脱しない

よう慎重に配慮する必要があること。
4 保育の実施に関して留意すべき事項
 (1) 保育全般に関わる配慮事項
  ア 子どもの心身の発達及び活動の実態などの個人差を踏まえるとともに、一人一人の子どもの気持ちを受け止め、援助すること。
  イ 子どもの健康は、生理的・身体的な育ちとともに、自主性や社会性、豊かな感性の育ちとがあいまってもたらされることに留意すること。
  ウ 子どもが自ら周囲に働きかけ、試行錯誤しつつ自分の力で行う活動を見守りながら、適切に援助すること。
  エ 子どもの入所時の保育に当たっては、できるだけ個別的に対応し、子どもが安定感を得て、次第に保育所の生活になじんでいくようにするとともに、既に入所している子どもに不安や動揺を与えないようにすること。
  オ 子どもの国籍や文化の違いを認め、互いに尊重する心を育てるようにすること。
  カ 子どもの性差や個人差にも留意しつつ、性別などによる固定的な意識を植え付けることがないようにすること。
 (2) 小学校との連携
  ア 保育所においては、保育所保育が、小学校以降の生活や学習の基盤の育成につながることに配慮し、幼児期にふさわしい生活を通じて、創造的な思考や主体的な生活態度などの基礎を培うようにすること。
  イ 保育所保育において育まれた資質・能力を踏まえ、小学校教育が円滑に行われるよう、小学校教師との意見交換や合同の研究の機会などを設け、第1章の4の(2)に示す「幼児期の終わりまでに育って欲しい姿」を共有するなど連携を図り、保育所保育と小学校教育との円滑な接続を図るよう努めること。
  ウ 子どもに関する情報共有に関して、保育所に入所している子どもの就学に際し、市町村の支援の下に、子どもの育ちを支えるための資料が保育所から小学校へ送付されるようにすること。
 (3) 家庭及び地域社会との連携
  子どもの生活の連続性を踏まえ、家庭及び地域社会と連携して保育が展開されるよう配慮すること。その際、家庭や地域の機関及び団体の協力を得て、地域の自然、高齢者や異年齢の子ども等を含む人材、行事、施設等の地域の資源を積極的に活用し、豊かな生活体験をはじめ保育内容の充実が図られるよう配慮すること。

第3章 健康及び安全

　保育所保育において、子どもの健康及び安全の確保は、子どもの生命の保持と健やかな生活の基本であり、一人一人の子どもの健康の保持及び増進並びに安全の確保とともに、保育所全体における健康及び安全の確保に努めることが重要となる。
　また、子どもが、自らの体や健康に関心をもち、心身の機能を高めていくことが大切である。
　このため、第1章及び第2章等の関連する事項に留意し、次に示す事項を踏まえ、保育を行うこととする。

1 子どもの健康支援
 (1) 子どもの健康状態並びに発育及び発達状態の把握
  ア 子どもの心身の状態に応じて保育するために、子どもの健康状態並びに発育及び発達状態について、定期的・継続的に、また、必要に応じて随時、把握すること。
  イ 保護者からの情報とともに、登所時及び保育中を通じて子どもの状態を観察し、何らかの疾病が疑われる状態や傷害が認められた場合には、保護者に連絡するとともに、嘱託医と相談するなど適切な対応を図ること。看護師等が配置されている場合には、その専門性を生かした対応を図ること。
  ウ 子どもの心身の状態等を観察し、不適切な養育の兆候が見られる場合には、市町村や関係機関と連携し、児童福祉法第25条に基づき、適切な対応を図ること。また、虐待が疑われる場合には、速やかに市町村又は児童相談所に通告し、適切な対応を図ること。
 (2) 健康増進
  ア 子どもの健康に関する保健計画を全体的な計画に基づいて作成し、全職員がそのねらいや内容を踏まえ、一人一人の子どもの健康の保持及び増進に努めていくこと。
  イ 子どもの心身の健康状態や疾病等の把握のために、嘱託医等により定期的に健康診断を行い、その結果を記録し、保育に活用するとともに、保護者が子どもの状態を理解し、日常生活に活用できるようにすること。
 (3) 疾病等への対応
  ア 保育中に体調不良や傷害が発生した場合には、その子どもの状態等に応じて、保護者に連絡するとともに、適宜、嘱託医や子どものかかりつけ医等と相談し、適切な処置を行うこと。看護師等が配置されている場合には、その専門性を生かした対応を図ること。

イ　感染症やその他の疾病の発生予防に努め，その発生や疑いがある場合には，必要に応じて嘱託医，市町村，保健所等に連絡し，その指示に従うとともに，保護者や全職員に連絡し，予防等について協力を求めること。また，感染症に関する保育所の対応方法等について，あらかじめ関係機関の協力を得ておくこと。看護師等が配置されている場合には，その専門性を生かした対応を図ること。

　ウ　アレルギー疾患を有する子どもの保育については，保護者と連携し，医師の診断及び指示に基づき，適切な対応を行うこと。また，食物アレルギーに関して，関係機関と連携して，当該保育所の体制構築など，安全な環境の整備を行うこと。看護師や栄養士等が配置されている場合には，その専門性を生かした対応を図ること。

　エ　子どもの疾病等の事態に備え，医務室等の環境を整え，救急用の薬品，材料等を適切な管理の下に常備し，全職員が対応できるようにしておくこと。

2　食育の推進
 (1) 保育所の特性を生かした食育
　ア　保育所における食育は，健康な生活の基本としての「食を営む力」の育成に向け，その基礎を培うことを目標とすること。
　イ　子どもが生活と遊びの中で，意欲をもって食に関わる体験を積み重ね，食べることを楽しみ，食事を楽しみ合う子どもに成長していくことを期待するものであること。
　ウ　乳幼児期にふさわしい食生活が展開され，適切な援助が行われるよう，食事の提供を含む食育計画を全体的な計画に基づいて作成し，その評価及び改善に努めること。栄養士が配置されている場合は，専門性を生かした対応を図ること。

 (2) 食育の環境の整備等
　ア　子どもが自らの感覚や体験を通して，自然の恵みとしての食材や食の循環・環境への意識，調理する人への感謝の気持ちが育つように，子どもと調理員等との関わりや，調理室など食に関わる保育環境に配慮すること。
　イ　保護者や地域の多様な関係者との連携及び協働の下で，食に関する取組が進められること。また，市町村の支援の下に，地域の関係機関等との日常的な連携を図り，必要な協力が得られるよう努めること。
　ウ　体調不良，食物アレルギー，障害のある子どもなど，一人一人の子どもの心身の状態等に応じ，嘱託医，かかりつけ医等の指示や協力の下に適切に対応すること。栄養士が配置されている場合は，専門性を生かした対応を図ること。

3　環境及び衛生管理並びに安全管理
 (1) 環境及び衛生管理
　ア　施設の温度，湿度，換気，採光，音などの環境を常に適切な状態に保持するとともに，施設内外の設備及び用具等の衛生管理に努めること。
　イ　施設内外の適切な環境の維持に努めるとともに，子ども及び全職員が清潔を保つようにすること。また，職員は衛生知識の向上に努めること。

 (2) 事故防止及び安全対策
　ア　保育中の事故防止のために，子どもの心身の状態等を踏まえつつ，施設内外の安全点検に努め，安全対策のために全職員の共通理解や体制づくりを図るとともに，家庭や地域の関係機関の協力の下に安全指導を行うこと。
　イ　事故防止の取組を行う際には，特に，睡眠中，プール活動・水遊び中，食事中等の場面では重大事故が発生しやすいことを踏まえ，子どもの主体的な活動を大切にしつつ，施設内外の環境の配慮や指導の工夫を行うなど，必要な対策を講じること。
　ウ　保育中の事故の発生に備え，施設内外の危険箇所の点検や訓練を実施するとともに，外部からの不審者等の侵入防止のための措置や訓練など不測の事態に備えて必要な対応を行うこと。また，子どもの精神保健面における対応に留意すること。

4　災害への備え
 (1) 施設・設備等の安全確保
　ア　防火設備，避難経路等の安全性が確保されるよう，定期的にこれらの安全点検を行うこと。
　イ　備品，遊具等の配置，保管を適切に行い，日頃から，安全環境の整備に努めること。

 (2) 災害発生時の対応体制及び避難への備え
　ア　火災や地震などの災害の発生に備え，緊急時の対応の具体的内容及び手順，職員の役割分担，避難訓練計画等に関するマニュアルを作成すること。
　イ　定期的に避難訓練を実施するなど，必要な対応を図ること。
　ウ　災害の発生時に，保護者等への連絡及び子どもの引渡しを円滑に行うため，日頃から保護者との密接な連携に努め，連絡体制や引渡し方法等について確認をしておくこと。

 (3) 地域の関係機関等との連携
　ア　市町村の支援の下に，地域の関係機関との日常的な連携を図り，必要な協力が得られるよう努めること。
　イ　避難訓練については，地域の関係機関や保護者との連携の下に行うなど工夫すること。

第4章　子育て支援

保育所における保護者に対する子育て支援は，全ての子どもの健やかな育ちを実現することができるよう，第1章及び第2章等の関連する事項を踏まえ，子どもの育ちを家庭と連携して支援していくとともに，保護者及び地域が有する子育てを自ら実践する力の向上に資するよう，次の事項に留意するものとする。
1　保育所における子育て支援に関する基本的事項
 (1) 保育所の特性を生かした子育て支援
　ア　保護者に対する子育て支援を行う際には，各地域や家庭の実態等を踏まえるとともに，保護者の気持ちを受け止め，相互の信頼関係を基本に，保護者の自己決定を尊重すること。
　イ　保育及び子育てに関する知識や技術など，保育士等の専門性や，子どもが常に存在する環境など，保育所の特性を生かし，保護者が子どもの成長に気付き子育ての喜びを感じられるように努めること。
 (2) 子育て支援に関して留意すべき事項
　ア　保護者に対する子育て支援における地域の関係機関等との連携及び協働を図り，保育所全体の体制構築に努めること。
　イ　子どもの利益に反しない限りにおいて，保護者や子どものプライバシーを保護し，知り得た事柄の秘密を保持すること。
2　保育所を利用している保護者に対する子育て支援
 (1) 保護者との相互理解
　ア　日常の保育に関連した様々な機会を活用し子どもの日々の様子の伝達や収集，保育所保育の意図の説明などを通じて，保護者との相互理解を図るよう努めること。
　イ　保育の活動に対する保護者の積極的な参加は，保護者の子育てを自ら実践する力の向上に寄与することから，これを促すこと。
 (2) 保護者の状況に配慮した個別の支援
　ア　保護者の就労と子育ての両立等を支援するため，保護者の多様化した保育の需要に応じ，病児保育事業など多様な事業を実施する場合には，保護者の状況に配慮するとともに，子どもの福祉が尊重されるよう努め，子どもの生活の連続性を考慮すること。
　イ　子どもに障害や発達上の課題が見られる場合には，市町村や関係機関と連携及び協力を図りつつ，保護者に対する個別の支援を行うよう努めること。
　ウ　外国籍家庭など，特別な配慮を必要とする家庭の場合には，状況等に応じて個別の支援を行うよう努めること。
 (3) 不適切な養育等が疑われる家庭への支援
　ア　保護者に育児不安等が見られる場合には，保護者の希望に応じて個別の支援を行うよう努めること。
　イ　保護者に不適切な養育等が疑われる場合には，市町村や関係機関と連携し，要保護児童対策地域協議会で検討するなど適切な対応を図ること。また，虐待が疑われる場合には，速やかに市町村又は児童相談所に通告し，適切な対応を図ること。
3　地域の保護者等に対する子育て支援
 (1) 地域に開かれた子育て支援
　ア　保育所は，児童福祉法第48条の4の規定に基づき，その行う保育に支障がない限りにおいて，地域の実情や当該保育所の体制等を踏まえ，地域の保護者等に対して，保育所保育の専門性を生かした子育て支援を積極的に行うよう努めること。
　イ　地域の子どもに対する一時預かり事業などの活動を行う際には，一人一人の子どもの心身の状態などを考慮するとともに，日常の保育との関連に配慮するなど，柔軟に活動を展開できるようにすること。
 (2) 地域の関係機関等との連携
　ア　市町村の支援を得て，地域の関係機関等との積極的な連携及び協働を図るとともに，子育て支援に関する地域の人材と積極的に連携を図るよう努めること。
　イ　地域の要保護児童への対応など，地域の子どもを巡る諸課題に対し，要保護児童対策地域協議会など関係機関等と連携及び協力して取り組むよう努めること。

第5章　職員の資質向上

第1章から前章までに示された事項を踏まえ，保育所は，質の高い保育を展開するため，絶えず，一人一人の職員についての資質向上及び職員全体の専門性の向上を図るよう努めなければならない。
1　職員の資質向上に関する基本的事項
 (1) 保育所職員に求められる専門性
　　子どもの最善の利益を考慮し，人権に配慮した保育を行うためには，職員一人一人の倫理観，人間性並びに保育所職員としての職務及び責任の理解と自覚が基盤となる。
　　各職員は，自己評価に基づく課題等を踏まえ，保育所内外の研修等を通じて，保育士・看護師・調理員・栄養士等，それぞれの職務内容に応じた専門性を高めるため，必要な知識及び技術の修得，維持及び向上に努めなければならない。
 (2) 保育の質の向上に向けた組織的な取組

保育所においては，保育の内容等に関する自己評価等を通じて把握した，保育の質の向上に向けた課題に組織的に対応するため，保育内容の改善や保育士等の役割分担の見直し等に取り組むとともに，それぞれの職位や職務内容等に応じて，各職員が必要な知識及び技能を身につけられるよう努めなければならない。

2 施設長の責務

(1) 施設長の責務と専門性の向上

施設長は，保育所の役割や社会的責任を遂行するために，法令等を遵守し，保育所を取り巻く社会情勢等を踏まえ，施設長としての専門性等の向上に努め，当該保育所における保育の質及び職員の専門性向上のために必要な環境の確保に努めなければならない。

(2) 職員の研修機会の確保等

施設長は，保育所の全体的な計画や，各職員の研修の必要性等を踏まえて，体系的・計画的な研修機会を確保するとともに，職員の勤務体制の工夫等により，職員が計画的に研修等に参加し，その専門性の向上が図られるよう努めなければならない。

3 職員の研修等

(1) 職場における研修

職員が日々の保育実践を通じて，必要な知識及び技術の修得，維持及び向上を図るとともに，保育の課題等への共通理解や協働性を高め，保育所全体としての保育の質の向上を図っていくためには，日常的に職員同士が主体的に学び合う姿勢と環境が重要であり，職場内での研修の充実が図られなければならない。

(2) 外部研修の活用

各保育所における保育の課題への的確な対応や，保育士等の専門性の向上を図るためには，職場内での研修に加え，関係機関等による研修の活用が有効であることから，必要に応じて，こうした外部研修への参加機会が確保されるよう努めなければならない。

4 研修の実施体制等

(1) 体系的な研修計画の作成

保育所においては，当該保育所における保育の課題や各職員のキャリアパス等も見据えて，初任者から管理職員までの職位や職務内容等を踏まえた体系的な研修計画を作成しなければならない。

(2) 組織内での研修成果の活用

外部研修に参加する職員は，自らの専門性の向上を図るとともに，保育所における保育の課題を理解し，その解決を実践できる力を身に付けることが重要である。また，研修で得た知識及び技能を他の職員と共有することにより，保育所全体としての保育実践の質及び専門性の向上につなげていくことが求められる。

(3) 研修の実施に関する留意事項

施設長等は保育所全体としての保育実践の質及び専門性の向上のために，研修の受講は特定の職員に偏ることなく行われるよう，配慮する必要がある。また，研修を修了した職員については，その職務内容等において，当該研修の成果等が適切に勘案されることが望ましい。

資料　幼保連携型認定こども園教育・保育要領

（平成29年3月31内閣府・文部科学省・厚生労働省告示第1号）
（平成30年4月1日から施行）

第1章　総則

第1　幼保連携型認定こども園における教育及び保育の基本及び目標等
1　幼保連携型認定こども園における教育及び保育の基本

　　乳幼児期の教育及び保育は，子どもの健全な心身の発達を図りつつ生涯にわたる人格形成の基礎を培う重要なものであり，幼保連携型認定こども園における教育及び保育は，就学前の子どもに関する教育，保育等の総合的な提供の推進に関する法律（平成18年法律第77号。以下「認定こども園法」という。）第2条第7項に規定する目的及び第9条に掲げる目標を達成するため，乳幼児期全体を通して，その特性及び保護者や地域の実態を踏まえ，環境を通して行うものであることを基本とし，家庭や地域での生活を含めた園児の生活全体が豊かなものとなるように努めなければならない。

　　このため保育教諭等は，園児との信頼関係を十分に築き，園児が自ら安心して身近な環境に主体的に関わり，環境との関わり方や意味に気付き，これらを取り込もうとして，試行錯誤したり，考えたりするようになる幼児期の教育における見方・考え方を生かし，その活動が豊かに展開されるよう環境を整え，園児と共によりよい教育及び保育の環境を創造するように努めるものとする。これらを踏まえ，次に示す事項を重視して教育及び保育を行わなければならない。
（1）乳幼児期は周囲への依存を基盤にしつつ自立に向かうものであることを考慮して，周囲との信頼関係に支えられた生活の中で，園児一人一人が安心感と信頼感をもっていろいろな活動に取り組む体験を十分に積み重ねられるようにすること。
（2）乳幼児期においては生命の保持が図られ安定した情緒の下で自己を十分に発揮することにより発達に必要な体験を得ていくものであることを考慮して，園児の主体的な活動を促し，乳幼児期にふさわしい生活が展開されるようにすること。
（3）乳幼児期における自発的な活動としての遊びは，心身の調和のとれた発達の基礎を培う重要な学習であることを考慮して，遊びを通しての指導を中心として第2章に示すねらいが総合的に達成されるようにすること。
（4）乳幼児期における発達は，心身の諸側面が相互に関連し合い，多様な経過をたどって成し遂げられていくものであること，また，園児の生活経験がそれぞれ異なることなどを考慮して，園児一人一人の特性や発達の過程に応じ，発達の課題に即した指導を行うようにすること。

　　その際，保育教諭等は，園児の主体的な活動が確保されるよう，園児一人一人の行動の理解と予想に基づき，計画的に環境を構成しなければならない。この場合において，保育教諭等は，園児と人やものとの関わりが重要であることを踏まえ，教材を工夫し，物的・空間的環境を構成しなければならない。また，園児一人一人の活動の場面に応じて，様々な役割を果たし，その活動を豊かにしなければならない。

　　なお，幼保連携型認定こども園における教育及び保育は，園児が入園してから修了するまでの在園期間全体を通して行われるものであり，この章の第3に示す幼保連携型認定こども園として特に配慮すべき事項を十分に踏まえて行うものとする。

2　幼保連携型認定こども園における教育及び保育の目標

　　幼保連携型認定こども園は，家庭との連携を図りながら，この章の第1の1に示す幼保連携型認定こども園における教育及び保育の基本に基づいて一体的に展開される幼保連携型認定こども園における生活を通して，生きる力の基礎を育成するよう認定こども園法第9条に規定する幼保連携型認定こども園の教育及び保育の目標の達成に努めなければならない。幼保連携型認定こども園は，このことにより，義務教育及びその後の教育の基礎を培うとともに，子どもの最善の利益を考慮しつつ，その生活を保障し，保護者と共に園児を心身ともに健やかに育成するものとする。

　　なお，認定こども園法第9条に規定する幼保連携型認定こども園の教育及び保育の目標については，発達や学びの連続性及び生活の連続性の観点から，小学校就学の始期に達するまでの時期を通じ，その達成に向けて努力すべき目当てとなるものであることから，満3歳未満の園児の保育にも当てはまることに留意するものとする。

3　幼保連携型認定こども園の教育及び保育において育みたい資質・能力及び「幼児期の終わりまでに育ってほしい姿」
（1）幼保連携型認定こども園においては，生きる力の基礎を育むため，この章の1に示す幼保連携型認定こども園の教育及び保育の基本を踏まえ，次に掲げる資質・能力を一体的に育むよう努めるものとす

る。
　ア　豊かな体験を通じて，感じたり，気付いたり，分かったり，できるようになったりする「知識及び技能の基礎」
　イ　気付いたことや，できるようになったことなどを使い，考えたり，試したり，工夫したり，表現したりする「思考力，判断力，表現力等の基礎」
　ウ　心情，意欲，態度が育つ中で，よりよい生活を営もうとする「学びに向かう力，人間性等」
(2)　(1)に示す資質・能力は，第2章に示すねらい及び内容に基づく活動全体によって育むものである。
(3)　次に示す「幼児期の終わりまでに育ってほしい姿」は，第2章に示すねらい及び内容に基づく活動全体を通して資質・能力が育まれている園児の幼保連携型認定こども園修了時の具体的な姿であり，保育教諭等が指導を行う際に考慮するものである。
　ア　健康な心と体
　　　幼保連携型認定こども園における生活の中で，充実感をもって自分のやりたいことに向かって心と体を十分に働かせ，見通しをもって行動し，自ら健康で安全な生活をつくり出すようになる。
　イ　自立心
　　　身近な環境に主体的に関わり様々な活動を楽しむ中で，しなければならないことを自覚し，自分の力で行うために考えたり，工夫したりしながら，諦めずにやり遂げることで達成感を味わい，自信をもって行動するようになる。
　ウ　協同性
　　　友達と関わる中で，互いの思いや考えなどを共有し，共通の目的の実現に向けて，考えたり，工夫したり，協力したりし，充実感をもってやり遂げるようになる。
　エ　道徳性・規範意識の芽生え
　　　友達と様々な体験を重ねる中で，してよいことや悪いことが分かり，自分の行動を振り返ったり，友達の気持ちに共感したりし，相手の立場に立って行動するようになる。また，きまりを守る必要性が分かり，自分の気持ちを調整し，友達と折り合いを付けながら，きまりをつくったり，守ったりするようになる。
　オ　社会生活との関わり
　　　家族を大切にしようとする気持ちをもつとともに，地域の身近な人と触れ合う中で，人との様々な関わり方に気付き，相手の気持ちを考えて関わり，自分が役に立つ喜びを感じ，地域に親しみをもつようになる。また，幼保連携型認定こども園内外の様々な環境に関わる中で，遊びや生活に必要な情報を取り入れ，情報に基づき判断したり，情報を伝え合ったり，活用したりするなど，情報を役立てながら活動するようになるとともに，公共の施設を大切に利用するなどして，社会とのつながりなどを意識するようになる。
　カ　思考力の芽生え
　　　身近な事象に積極的に関わる中で，物の性質や仕組みなどを感じ取ったり，気付いたりし，考えたり，予想したり，工夫したりするなど，多様な関わりを楽しむようになる。また，友達の様々な考えに触れる中で，自分と異なる考えがあることに気付き，自ら判断したり，考え直したりするなど，新しい考えを生み出す喜びを味わいながら，自分の考えをよりよいものにするようになる。
　キ　自然との関わり・生命尊重
　　　自然に触れて感動する体験を通して，自然の変化などを感じ取り，好奇心や探究心をもって考え言葉などで表現しながら，身近な事象への関心が高まるとともに，自然への愛情や畏敬の念をもつようになる。また，身近な動植物に心を動かされる中で，生命の不思議さや尊さに気付き，身近な動植物への接し方を考え，命あるものとしていたわり，大切にする気持ちをもって関わるようになる。
　ク　数量や図形，標識や文字などへの関心・感覚
　　　遊びや生活の中で，数量や図形，標識や文字などに親しむ体験を重ねたり，標識や文字の役割に気付いたりし，自らの必要感に基づきこれらを活用し，興味や関心，感覚をもつようになる。
　ケ　言葉による伝え合い
　　　保育教諭等や友達と心を通わせる中で，絵本や物語などに親しみながら，豊かな言葉や表現を身に付け，経験したことや考えたことなどを言葉で伝えたり，相手の話を注意して聞いたりし，言葉による伝え合いを楽しむようになる。
　コ　豊かな感性と表現
　　　心を動かす出来事などに触れ感性を働かせる中で，様々な素材の特徴や表現の仕方などに気付き，感じたことや考えたことを自分で表現したり，友達同士で表現する過程を楽しんだりし，表現する喜びを味わい，意欲をもつようになる。

第2　教育及び保育の内容並びに子育ての支援等に関する全体的な計画等
1　教育及び保育の内容並びに子育ての支援等に関する全体的な計画の作成等
　(1)　教育及び保育の内容並びに子育ての支援等に関す

る全体的な計画の役割

　各幼保連携型認定こども園においては，教育基本法（平成18年法律第120号），児童福祉法（昭和22年法律第164号）及び認定こども園法その他の法令並びにこの幼保連携型認定こども園教育・保育要領の示すところに従い，教育と保育を一体的に提供するため，創意工夫を生かし，園児の心身の発達と幼保連携型認定こども園，家庭及び地域の実態に即応した適切な教育及び保育の内容並びに子育ての支援等に関する全体的な計画を作成するものとする。

　教育及び保育の内容並びに子育ての支援等に関する全体的な計画とは，教育と保育を一体的に捉え，園児の入園から修了までの在園期間の全体にわたり，幼保連携型認定こども園の目標に向かってどのような過程をたどって教育及び保育を進めていくかを明らかにするものであり，子育ての支援と有機的に連携し，園児の園生活全体を捉え，作成する計画である。

　各幼保連携型認定こども園においては，「幼児期の終わりまでに育ってほしい姿」を踏まえ教育及び保育の内容並びに子育ての支援等に関する全体的な計画を作成すること，その実施状況を評価して改善を図っていくこと，また実施に必要な人的又は物的な体制を確保するとともにその改善を図っていくことなどを通して，教育及び保育の内容並びに子育ての支援等に関する全体的な計画に基づき組織的かつ計画的に各幼保連携型認定こども園の教育及び保育活動の質の向上を図っていくこと（以下「カリキュラム・マネジメント」という。）に努めるものとする。

(2) 各幼保連携型認定こども園の教育及び保育の目標と教育及び保育の内容並びに子育ての支援等に関する全体的な計画の作成

　教育及び保育の内容並びに子育ての支援等に関する全体的な計画の作成に当たっては，幼保連携型認定こども園の教育及び保育において育みたい資質・能力を踏まえつつ，各幼保連携型認定こども園の教育及び保育の目標を明確にするとともに，教育及び保育の内容並びに子育ての支援等に関する全体的な計画の作成についての基本的な方針が家庭や地域とも共有されるよう努めるものとする。

(3) 教育及び保育の内容並びに子育ての支援等に関する全体的な計画の作成上の基本的事項

　ア　幼保連携型認定こども園における生活の全体を通して第2章に示すねらいが総合的に達成されるよう，教育課程に係る教育期間や園児の生活経験や発達の過程などを考慮して具体的なねらいと内容を組織するものとする。この場合においては，特に，自我が芽生え，他者の存在を意識し，自己を抑制しようとする気持ちが生まれるなどの乳幼児期の発達の特性を踏まえ，入園から修了に至るまでの長期的な視野をもって充実した生活が展開できるように配慮するものとする。

　イ　幼保連携型認定こども園の満3歳以上の園児の教育課程に係る教育週数は，特別の事情のある場合を除き，39週を下ってはならない。

　ウ　幼保連携型認定こども園の1日の教育課程に係る教育時間は，4時間を標準とする。ただし，園児の心身の発達の程度や季節などに適切に配慮するものとする。

　エ　幼保連携型認定こども園の保育を必要とする子どもに該当する園児に対する教育及び保育の時間（満3歳以上の保育を必要とする子どもに該当する園児については，この章の第2の1の(3)ウに規定する教育時間を含む。）は，1日につき8時間を原則とし，園長がこれを定める。ただし，その地方における園児の保護者の労働時間その他家庭の状況等を考慮するものとする。

(4) 教育及び保育の内容並びに子育ての支援等に関する全体的な計画の実施上の留意事項

　各幼保連携型認定こども園においては，園長の方針の下に，園務分掌に基づき保育教諭等職員が適切に役割を分担しつつ，相互に連携しながら，教育及び保育の内容並びに子育ての支援等に関する全体的な計画や指導の改善を図るものとする。また，各幼保連携型認定こども園が行う教育及び保育等に係る評価については，教育及び保育の内容並びに子育ての支援等に関する全体的な計画の作成，実施，改善が教育及び保育活動や園運営の中核となることを踏まえ，カリキュラム・マネジメントと関連付けながら実施するよう留意するものとする。

(5) 小学校教育との接続に当たっての留意事項

　ア　幼保連携型認定こども園においては，その教育及び保育が，小学校以降の生活や学習の基盤の育成につながることに配慮し，乳幼児期にふさわしい生活を通して，創造的な思考や主体的な生活態度などの基礎を培うようにするものとする。

　イ　幼保連携型認定こども園の教育及び保育において育まれた資質・能力を踏まえ，小学校教育が円滑に行われるよう，小学校の教師との意見交換や合同の研究の機会などを設け，「幼児期の終わりまでに育ってほしい姿」を共有するなど連携を図り，幼保連携型認定こども園における教育及び保

育と小学校教育との円滑な接続を図るよう努めるものとする。
2　指導計画の作成と園児の理解に基づいた評価
　(1) 指導計画の考え方
　　幼保連携型認定こども園における教育及び保育は，園児が自ら意欲をもって環境と関わることによりつくり出される具体的な活動を通して，その目標の達成を図るものである。
　　幼保連携型認定こども園においてはこのことを踏まえ，乳幼児期にふさわしい生活が展開され，適切な指導が行われるよう，調和のとれた組織的，発展的な指導計画を作成し，園児の活動に沿った柔軟な指導を行わなければならない。
　(2) 指導計画の作成上の基本的事項
　　ア　指導計画は，園児の発達に即して園児一人一人が乳幼児期にふさわしい生活を展開し，必要な体験を得られるようにするために，具体的に作成するものとする。
　　イ　指導計画の作成に当たっては，次に示すところにより，具体的なねらい及び内容を明確に設定し，適切な環境を構成することなどにより活動が選択・展開されるようにするものとする。
　　(ア)　具体的なねらい及び内容は，幼保連携型認定こども園の生活における園児の発達の過程を見通し，園児の生活の連続性，季節の変化などを考慮して，園児の興味や関心，発達の実情などに応じて設定すること。
　　(イ)　環境は，具体的なねらいを達成するために適切なものとなるように構成し，園児が自らその環境に関わることにより様々な活動を展開しつつ必要な体験を得られるようにすること。その際，園児の生活する姿や発想を大切にし，常にその環境が適切なものとなるようにすること。
　　(ウ)　園児の行う具体的な活動は，生活の流れの中で様々に変化するものであることに留意し，園児が望ましい方向に向かって自ら活動を展開していくことができるよう必要な援助をすること。
　　その際，園児の実態及び園児を取り巻く状況の変化などに即して指導の過程についての評価を適切に行い，常に指導計画の改善を図るものとする。
　(3) 指導計画の作成上の留意事項
　　指導計画の作成に当たっては，次の事項に留意するものとする。
　　ア　園児の生活は，入園当初の一人一人の遊びや保育教諭等との触れ合いを通して幼保連携型認定こども園の生活に親しみ，安定していく時期から，他の園児との関わりの中で園児の主体的な活動が深まり，園児が互いに必要な存在であることを認識するようになる。その後，園児同士や学級全体で目的をもって協同して幼保連携型認定こども園の生活を展開し，深めていく時期などに至るまでの過程を様々に経ながら広げられていくものである。これらを考慮し，活動がそれぞれの時期にふさわしく展開されるようにすること。
　　また，園児の入園当初の教育及び保育に当たっては，既に在園している園児に不安や動揺を与えないようにしつつ，可能な限り個別的に対応し，園児が安定感を得て，次第に幼保連携型認定こども園の生活になじんでいくよう配慮すること。
　　イ　長期的に発達を見通した年，学期，月などにわたる長期の指導計画やこれとの関連を保ちながらより具体的な園児の生活に即した週，日などの短期の指導計画を作成し，適切な指導が行われるようにすること。特に，週，日などの短期の指導計画については，園児の生活のリズムに配慮し，園児の意識や興味の連続性のある活動が相互に関連して幼保連携型認定こども園の生活の自然な流れの中に組み込まれるようにすること。
　　ウ　園児が様々な人やものとの関わりを通して，多様な体験をし，心身の調和のとれた発達を促すようにしていくこと。その際，園児の発達に即して主体的・対話的で深い学びが実現するようにするとともに，心を動かされる体験が次の活動を生み出すことを考慮し，一つ一つの体験が相互に結び付き，幼保連携型認定こども園の生活が充実するようにすること。
　　エ　言語に関する能力の発達と思考力等の発達が関連していることを踏まえ，幼保連携型認定こども園における生活全体を通して，園児の発達を踏まえた言語環境を整え，言語活動の充実を図ること。
　　オ　園児が次の活動への期待や意欲をもつことができるよう，園児の実態を踏まえながら，保育教諭等や他の園児と共に遊びや生活の中で見通しをもったり，振り返ったりするよう工夫すること。
　　カ　行事の指導に当たっては，幼保連携型認定こども園の生活の自然な流れの中で生活に変化や潤いを与え，園児が主体的に楽しく活動できるようにすること。なお，それぞれの行事については教育及び保育における価値を十分検討し，適切なものを精選し，園児の負担にならないようにすること。
　　キ　乳幼児期は直接的な体験が重要であることを踏

まえ，視聴覚教材やコンピュータなど情報機器を活用する際には，幼保連携型認定こども園の生活では得難い体験を補完するなど，園児の体験との関連を考慮すること。
ク 園児の主体的な活動を促すためには，保育教諭等が多様な関わりをもつことが重要であることを踏まえ，保育教諭等は，理解者，共同作業者など様々な役割を果たし，園児の情緒の安定や発達に必要な豊かな体験が得られるよう，活動の場面に応じて，園児の人権や園児一人一人の個人差等に配慮した適切な指導を行うようにすること。
ケ 園児の行う活動は，個人，グループ，学級全体などで多様に展開されるものであることを踏まえ，幼保連携型認定こども園全体の職員による協力体制を作りながら，園児一人一人が興味や欲求を十分に満足させるよう適切な援助を行うようにすること。
コ 園児の生活は，家庭を基盤として地域社会を通じて次第に広がりをもつものであることに留意し，家庭との連携を十分に図るなど，幼保連携型認定こども園における生活が家庭や地域社会と連続性を保ちつつ展開されるようにするものとする。その際，地域の自然，高齢者や異年齢の子どもなどを含む人材，行事や公共施設などの地域の資源を積極的に活用し，園児が豊かな生活体験を得られるように工夫するものとする。また，家庭との連携に当たっては，保護者との情報交換の機会を設けたり，保護者と園児との活動の機会を設けたりなどすることを通じて，保護者の乳幼児期の教育及び保育に関する理解が深まるよう配慮するものとする。
サ 地域や幼保連携型認定こども園の実態等により，幼保連携型認定こども園間に加え，幼稚園，保育所等の保育施設，小学校，中学校，高等学校及び特別支援学校などとの間の連携や交流を図るものとする。特に，小学校教育との円滑な接続のため，幼保連携型認定こども園の園児と小学校の児童との交流の機会を積極的に設けるようにするものとする。また，障害のある園児児童生徒との交流及び共同学習の機会を設け，共に尊重し合いながら協働して生活していく態度を育むよう努めるものとする。
(4) 園児の理解に基づいた評価の実施
園児一人一人の発達の理解に基づいた評価の実施に当たっては，次の事項に配慮するものとする。
ア 指導の過程を振り返りながら園児の理解を進め，園児一人一人のよさや可能性などを把握し，指導の改善に生かすようにすること。その際，他の園児との比較や一定の基準に対する達成度についての評定によって捉えるものではないことに留意すること。
イ 評価の妥当性や信頼性が高められるよう創意工夫を行い，組織的かつ計画的な取組を推進するとともに，次年度又は小学校等にその内容が適切に引き継がれるようにすること。
3 特別な配慮を必要とする園児への指導
(1) 障害のある園児などへの指導
障害のある園児などへの指導に当たっては，集団の中で生活することを通して全体的な発達を促していくことに配慮し，適切な環境の下で，障害のある園児が他の園児との生活を通して共に成長できるよう，特別支援学校などの助言又は援助を活用しつつ，個々の園児の障害の状態などに応じた指導内容や指導方法の工夫を組織的かつ計画的に行うものとする。また，家庭，地域及び医療や福祉，保健等の業務を行う関係機関との連携を図り，長期的な視点で園児への教育及び保育的支援を行うために，個別の教育及び保育支援計画を作成し活用することに努めるとともに，個々の園児の実態を的確に把握し，個別の指導計画を作成し活用することに努めるものとする。
(2) 海外から帰国した園児や生活に必要な日本語の習得に困難のある園児の幼保連携型認定こども園の生活への適応
海外から帰国した園児や生活に必要な日本語の習得に困難のある園児については，安心して自己を発揮できるよう配慮するなど個々の園児の実態に応じ，指導内容や指導方法の工夫を組織的かつ計画的に行うものとする。

第3 幼保連携型認定こども園として特に配慮すべき事項
幼保連携型認定こども園における教育及び保育を行うに当たっては，次の事項について特に配慮しなければならない。
1 当該幼保連携型認定こども園に入園した年齢により集団生活の経験年数が異なる園児がいることに配慮する等，0歳から小学校就学前までの一貫した教育及び保育を園児の発達や学びの連続性を考慮して展開していくこと。特に満3歳以上については入園する園児が多いことや同一学年の園児で編制される学級の中で生活することなどを踏まえ，家庭や他の保育施設等との連携や引継ぎを円滑に行うとともに，環境の工夫をすること。
2 園児の一日の生活の連続性及びリズムの多様性に配

慮するとともに，保護者の生活形態を反映した園児の在園時間の長短，入園時期や登園日数の違いを踏まえ，園児一人一人の状況に応じ，教育及び保育の内容やその展開について工夫をすること。特に入園及び年度当初においては，家庭との連携の下，園児一人一人の生活の仕方やリズムに十分に配慮して一日の自然な生活の流れをつくり出していくようにすること。
3 環境を通して行う教育及び保育の活動の充実を図るため，幼保連携型認定こども園における教育及び保育の環境の構成に当たっては，乳幼児期の特性及び保護者や地域の実態を踏まえ，次の事項に留意すること。
  (1) 0歳から小学校就学前までの様々な年齢の園児の発達の特性を踏まえ，満3歳未満の園児については特に健康，安全や発達の確保を十分に図るとともに，満3歳以上の園児については同一学年の園児で編制される学級による集団活動の中で遊びを中心とする園児の主体的な活動を通して発達や学びを促す経験が得られるよう工夫をすること。特に，満3歳以上の園児同士が共に育ち，学び合いながら，豊かな体験を積み重ねることができるよう工夫をすること。
  (2) 在園時間が異なる多様な園児がいることを踏まえ，園児の生活が安定するよう，家庭や地域，幼保連携型認定こども園における生活の連続性を確保するとともに，一日の生活のリズムを整えるよう工夫をすること。特に満3歳未満の園児については睡眠時間等の個人差に配慮するとともに，満3歳以上の園児については集中して遊ぶ場と家庭的な雰囲気の中でくつろぐ場との適切な調和等の工夫をすること。
  (3) 家庭や地域において異年齢の子どもと関わる機会が減少していることを踏まえ，満3歳以上の園児については，学級による集団活動とともに，満3歳未満の園児を含む異年齢の園児による活動を，園児の発達の状況にも配慮しつつ適切に組み合わせて設定するなどの工夫をすること。
  (4) 満3歳以上の園児については，特に長期的な休業中，園児が過ごす家庭や園などの生活の場が異なることを踏まえ，それぞれの多様な生活経験が長期的な休業などの終了後等の園生活に生かされるよう工夫をすること。
4 指導計画を作成する際には，この章に示す指導計画の作成上の留意事項を踏まえるとともに，次の事項にも特に配慮すること。
  (1) 園児の発達の個人差，入園した年齢の違いなどによる集団生活の経験年数の差，家庭環境等を踏まえ，園児一人一人の発達の特性や課題に十分留意すること。特に満3歳未満の園児については，大人への依存度が極めて高い等の特性があることから，個別的な対応を図ること。また，園児の集団生活への円滑な接続について，家庭等との連携及び協力を図る等十分留意すること。
  (2) 園児の発達の連続性を考慮した教育及び保育を展開する際には，次の事項に留意すること。
    ア 満3歳未満の園児については，園児一人一人の生育歴，心身の発達，活動の実態等に即して，個別的な計画を作成すること。
    イ 満3歳以上の園児については，個の成長と，園児相互の関係や協同的な活動が促されるよう考慮すること。
    ウ 異年齢で構成されるグループ等での指導に当たっては，園児一人一人の生活や経験，発達の過程などを把握し，適切な指導や環境の構成ができるよう考慮すること。
  (3) 一日の生活のリズムや在園時間が異なる園児が共に過ごすことを踏まえ，活動と休息，緊張感と解放感等の調和を図るとともに，園児に不安や動揺を与えないようにする等の配慮を行うこと。その際，担当の保育教諭等が替わる場合には，園児の様子等引継ぎを行い，十分な連携を図ること。
  (4) 午睡は生活のリズムを構成する重要な要素であり，安心して眠ることのできる安全な午睡環境を確保するとともに，在園時間が異なることや，睡眠時間は園児の発達の状況や個人によって差があることから，一律とならないよう配慮すること。
  (5) 長時間にわたる教育及び保育については，園児の発達の過程，生活のリズム及び心身の状態に十分配慮して，保育の内容や方法，職員の協力体制，家庭との連携などを指導計画に位置付けること。
5 生命の保持や情緒の安定を図るなど養護の行き届いた環境の下，幼保連携型認定こども園における教育及び保育を展開すること。
  (1) 園児一人一人が，快適にかつ健康で安全に過ごせるようにするとともに，その生理的欲求が十分に満たされ，健康増進が積極的に図られるようにするため，次の事項に留意すること。
    ア 園児一人一人の平常の健康状態や発育及び発達の状態を的確に把握し，異常を感じる場合は，速やかに適切に対応すること。
    イ 家庭との連携を密にし，学校医等との連携を図りながら，園児の疾病や事故防止に関する認識を深め，保健的で安全な環境の維持及び向上に努めること。
    ウ 清潔で安全な環境を整え，適切な援助や応答的

な関わりを通して，園児の生理的欲求を満たしていくこと。また，家庭と協力しながら，園児の発達の過程等に応じた適切な生活のリズムがつくられていくようにすること。
　エ　園児の発達の過程等に応じて，適度な運動と休息をとることができるようにすること。また，食事，排泄，睡眠，衣類の着脱，身の回りを清潔にすることなどについて，園児が意欲的に生活できるよう適切に援助すること。
(2)　園児一人一人が安定感をもって過ごし，自分の気持ちを安心して表すことができるようにするとともに，周囲から主体として受け止められ主体として育ち，自分を肯定する気持ちが育まれていくようにし，くつろいで共に過ごし，心身の疲れが癒されるようにするため，次の事項に留意すること。
　ア　園児一人一人の置かれている状態や発達の過程などを的確に把握し，園児の欲求を適切に満たしながら，応答的な触れ合いや言葉掛けを行うこと。
　イ　園児一人一人の気持ちを受容し，共感しながら，園児との継続的な信頼関係を築いていくこと。
　ウ　保育教諭等との信頼関係を基盤に，園児一人一人が主体的に活動し，自発性や探索意欲などを高めるとともに，自分への自信をもつことができるよう成長の過程を見守り，適切に働き掛けること。
　エ　園児一人一人の生活のリズム，発達の過程，在園時間などに応じて，活動内容のバランスや調和を図りながら，適切な食事や休息がとれるようにすること。
6　園児の健康及び安全は，園児の生命の保持と健やかな生活の基本であり，幼保連携型認定こども園の生活全体を通して健康や安全に関する管理や指導，食育の推進等に十分留意すること。
7　保護者に対する子育ての支援に当たっては，この章に示す幼保連携型認定こども園における教育及び保育の基本及び目標を踏まえ，子どもに対する学校としての教育及び児童福祉施設としての保育並びに保護者に対する子育ての支援について相互に有機的な連携が図られるようにすること。また，幼保連携型認定こども園の目的の達成に資するため，保護者が子どもの成長に気付き子育ての喜びが感じられるよう，幼保連携型認定こども園の特性を生かした子育ての支援に努めること。

第2章　ねらい及び内容並びに配慮事項

　この章に示すねらいは，幼保連携型認定こども園の教育及び保育において育みたい資質・能力を園児の生活する姿から捉えたものであり，内容は，ねらいを達成するために指導する事項である。各視点や領域は，この時期の発達の特徴を踏まえ，教育及び保育のねらい及び内容を乳幼児の発達の側面から，乳児は三つの視点として，幼児は五つの領域としてまとめ，示したものである。内容の取扱いは，園児の発達を踏まえた指導を行うに当たって留意すべき事項である。
　各視点や領域に示すねらいは，幼保連携型認定こども園における生活の全体を通じ，園児が様々な体験を積み重ねる中で相互に関連をもちながら次第に達成に向かうものであること，内容は，園児が環境に関わって展開する具体的な活動を通して総合的に指導されるものであることに留意しなければならない。
　また，「幼児期の終わりまでに育ってほしい姿」が，ねらい及び内容に基づく活動全体を通して資質・能力が育まれている園児の幼保連携型認定こども園修了時の具体的な姿であることを踏まえ，指導を行う際に考慮するものとする。
　なお，特に必要な場合には，各視点や領域に示すねらいの趣旨に基づいて適切な，具体的な内容を工夫し，それを加えても差し支えないが，その場合には，それが第1章の第1に示す幼保連携型認定こども園の教育及び保育の基本及び目標を逸脱しないよう慎重に配慮する必要がある。

第1　乳児期の園児の保育に関するねらい及び内容
　基本的事項
　1　乳児期の発達については，視覚，聴覚などの感覚や，座る，はう，歩くなどの運動機能が著しく発達し，特定の大人との応答的な関わりを通じて，情緒的な絆が形成されるといった特徴がある。これらの発達の特徴を踏まえて，乳児期の園児の保育は，愛情豊かに，応答的に行われることが特に必要である。
　2　本項においては，この時期の発達の特徴を踏まえ，乳児期の園児の保育のねらい及び内容については，身体的発達に関する視点「健やかに伸び伸びと育つ」，社会的発達に関する視点「身近な人と気持ちが通じ合う」及び精神的発達に関する視点「身近なものと関わり感性が育つ」としてまとめ，示している。
　ねらい及び内容
　健やかに伸び伸びと育つ
　〔健康な心と体を育て，自ら健康で安全な生活をつくり出す力の基盤を培う。〕

1 ねらい
　(1) 身体感覚が育ち，快適な環境に心地よさを感じる。
　(2) 伸び伸びと体を動かし，はう，歩くなどの運動をしようとする。
　(3) 食事，睡眠等の生活のリズムの感覚が芽生える。
2 内容
　(1) 保育教諭等の愛情豊かな受容の下で，生理的・心理的欲求を満たし，心地よく生活をする。
　(2) 一人一人の発育に応じて，はう，立つ，歩くなど，十分に体を動かす。
　(3) 個人差に応じて授乳を行い，離乳を進めていく中で，様々な食品に少しずつ慣れ，食べることを楽しむ。
　(4) 一人一人の生活のリズムに応じて，安全な環境の下で十分に午睡をする。
　(5) おむつ交換や衣服の着脱などを通じて，清潔になることの心地よさを感じる。
3 内容の取扱い
　上記の取扱いに当たっては，次の事項に留意する必要がある。
　(1) 心と体の健康は，相互に密接な関連があるものであることを踏まえ，温かい触れ合いの中で，心と体の発達を促すこと。特に，寝返り，お座り，はいはい，つかまり立ち，伝い歩きなど，発育に応じて，遊びの中で体を動かす機会を十分に確保し，自ら体を動かそうとする意欲が育つようにすること。
　(2) 健康な心と体を育てるためには望ましい食習慣の形成が重要であることを踏まえ，離乳食が完了期へと徐々に移行する中で，様々な食品に慣れるようにするとともに，和やかな雰囲気の中で食べる喜びや楽しさを味わい，進んで食べようとする気持ちが育つようにすること。なお，食物アレルギーのある園児への対応については，学校医等の指示や協力の下に適切に対応すること。

身近な人と気持ちが通じ合う
〔受容的・応答的な関わりの下で，何かを伝えようとする意欲や身近な大人との信頼関係を育て，人と関わる力の基盤を培う。〕
1 ねらい
　(1) 安心できる関係の下で，身近な人と共に過ごす喜びを感じる。
　(2) 体の動きや表情，発声等により，保育教諭等と気持ちを通わせようとする。
　(3) 身近な人と親しみ，関わりを深め，愛情や信頼感が芽生える。
2 内容
　(1) 園児からの働き掛けを踏まえた，応答的な触れ合いや言葉掛けによって，欲求が満たされ，安定感をもって過ごす。
　(2) 体の動きや表情，発声や喃語(なん)等を優しく受け止めてもらい，保育教諭等とのやり取りを楽しむ。
　(3) 生活や遊びの中で，自分の身近な人の存在に気付き，親しみの気持ちを表す。
　(4) 保育教諭等による語り掛けや歌い掛け，発声や喃(なん)語等への応答を通じて，言葉の理解や発語の意欲が育つ。
　(5) 温かく，受容的な関わりを通じて，自分を肯定する気持ちが芽生える。
3 内容の取扱い
　上記の取扱いに当たっては，次の事項に留意する必要がある。
　(1) 保育教諭等との信頼関係に支えられて生活を確立していくことが人と関わる基盤となることを考慮して，園児の多様な感情を受け止め，温かく受容的・応答的に関わり，一人一人に応じた適切な援助を行うようにすること。
　(2) 身近な人に親しみをもって接し，自分の感情などを表し，それに相手が応答する言葉を聞くことを通して，次第に言葉が獲得されていくことを考慮して，楽しい雰囲気の中での保育教諭等との関わり合いを大切にし，ゆっくりと優しく話し掛けるなど，積極的に言葉のやり取りを楽しむことができるようにすること。

身近なものと関わり感性が育つ
〔身近な環境に興味や好奇心をもって関わり，感じたことや考えたことを表現する力の基盤を培う。〕
1 ねらい
　(1) 身の回りのものに親しみ，様々なものに興味や関心をもつ。
　(2) 見る，触れる，探索するなど，身近な環境に自分から関わろうとする。
　(3) 身体の諸感覚による認識が豊かになり，表情や手足，体の動き等で表現する。
2 内容
　(1) 身近な生活用具，玩具や絵本などが用意された中で，身の回りのものに対する興味や好奇心をもつ。
　(2) 生活や遊びの中で様々なものに触れ，音，形，色，手触りなどに気付き，感覚の働きを豊かにする。
　(3) 保育教諭等と一緒に様々な色彩や形のものや絵本などを見る。
　(4) 玩具や身の回りのものを，つまむ，つかむ，たたく，引っ張るなど，手や指を使って遊ぶ。

(5) 保育教諭等のあやし遊びに機嫌よく応じたり，歌やリズムに合わせて手足や体を動かして楽しんだりする。
3 内容の取扱い
　上記の取扱いに当たっては，次の事項に留意する必要がある。
(1) 玩具などは，音質，形，色，大きさなど園児の発達状態に応じて適切なものを選び，その時々の園児の興味や関心を踏まえるなど，遊びを通して感覚の発達が促されるものとなるように工夫すること。なお，安全な環境の下で，園児が探索意欲を満たして自由に遊べるよう，身の回りのものについては常に十分な点検を行うこと。
(2) 乳児期においては，表情，発声，体の動きなどで，感情を表現することが多いことから，これらの表現しようとする意欲を積極的に受け止めて，園児が様々な活動を楽しむことを通して表現が豊かになるようにすること。

第2 満1歳以上満3歳未満の園児の保育に関するねらい及び内容
基本的事項
1 この時期においては，歩き始めから，歩く，走る，跳ぶなどへと，基本的な運動機能が次第に発達し，排泄の自立のための身体的機能も整うようになる。つまむ，めくるなどの指先の機能も発達し，食事，衣類の着脱なども，保育教諭等の援助の下で自分で行うようになる。発声も明瞭になり，語彙も増加し，自分の意思や欲求を言葉で表出できるようになる。このように自分でできることが増えてくる時期であることから，保育教諭等は，園児の生活の安定を図りながら，自分でしようとする気持ちを尊重し，温かく見守るとともに，愛情豊かに，応答的に関わることが必要である。
2 本項においては，この時期の発達の特徴を踏まえ，保育のねらい及び内容について，心身の健康に関する領域「健康」，人との関わりに関する領域「人間関係」，身近な環境との関わりに関する領域「環境」，言葉の獲得に関する領域「言葉」及び感性と表現に関する領域「表現」としてまとめ，示している。
ねらい及び内容
健康
〔健康な心と体を育て，自ら健康で安全な生活をつくり出す力を養う。〕
1 ねらい
(1) 明るく伸び伸びと生活し，自分から体を動かすことを楽しむ。
(2) 自分の体を十分に動かし，様々な動きをしようとする。
(3) 健康，安全な生活に必要な習慣に気付き，自分でしてみようとする気持ちが育つ。
2 内容
(1) 保育教諭等の愛情豊かな受容の下で，安定感をもって生活をする。
(2) 食事や午睡，遊びと休息など，幼保連携型認定こども園における生活のリズムが形成される。
(3) 走る，跳ぶ，登る，押す，引っ張るなど全身を使う遊びを楽しむ。
(4) 様々な食品や調理形態に慣れ，ゆったりとした雰囲気の中で食事や間食を楽しむ。
(5) 身の回りを清潔に保つ心地よさを感じ，その習慣が少しずつ身に付く。
(6) 保育教諭等の助けを借りながら，衣類の着脱を自分でしようとする。
(7) 便器での排泄に慣れ，自分で排泄ができるようになる。
3 内容の取扱い
　上記の取扱いに当たっては，次の事項に留意する必要がある。
(1) 心と体の健康は，相互に密接な関連があるものであることを踏まえ，園児の気持ちに配慮した温かい触れ合いの中で，心と体の発達を促すこと。特に，一人一人の発育に応じて，体を動かす機会を十分に確保し，自ら体を動かそうとする意欲が育つようにすること。
(2) 健康な心と体を育てるためには望ましい食習慣の形成が重要であることを踏まえ，ゆったりとした雰囲気の中で食べる喜びや楽しさを味わい，進んで食べようとする気持ちが育つようにすること。なお，食物アレルギーのある園児への対応については，学校医等の指示や協力の下に適切に対応すること。
(3) 排泄の習慣については，一人一人の排尿間隔等を踏まえ，おむつが汚れていないときに便器に座らせるなどにより，少しずつ慣れさせるようにすること。
(4) 食事，排泄，睡眠，衣類の着脱，身の回りを清潔にすることなど，生活に必要な基本的な習慣については，一人一人の状態に応じ，落ち着いた雰囲気の中で行うようにし，園児が自分でしようとする気持ちを尊重すること。また，基本的な生活習慣の形成に当たっては，家庭での生活経験に配慮し，家庭との適切な連携の下で行うようにすること。

人間関係
〔他の人々と親しみ，支え合って生活するために，自立心を育て，人と関わる力を養う。〕

1 ねらい
 (1) 幼保連携型認定こども園での生活を楽しみ，身近な人と関わる心地よさを感じる。
 (2) 周囲の園児等への興味・関心が高まり，関わりをもとうとする。
 (3) 幼保連携型認定こども園の生活の仕方に慣れ，きまりの大切さに気付く。
2 内容
 (1) 保育教諭等や周囲の園児等との安定した関係の中で，共に過ごす心地よさを感じる。
 (2) 保育教諭等の受容的・応答的な関わりの中で，欲求を適切に満たし，安定感をもって過ごす。
 (3) 身の回りに様々な人がいることに気付き，徐々に他の園児と関わりをもって遊ぶ。
 (4) 保育教諭等の仲立ちにより，他の園児との関わり方を少しずつ身につける。
 (5) 幼保連携型認定こども園の生活の仕方に慣れ，きまりがあることや，その大切さに気付く。
 (6) 生活や遊びの中で，年長児や保育教諭等の真似をしたり，ごっこ遊びを楽しんだりする。
3 内容の取扱い
 上記の取扱いに当たっては，次の事項に留意する必要がある。
 (1) 保育教諭等との信頼関係に支えられて生活を確立するとともに，自分で何かをしようとする気持ちが旺盛になる時期であることに鑑み，そのような園児の気持ちを尊重し，温かく見守るとともに，愛情豊かに，応答的に関わり，適切な援助を行うようにすること。
 (2) 思い通りにいかない場合等の園児の不安定な感情の表出については，保育教諭等が受容的に受け止めるとともに，そうした気持ちから立ち直る経験や感情をコントロールすることへの気付き等につなげていけるように援助すること。
 (3) この時期は自己と他者との違いの認識がまだ十分ではないことから，園児の自我の育ちを見守るとともに，保育教諭等が仲立ちとなって，自分の気持ちを相手に伝えることや相手の気持ちに気付くことの大切さなど，友達の気持ちや友達との関わり方を丁寧に伝えていくこと。

環境
〔周囲の様々な環境に好奇心や探究心をもって関わり，それらを生活に取り入れていこうとする力を養う。〕
1 ねらい
 (1) 身近な環境に親しみ，触れ合う中で，様々なものに興味や関心をもつ。
 (2) 様々なものに関わる中で，発見を楽しんだり，考えたりしようとする。
 (3) 見る，聞く，触るなどの経験を通して，感覚の働きを豊かにする。
2 内容
 (1) 安全で活動しやすい環境での探索活動等を通して，見る，聞く，触れる，嗅ぐ，味わうなどの感覚の働きを豊かにする。
 (2) 玩具，絵本，遊具などに興味をもち，それらを使った遊びを楽しむ。
 (3) 身の回りの物に触れる中で，形，色，大きさ，量などの物の性質や仕組みに気付く。
 (4) 自分の物と人の物の区別や，場所的感覚など，環境を捉える感覚が育つ。
 (5) 身近な生き物に気付き，親しみをもつ。
 (6) 近隣の生活や季節の行事などに興味や関心をもつ。
3 内容の取扱い 上記の取扱いに当たっては，次の事項に留意する必要がある。
 (1) 玩具などは，音質，形，色，大きさなど園児の発達状態に応じて適切なものを選び，遊びを通して感覚の発達が促されるように工夫すること。
 (2) 身近な生き物との関わりについては，園児が命を感じ，生命の尊さに気付く経験へとつながるものであることから，そうした気付きを促すような関わりとなるようにすること。
 (3) 地域の生活や季節の行事などに触れる際には，社会とのつながりや地域社会の文化への気付きにつながるものとなることが望ましいこと。その際，幼保連携型認定こども園内外の行事や地域の人々との触れ合いなどを通して行うこと等も考慮すること。

言葉
〔経験したことや考えたことなどを自分なりの言葉で表現し，相手の話す言葉を聞こうとする意欲や態度を育て，言葉に対する感覚や言葉で表現する力を養う。〕
1 ねらい
 (1) 言葉遊びや言葉で表現する楽しさを感じる。
 (2) 人の言葉や話などを聞き，自分でも思ったことを伝えようとする。
 (3) 絵本や物語等に親しむとともに，言葉のやり取りを通じて身近な人と気持ちを通わせる。
2 内容
 (1) 保育教諭等の応答的な関わりや話し掛けにより，自ら言葉を使おうとする。
 (2) 生活に必要な簡単な言葉に気付き，聞き分ける。
 (3) 親しみをもって日常の挨拶に応じる。
 (4) 絵本や紙芝居を楽しみ，簡単な言葉を繰り返したり，模倣をしたりして遊ぶ。

(5) 保育教諭等とごっこ遊びをする中で，言葉のやり取りを楽しむ。
(6) 保育教諭等を仲立ちとして，生活や遊びの中で友達との言葉のやり取りを楽しむ。
(7) 保育教諭等や友達の言葉や話に興味や関心をもって，聞いたり，話したりする。

3 内容の取扱い
上記の取扱いに当たっては，次の事項に留意する必要がある。
(1) 身近な人に親しみをもって接し，自分の感情などを伝え，それに相手が応答し，その言葉を聞くことを通して，次第に言葉が獲得されていくものであることを考慮して，楽しい雰囲気の中で保育教諭等との言葉のやり取りができるようにすること。
(2) 園児が自分の思いを言葉で伝えるとともに，他の園児の話などを聞くことを通して，次第に話を理解し，言葉による伝え合いができるようになるよう，気持ちや経験等の言語化を行うことを援助するなど，園児同士の関わりの仲立ちを行うようにすること。
(3) この時期は，片言から，二語文，ごっこ遊びでのやり取りができる程度へと，大きく言葉の習得が進む時期であることから，それぞれの園児の発達の状況に応じて，遊びや関わりの工夫など，保育の内容を適切に展開することが必要であること。

表現
〔感じたことや考えたことを自分なりに表現することを通して，豊かな感性や表現する力を養い，創造性を豊かにする。〕
1 ねらい
(1) 身体の諸感覚の経験を豊かにし，様々な感覚を味わう。
(2) 感じたことや考えたことなどを自分なりに表現しようとする。
(3) 生活や遊びの様々な体験を通して，イメージや感性が豊かになる。
2 内容
(1) 水，砂，土，紙，粘土など様々な素材に触れて楽しむ。
(2) 音楽，リズムやそれに合わせた体の動きを楽しむ。
(3) 生活の中で様々な音，形，色，手触り，動き，味，香りなどに気付いたり，感じたりして楽しむ。
(4) 歌を歌ったり，簡単な手遊びや全身を使う遊びを楽しんだりする。
(5) 保育教諭等からの話や，生活や遊びの中での出来事を通して，イメージを豊かにする。
(6) 生活や遊びの中で，興味のあることや経験したことなどを自分なりに表現する。

3 内容の取扱い
上記の取扱いに当たっては，次の事項に留意する必要がある。
(1) 園児の表現は，遊びや生活の様々な場面で表出されているものであることから，それらを積極的に受け止め，様々な表現の仕方や感性を豊かにする経験となるようにすること。
(2) 園児が試行錯誤しながら様々な表現を楽しむことや，自分の力でやり遂げる充実感などに気付くよう，温かく見守るとともに，適切な援助を行うようにすること。
(3) 様々な感情の表現等を通じて，園児が自分の感情や気持ちに気付くようになる時期であることに鑑み，受容的な関わりの中で自信をもって表現をすることや，諦めずに続けた後の達成感等を感じられるような経験が蓄積されるようにすること。
(4) 身近な自然や身の回りの事物に関わる中で，発見や心が動く経験が得られるよう，諸感覚を働かせることを楽しむ遊びや素材を用意するなど保育の環境を整えること。

第3 満3歳以上の園児の教育及び保育に関するねらい及び内容
基本的事項
1 この時期においては，運動機能の発達により，基本的な動作が一通りできるようになるとともに，基本的な生活習慣もほぼ自立できるようになる。理解する語彙数が急激に増加し，知的興味や関心も高まってくる。仲間と遊び，仲間の中の一人という自覚が生じ，集団的な遊びや協同的な活動も見られるようになる。これらの発達の特徴を踏まえて，この時期の教育及び保育においては，個の成長と集団としての活動の充実が図られるようにしなければならない。
2 本項においては，この時期の発達の特徴を踏まえ，教育及び保育のねらい及び内容について，心身の健康に関する領域「健康」，人との関わりに関する領域「人間関係」，身近な環境との関わりに関する領域「環境」，言葉の獲得に関する領域「言葉」及び感性と表現に関する領域「表現」としてまとめ，示している。

ねらい及び内容
健康
〔健康な心と体を育て，自ら健康で安全な生活をつくり出す力を養う。〕
1 ねらい
(1) 明るく伸び伸びと行動し，充実感を味わう。
(2) 自分の体を十分に動かし，進んで運動しようとす

る。
(3) 健康，安全な生活に必要な習慣や態度を身に付け，見通しをもって行動する。

2 内容
(1) 保育教諭等や友達と触れ合い，安定感をもって行動する。
(2) いろいろな遊びの中で十分に体を動かす。
(3) 進んで戸外で遊ぶ。
(4) 様々な活動に親しみ，楽しんで取り組む。
(5) 保育教諭等や友達と食べることを楽しみ，食べ物への興味や関心をもつ。
(6) 健康な生活のリズムを身に付ける。
(7) 身の回りを清潔にし，衣服の着脱，食事，排泄などの生活に必要な活動を自分でする。
(8) 幼保連携型認定こども園における生活の仕方を知り，自分たちで生活の場を整えながら見通しをもって行動する。
(9) 自分の健康に関心をもち，病気の予防などに必要な活動を進んで行う。
(10) 危険な場所，危険な遊び方，災害時などの行動の仕方が分かり，安全に気を付けて行動する。

3 内容の取扱い
上記の取扱いに当たっては，次の事項に留意する必要がある。
(1) 心と体の健康は，相互に密接な関連があるものであることを踏まえ，園児が保育教諭等や他の園児との温かい触れ合いの中で自己の存在感や充実感を味わうことなどを基盤として，しなやかな心と体の発達を促すこと。特に，十分に体を動かす気持ちよさを体験し，自ら体を動かそうとする意欲が育つようにすること。
(2) 様々な遊びの中で，園児が興味や関心，能力に応じて全身を使って活動することにより，体を動かす楽しさを味わい，自分の体を大切にしようとする気持ちが育つようにすること。その際，多様な動きを経験する中で，体の動きを調整するようにすること。
(3) 自然の中で伸び伸びと体を動かして遊ぶことにより，体の諸機能の発達が促されることに留意し，園児の興味や関心が戸外にも向くようにすること。その際，園児の動線に配慮した園庭や遊具の配置などを工夫すること。
(4) 健康な心と体を育てるためには食育を通じた望ましい食習慣の形成が大切であることを踏まえ，園児の食生活の実情に配慮し，和やかな雰囲気の中で保育教諭等や他の園児と食べる喜びや楽しさを味わったり，様々な食べ物への興味や関心をもったりするなどし，食の大切さに気付き，進んで食べようとする気持ちが育つようにすること。
(5) 基本的な生活習慣の形成に当たっては，家庭での生活経験に配慮し，園児の自立心を育て，園児が他の園児と関わりながら主体的な活動を展開する中で，生活に必要な習慣を身に付け，次第に見通しをもって行動できるようにすること。
(6) 安全に関する指導に当たっては，情緒の安定を図り，遊びを通して安全についての構えを身に付け，危険な場所や事物などが分かり，安全についての理解を深めるようにすること。また，交通安全の習慣を身に付けるようにするとともに，避難訓練などを通して，災害などの緊急時に適切な行動がとれるようにすること。

人間関係
〔他の人々と親しみ，支え合って生活するために，自立心を育て，人と関わる力を養う。〕

1 ねらい
(1) 幼保連携型認定こども園の生活を楽しみ，自分の力で行動することの充実感を味わう。
(2) 身近な人と親しみ，関わりを深め，工夫したり，協力したりして一緒に活動する楽しさを味わい，愛情や信頼感をもつ。
(3) 社会生活における望ましい習慣や態度を身に付ける。

2 内容
(1) 保育教諭等や友達と共に過ごすことの喜びを味わう。
(2) 自分で考え，自分で行動する。
(3) 自分でできることは自分でする。
(4) いろいろな遊びを楽しみながら物事をやり遂げようとする気持ちをもつ。
(5) 友達と積極的に関わりながら喜びや悲しみを共感し合う。
(6) 自分の思ったことを相手に伝え，相手の思っていることに気付く。
(7) 友達のよさに気付き，一緒に活動する楽しさを味わう。
(8) 友達と楽しく活動する中で，共通の目的を見いだし，工夫したり，協力したりなどする。
(9) よいことや悪いことがあることに気付き，考えながら行動する。
(10) 友達との関わりを深め，思いやりをもつ。
(11) 友達と楽しく生活する中できまりの大切さに気付き，守ろうとする。
(12) 共同の遊具や用具を大切にし，皆で使う。
(13) 高齢者をはじめ地域の人々などの自分の生活に

関係の深いいろいろな人に親しみをもつ。
3　内容の取扱い
　　上記の取扱いに当たっては，次の事項に留意する必要がある。
　(1) 保育教諭等との信頼関係に支えられて自分自身の生活を確立していくことが人と関わる基盤となることを考慮し，園児が自ら周囲に働き掛けることにより多様な感情を体験し，試行錯誤しながら諦めずにやり遂げることの達成感や，前向きな見通しをもって自分の力で行うことの充実感を味わうことができるよう，園児の行動を見守りながら適切な援助を行うようにすること。
　(2) 一人一人を生かした集団を形成しながら人と関わる力を育てていくようにすること。その際，集団の生活の中で，園児が自己を発揮し，保育教諭等や他の園児に認められる体験をし，自分のよさや特徴に気付き，自信をもって行動できるようにすること。
　(3) 園児が互いに関わりを深め，協同して遊ぶようになるため，自ら行動する力を育てるようにするとともに，他の園児と試行錯誤しながら活動を展開する楽しさや共通の目的が実現する喜びを味わうことができるようにすること。
　(4) 道徳性の芽生えを培うに当たっては，基本的な生活習慣の形成を図るとともに，園児が他の園児との関わりの中で他人の存在に気付き，相手を尊重する気持ちをもって行動できるようにし，また，自然や身近な動植物に親しむことなどを通して豊かな心情が育つようにすること。特に，人に対する信頼感や思いやりの気持ちは，葛藤やつまずきをも体験し，それらを乗り越えることにより次第に芽生えてくることに配慮すること。
　(5) 集団の生活を通して，園児が人との関わりを深め，規範意識の芽生えが培われることを考慮し，園児が保育教諭等との信頼関係に支えられて自己を発揮する中で，互いに思いを主張し，折り合いを付ける体験をし，きまりの必要性などに気付き，自分の気持ちを調整する力が育つようにすること。
　(6) 高齢者をはじめ地域の人々などの自分の生活に関係の深いいろいろな人と触れ合い，自分の感情や意志を表現しながら共に楽しみ，共感し合う体験を通して，これらの人々などに親しみをもち，人と関わることの楽しさや人の役に立つ喜びを味わうことができるようにすること。また，生活を通して親や祖父母などの家族の愛情に気付き，家族を大切にしようとする気持ちが育つようにすること。

環境
〔周囲の様々な環境に好奇心や探究心をもって関わり，それらを生活に取り入れていこうとする力を養う。〕
1　ねらい
　(1) 身近な環境に親しみ，自然と触れ合う中で様々な事象に興味や関心をもつ。
　(2) 身近な環境に自分から関わり，発見を楽しんだり，考えたりし，それを生活に取り入れようとする。
　(3) 身近な事象を見たり，考えたり，扱ったりする中で，物の性質や数量，文字などに対する感覚を豊かにする。
2　内容
　(1) 自然に触れて生活し，その大きさ，美しさ，不思議さなどに気付く。
　(2) 生活の中で，様々な物に触れ，その性質や仕組みに興味や関心をもつ。
　(3) 季節により自然や人間の生活に変化のあることに気付く。
　(4) 自然などの身近な事象に関心をもち，取り入れて遊ぶ。
　(5) 身近な動植物に親しみをもって接し，生命の尊さに気付き，いたわったり，大切にしたりする。
　(6) 日常生活の中で，我が国や地域社会における様々な文化や伝統に親しむ。
　(7) 身近な物を大切にする。
　(8) 身近な物や遊具に興味をもって関わり，自分なりに比べたり，関連付けたりしながら考えたり，試したりして工夫して遊ぶ。
　(9) 日常生活の中で数量や図形などに関心をもつ。
　(10) 日常生活の中で簡単な標識や文字などに関心をもつ。
　(11) 生活に関係の深い情報や施設などに興味や関心をもつ。
　(12) 幼保連携型認定こども園内外の行事において国旗に親しむ。
3　内容の取扱い
　　上記の取扱いに当たっては，次の事項に留意する必要がある。
　(1) 園児が，遊びの中で周囲の環境と関わり，次第に周囲の世界に好奇心を抱き，その意味や操作の仕方に関心をもち，物事の法則性に気付き，自分なりに考えることができるようになる過程を大切にすること。また，他の園児の考えなどに触れて新しい考えを生み出す喜びや楽しさを味わい，自分の考えをよりよいものにしようとする気持ちが育つようにすること。
　(2) 幼児期において自然のもつ意味は大きく，自然の大きさ，美しさ，不思議さなどに直接触れる体験を

通して，園児の心が安らぎ，豊かな感情，好奇心，思考力，表現力の基礎が培われることを踏まえ，園児が自然との関わりを深めることができるよう工夫すること。
(3) 身近な事象や動植物に対する感動を伝え合い，共感し合うことなどを通して自分から関わろうとする意欲を育てるとともに，様々な関わり方を通してそれらに対する親しみや畏敬の念，生命を大切にする気持ち，公共心，探究心などが養われるようにすること。
(4) 文化や伝統に親しむ際には，正月や節句など我が国の伝統的な行事，国歌，唱歌，わらべうたや我が国の伝統的な遊びに親しんだり，異なる文化に触れる活動に親しんだりすることを通じて，社会とのつながりの意識や国際理解の意識の芽生えなどが養われるようにすること。
(5) 数量や文字などに関しては，日常生活の中で園児自身の必要感に基づく体験を大切にし，数量や文字などに関する興味や関心，感覚が養われるようにすること。

言葉
〔経験したことや考えたことなどを自分なりの言葉で表現し，相手の話す言葉を聞こうとする意欲や態度を育て，言葉に対する感覚や言葉で表現する力を養う。〕
1 ねらい
  (1) 自分の気持ちを言葉で表現する楽しさを味わう。
  (2) 人の言葉や話などをよく聞き，自分の経験したことや考えたことを話し，伝え合う喜びを味わう。
  (3) 日常生活に必要な言葉が分かるようになるとともに，絵本や物語などに親しみ，言葉に対する感覚を豊かにし，保育教諭等や友達と心を通わせる。
2 内容
  (1) 保育教諭等や友達の言葉や話に興味や関心をもち，親しみをもって聞いたり，話したりする。
  (2) したり，見たり，聞いたり，感じたり，考えたりなどしたことを自分なりに言葉で表現する。
  (3) したいこと，してほしいことを言葉で表現したり，分からないことを尋ねたりする。
  (4) 人の話を注意して聞き，相手に分かるように話す。
  (5) 生活の中で必要な言葉が分かり，使う。
  (6) 親しみをもって日常の挨拶をする。
  (7) 生活の中で言葉の楽しさや美しさに気付く。
  (8) いろいろな体験を通じてイメージや言葉を豊かにする。
  (9) 絵本や物語などに親しみ，興味をもって聞き，想像をする楽しさを味わう。
  (10) 日常生活の中で，文字などで伝える楽しさを味わう。
3 内容の取扱い
  上記の取扱いに当たっては，次の事項に留意する必要がある。
  (1) 言葉は，身近な人に親しみをもって接し，自分の感情や意志などを伝え，それに相手が応答し，その言葉を聞くことを通して次第に獲得されていくものであることを考慮して，園児が保育教諭等や他の園児と関わることにより心を動かされるような体験をし，言葉を交わす喜びを味わえるようにすること。
  (2) 園児が自分の思いを言葉で伝えるとともに，保育教諭等や他の園児などの話を興味をもって注意して聞くことを通して次第に話を理解するようになっていき，言葉による伝え合いができるようにすること。
  (3) 絵本や物語などで，その内容と自分の経験とを結び付けたり，想像を巡らせたりするなど，楽しみを十分に味わうことによって，次第に豊かなイメージをもち，言葉に対する感覚が養われるようにすること。
  (4) 園児が生活の中で，言葉の響きやリズム，新しい言葉や表現などに触れ，これらを使う楽しさを味わえるようにすること。その際，絵本や物語に親しんだり，言葉遊びなどをしたりすることを通して，言葉が豊かになるようにすること。
  (5) 園児が日常生活の中で，文字などを使いながら思ったことや考えたことを伝える喜びや楽しさを味わい，文字に対する興味や関心をもつようにすること。

表現
〔感じたことや考えたことを自分なりに表現することを通して，豊かな感性や表現する力を養い，創造性を豊かにする。〕
1 ねらい
  (1) いろいろなものの美しさなどに対する豊かな感性をもつ。
  (2) 感じたことや考えたことを自分なりに表現して楽しむ。
  (3) 生活の中でイメージを豊かにし，様々な表現を楽しむ。
2 内容
  (1) 生活の中で様々な音，形，色，手触り，動きなどに気付いたり，感じたりするなどして楽しむ。
  (2) 生活の中で美しいものや心を動かす出来事に触れ，イメージを豊かにする。
  (3) 様々な出来事の中で，感動したことを伝え合う楽

しさを味わう。
　(4) 感じたこと，考えたことなどを音や動きなどで表現したり，自由にかいたり，つくったりなどする。
　(5) いろいろな素材に親しみ，工夫して遊ぶ。
　(6) 音楽に親しみ，歌を歌ったり，簡単なリズム楽器を使ったりなどする楽しさを味わう。
　(7) かいたり，つくったりすることを楽しみ，遊びに使ったり，飾ったりなどする。
　(8) 自分のイメージを動きや言葉などで表現したり，演じて遊んだりするなどの楽しさを味わう。
3　内容の取扱い
　上記の取扱いに当たっては，次の事項に留意する必要がある。
　(1) 豊かな感性は，身近な環境と十分に関わる中で美しいもの，優れたもの，心を動かす出来事などに出会い，そこから得た感動を他の園児や保育教諭等と共有し，様々に表現することなどを通して養われるようにすること。その際，風の音や雨の音，身近にある草や花の形や色など自然の中にある音，形，色などに気付くようにすること。
　(2) 幼児期の自己表現は素朴な形で行われることが多いので，保育教諭等はそのような表現を受容し，園児自身の表現しようとする意欲を受け止めて，園児が生活の中で園児らしい様々な表現を楽しむことができるようにすること。
　(3) 生活経験や発達に応じ，自ら様々な表現を楽しみ，表現する意欲を十分に発揮させることができるように，遊具や用具などを整えたり，様々な素材や表現の仕方に親しんだり，他の園児の表現に触れられるよう配慮したりし，表現する過程を大切にして自己表現を楽しめるように工夫すること。

第4　教育及び保育の実施に関する配慮事項
1　満3歳未満の園児の保育の実施については，以下の事項に配慮するものとする。
　(1) 乳児は疾病への抵抗力が弱く，心身の機能の未熟さに伴う疾病の発生が多いことから，一人一人の発育及び発達状態や健康状態についての適切な判断に基づく保健的な対応を行うこと。また，一人一人の園児の生育歴の違いに留意しつつ，欲求を適切に満たし，特定の保育教諭等が応答的に関わるように努めること。更に，乳児期の園児の保育に関わる職員間の連携や学校医との連携を図り，第3章に示す事項を踏まえ，適切に対応すること。栄養士及び看護師等が配置されている場合は，その専門性を生かした対応を図ること。乳児期の園児の保育においては特に，保護者との信頼関係を築きながら保育を進めるとともに，保護者からの相談に応じ支援に努めていくこと。なお，担当の保育教諭等が替わる場合には，園児のそれまでの生育歴や発達の過程に留意し，職員間で協力して対応すること。
　(2) 満1歳以上満3歳未満の園児は，特に感染症にかかりやすい時期であるので，体の状態，機嫌，食欲などの日常の状態の観察を十分に行うとともに，適切な判断に基づく保健的な対応を心掛けること。また，探索活動が十分できるように，事故防止に努めながら活動しやすい環境を整え，全身を使う遊びなど様々な遊びを取り入れること。更に，自我が形成され，園児が自分の感情や気持ちに気付くようになる重要な時期であることに鑑み，情緒の安定を図りながら，園児の自発的な活動を尊重するとともに促していくこと。なお，担当の保育教諭等が替わる場合には，園児のそれまでの経験や発達の過程に留意し，職員間で協力して対応すること。
2　幼保連携型認定こども園における教育及び保育の全般において以下の事項に配慮するものとする。
　(1) 園児の心身の発達及び活動の実態などの個人差を踏まえるとともに，一人一人の園児の気持ちを受け止め，援助すること。
　(2) 園児の健康は，生理的・身体的な育ちとともに，自主性や社会性，豊かな感性の育ちとがあいまってもたらされることに留意すること。
　(3) 園児が自ら周囲に働き掛け，試行錯誤しつつ自分の力で行う活動を見守りながら，適切に援助すること。
　(4) 園児の入園時の教育及び保育に当たっては，できるだけ個別的に対応し，園児が安定感を得て，次第に幼保連携型認定こども園の生活になじんでいくようにするとともに，既に入園している園児に不安や動揺を与えないようにすること。
　(5) 園児の国籍や文化の違いを認め，互いに尊重する心を育てるようにすること。
　(6) 園児の性差や個人差にも留意しつつ，性別などによる固定的な意識を植え付けることがないようにすること。

第3章　健康及び安全

　幼保連携型認定こども園における園児の健康及び安全は，園児の生命の保持と健やかな生活の基本となるものであり，第1章及び第2章の関連する事項と併せ，次に示す事項について適切に対応するものとする。その際，養護教諭や看護師，栄養教諭や栄養士等が配置されている場合には，学校医等と共に，これらの者がそれぞれの専門性を生

かしながら，全職員が相互に連携し，組織的かつ適切な対応を行うことができるような体制整備や研修を行うことが必要である。

第1　健康支援
  1　健康状態や発育及び発達の状態の把握
    (1) 園児の心身の状態に応じた教育及び保育を行うために，園児の健康状態や発育及び発達の状態について，定期的・継続的に，また，必要に応じて随時，把握すること。
    (2) 保護者からの情報とともに，登園時及び在園時に園児の状態を観察し，何らかの疾病が疑われる状態や傷害が認められた場合には，保護者に連絡するとともに，学校医と相談するなど適切な対応を図ること。
    (3) 園児の心身の状態等を観察し，不適切な養育の兆候が見られる場合には，市町村（特別区を含む。以下同じ。）や関係機関と連携し，児童福祉法第25条に基づき，適切な対応を図ること。また，虐待が疑われる場合には，速やかに市町村又は児童相談所に通告し，適切な対応を図ること。
  2　健康増進
    (1) 認定こども園法第27条において準用する学校保健安全法（昭和33年法律第56号）第5条の学校保健計画を作成する際は，教育及び保育の内容並びに子育ての支援等に関する全体的な計画に位置づくものとし，全ての職員がそのねらいや内容を踏まえ，園児一人一人の健康の保持及び増進に努めていくこと。
    (2) 認定こども園法第27条において準用する学校保健安全法第13条第1項の健康診断を行ったときは，認定こども園法第27条において準用する学校保健安全法第14条の措置を行い，教育及び保育に活用するとともに，保護者が園児の状態を理解し，日常生活に活用できるようにすること。
  3　疾病等への対応
    (1) 在園時に体調不良や傷害が発生した場合には，その園児の状態等に応じて，保護者に連絡するとともに，適宜，学校医やかかりつけ医等と相談し，適切な処置を行うこと。
    (2) 感染症やその他の疾病の発生予防に努め，その発生や疑いがある場合には必要に応じて学校医，市町村，保健所等に連絡し，その指示に従うとともに，保護者や全ての職員に連絡し，予防について協力を求めること。また，感染症に関する幼保連携型認定こども園の対応方法等について，あらかじめ関係機関の協力を得ておくこと。
    (3) アレルギー疾患を有する園児に関しては，保護者と連携し，医師の診断及び指示に基づき，適切な対応を行うこと。また，食物アレルギーに関して，関係機関と連携して，当該幼保連携型認定こども園の体制構築など，安全な環境の整備を行うこと。
    (4) 園児の疾病等の事態に備え，保健室の環境を整え，救急用の薬品，材料等を適切な管理の下に常備し，全ての職員が対応できるようにしておくこと。

第2　食育の推進
  1　幼保連携型認定こども園における食育は，健康な生活の基本としての食を営む力の育成に向け，その基礎を培うことを目標とすること。
  2　園児が生活と遊びの中で，意欲をもって食に関わる体験を積み重ね，食べることを楽しみ，食事を楽しみ合う園児に成長していくことを期待するものであること。
  3　乳幼児期にふさわしい食生活が展開され，適切な援助が行われるよう，教育及び保育の内容並びに子育ての支援等に関する全体的な計画に基づき，食事の提供を含む食育の計画を作成し，指導計画に位置付けるとともに，その評価及び改善に努めること。
  4　園児が自らの感覚や体験を通して，自然の恵みとしての食材や食の循環・環境への意識，調理する人への感謝の気持ちが育つように，園児と調理員等との関わりや，調理室など食に関する環境に配慮すること。
  5　保護者や地域の多様な関係者との連携及び協働の下で，食に関する取組が進められること。また，市町村の支援の下に，地域の関係機関等との日常的な連携を図り，必要な協力が得られるよう努めること。
  6　体調不良，食物アレルギー，障害のある園児など，園児一人一人の心身の状態等に応じ，学校医，かかりつけ医等の指示や協力の下に適切に対応すること。

第3　環境及び衛生管理並びに安全管理
  1　環境及び衛生管理
    (1) 認定こども園法第27条において準用する学校保健安全法第6条の学校環境衛生基準に基づき幼保連携型認定こども園の適切な環境の維持に努めるとともに，施設内外の設備，用具等の衛生管理に努めること。
    (2) 認定こども園法第27条において準用する学校保健安全法第6条の学校環境衛生基準に基づき幼保連携型認定こども園の施設内外の適切な環境の維持に努めるとともに，園児及び全職員が清潔を保つようにすること。また，職員は衛生知識の向上に努めること。

2 事故防止及び安全対策
 (1) 在園時の事故防止のために，園児の心身の状態等を踏まえつつ，認定こども園法第27条において準用する学校保健安全法第27条の学校安全計画の策定等を通じ，全職員の共通理解や体制づくりを図るとともに，家庭や地域の関係機関の協力の下に安全指導を行うこと。
 (2) 事故防止の取組を行う際には，特に，睡眠中，プール活動・水遊び中，食事中等の場面では重大事故が発生しやすいことを踏まえ，園児の主体的な活動を大切にしつつ，施設内外の環境の配慮や指導の工夫を行うなど，必要な対策を講じること。
 (3) 認定こども園法第27条において準用する学校保健安全法第29条の危険等発生時対処要領に基づき，事故の発生に備えるとともに施設内外の危険箇所の点検や訓練を実施すること。また，外部からの不審者等の侵入防止のための措置や訓練など不測の事態に備え必要な対応を行うこと。更に，園児の精神保健面における対応に留意すること。

第4 災害への備え
1 施設・設備等の安全確保
 (1) 認定こども園法第27条において準用する学校保健安全法第29条の危険等発生時対処要領に基づき，災害等の発生に備えるとともに，防火設備，避難経路等の安全性が確保されるよう，定期的にこれらの安全点検を行うこと。
 (2) 備品，遊具等の配置，保管を適切に行い，日頃から，安全環境の整備に努めること。
2 災害発生時の対応体制及び避難への備え
 (1) 火災や地震などの災害の発生に備え，認定こども園法第27条において準用する学校保健安全法第29条の危険等発生時対処要領を作成する際には，緊急時の対応の具体的内容や手順，職員の役割分担，避難訓練計画等の事項を盛り込むこと。
 (2) 定期的に避難訓練を実施するなど，必要な対応を図ること。
 (3) 災害の発生時に，保護者等への連絡及び子どもの引渡しを円滑に行うため，日頃から保護者との密接な連携に努め，連絡体制や引渡し方法等について確認をしておくこと。
3 地域の関係機関等との連携
 (1) 市町村の支援の下に，地域の関係機関との日常的な連携を図り，必要な協力が得られるよう努めること。
 (2) 避難訓練については，地域の関係機関や保護者との連携の下に行うなど工夫すること。

第4章　子育ての支援

　幼保連携型認定こども園における保護者に対する子育ての支援は，子どもの利益を最優先して行うものとし，第1章及び第2章等の関連する事項を踏まえ，子どもの育ちを家庭と連携して支援していくとともに，保護者及び地域が有する子育てを自ら実践する力の向上に資するよう，次の事項に留意するものとする。

第1　子育ての支援全般に関わる事項
 1 保護者に対する子育ての支援を行う際には，各地域や家庭の実態等を踏まえるとともに，保護者の気持ちを受け止め，相互の信頼関係を基本に，保護者の自己決定を尊重すること。
 2 教育及び保育並びに子育ての支援に関する知識や技術など，保育教諭等の専門性や，園児が常に存在する環境など，幼保連携型認定こども園の特性を生かし，保護者が子どもの成長に気付き子育ての喜びを感じられるように努めること。
 3 保護者に対する子育ての支援における地域の関係機関等との連携及び協働を図り，園全体の体制構築に努めること。
 4 子どもの利益に反しない限りにおいて，保護者や子どものプライバシーを保護し，知り得た事柄の秘密を保持すること。

第2　幼保連携型認定こども園の園児の保護者に対する子育ての支援
 1 日常の様々な機会を活用し，園児の日々の様子の伝達や収集，教育及び保育の意図の説明などを通じて，保護者との相互理解を図るよう努めること。
 2 教育及び保育の活動に対する保護者の積極的な参加は，保護者の子育てを自ら実践する力の向上に寄与するだけでなく，地域社会における家庭や住民の子育てを自ら実践する力の向上及び子育ての経験の継承につながるきっかけとなる。これらのことから，保護者の参加を促すとともに，参加しやすいよう工夫すること。
 3 保護者の生活形態が異なることを踏まえ，全ての保護者の相互理解が深まるように配慮すること。その際，保護者同士が子育てに対する新たな考えに出会い気付き合えるよう工夫すること。
 4 保護者の就労と子育ての両立等を支援するため，保護者の多様化した教育及び保育の需要に応じて病児保育事業など多様な事業を実施する場合には，保護者の状況に配慮するとともに，園児の福祉が尊重されるよ

う努め，園児の生活の連続性を考慮すること。
5 　地域の実態や保護者の要請により，教育を行う標準的な時間の終了後等に希望する園児を対象に一時預かり事業などとして行う活動については，保育教諭間及び家庭との連携を密にし，園児の心身の負担に配慮すること。その際，地域の実態や保護者の事情とともに園児の生活のリズムを踏まえつつ，必要に応じて，弾力的な運用を行うこと。
6 　園児に障害や発達上の課題が見られる場合には，市町村や関係機関と連携及び協力を図りつつ，保護者に対する個別の支援を行うよう努めること。
7 　外国籍家庭など，特別な配慮を必要とする家庭の場合には，状況等に応じて個別の支援を行うよう努めること。
8 　保護者に育児不安等が見られる場合には，保護者の希望に応じて個別の支援を行うよう努めること。
9 　保護者に不適切な養育等が疑われる場合には，市町村や関係機関と連携し，要保護児童対策地域協議会で検討するなど適切な対応を図ること。また，虐待が疑われる場合には，速やかに市町村又は児童相談所に通告し，適切な対応を図ること。

第3　地域における子育て家庭の保護者等に対する支援
1 　幼保連携型認定こども園において，認定こども園法第2条第12項に規定する子育て支援事業を実施する際には，当該幼保連携型認定こども園がもつ地域性や専門性などを十分に考慮して当該地域において必要と認められるものを適切に実施すること。また，地域の子どもに対する一時預かり事業などの活動を行う際には，一人一人の子どもの心身の状態などを考慮するとともに，教育及び保育との関連に配慮するなど，柔軟に活動を展開できるようにすること。
2 　市町村の支援を得て，地域の関係機関等との積極的な連携及び協働を図るとともに，子育ての支援に関する地域の人材の積極的な活用を図るよう努めること。また，地域の要保護児童への対応など，地域の子どもを巡る諸課題に対し，要保護児童対策地域協議会など関係機関等と連携及び協力して取り組むよう努めること。
3 　幼保連携型認定こども園は，地域の子どもが健やかに育成される環境を提供し，保護者に対する総合的な子育ての支援を推進するため，地域における乳幼児期の教育及び保育の中心的な役割を果たすよう努めること。

〈監修者紹介〉
無藤　隆（むとう　たかし）
　　白梅学園大学大学院特任教授
　　文科省中央教育審議会教育課程部会幼児教育部会 主査
　　内閣府子ども子育て会議 会長　等歴任

《幼稚園教育要領 改訂
　保育所保育指針 改定
　幼保連携型認定こども園教育・保育要領 改訂》について

編集・制作　株式会社　同文書院

112-0002
東京都文京区小石川 5-24-3
TEL 03-3812-7777　FAX 03-3812-8456